民国北京史研究丛书

民国北京研究精粹

第二辑

黄兴涛　王建伟　编

北京燕山出版社

民国北京史研究丛书总序

20世纪80年代以来，国内城市史研究逐渐兴起，并迅速发展成为历史学、地理学、经济学、管理学、城市规划学等多学科交叉融合的热门领域。作为中国的首都，北京的城市史因其独特的政治、经济和文化地位，吸引了众多的研究者，取得了骄人的成绩。特别是近十年来，古老北京的现代转型，尤其是民国北京史研究受到了学者们的格外关注，成为当代城市史研究中一个引人注目的热点问题。

民国时期是北京由传统走向现代的关键阶段。如果说清末十年北京的现代化城市建设刚刚发轫，那么随着帝制的覆灭，北京迈向现代化的步伐大大地加快了。现代市政机构的设置和城市管理体制的改进，城市空间和基础设施的改造，社会组织的发展，现代工商业的初兴、市民生活水平的提高，现代教育体制的建立等，从不同方面共同作用并整体深刻地改变了古都北京的面貌。同时，由于政局不稳、观念保守以及其他一些因素的制约，这一历程又显得异常艰难，折射出现代化进程的复杂性及其限度。因此，深入考察这一时期的北京历史，无疑有助于我们探索和总结传统政治文化中心城市现代转型的一般特点。当然，城市现代化自身，也是今人需要严肃反思的主题。

北洋政府时期的北京是中国最大的政治文化中心，延至南京国民政府时期，它虽然不再是首都，但作为"故都"，在全国范围内仍占据着任何其他城市无法比拟的独特地位。诸多具有全国性甚至是国际性影响力的政治、经济、社会、文化事件，都在此酝酿发生，并影响到中国乃至世界历史的走向。某种程度上说，一部民国北京史也是整个中华民国史的缩影。同时，此时期的北京又有着自身的演变轨迹和发展特点，诸如地方上的党政关系、治安案件、宗教纠纷、商业活动、工运学潮、文教事业等，均带有鲜明的地域特色，值得细致探究。把握好全国史与地方史的互动关系，努力挖掘全国性事件所蕴藏的北京地方因素并深入诠释地方性事件所具有的全局性意义，将为我们重新审视中华民国史和民国北京史，提供新的研究思路。

值得注意的是，自 1928 年起，直到中华人民共和国成立前，北京曾一度丧失数百年来未曾中断的首都身份，经历了长达 21 年的非国都时代。短时期内，围绕政治权力运行的社会体系大受冲击，濒临崩溃，陷入前所未有的困境。但迁都的影响又绝非"衰落"二字可以概括，还呈现出若干难得的积极面相，如"平民都市"的自觉、文化都市形象的凸显，地方政府和知识分子在逆境中努力发掘城市优势资源，反思和调整旧有发展模式等，也都曾使故都北京呈现出与摩登上海迥然不同的生机与活力。此外，沦陷时期的北京也不仅只有日寇的残暴侵略和北京人民的英勇抵抗，还包含文化遗产的保护、日伪的城市管理、普通市民的日常生活、知识分子故都情结等极为丰富复杂的内容。可以说，1928—1949 年的北京（改称北平）历史虽然不长，却能为今人深刻体认北京的发展短板、比较优势，以及城市栖居的文化内蕴等，提供难得的参照。

21世纪以来，学术界关于民国北京研究的自觉程度明显加强，以"民国"为时段的北京史研究论著逐渐增多，可谓亮点纷呈，取得了较大的进展。这既与近代史学界的"民国热"直接相关，也得益于原始资料的开放和利用。北京市档案馆所藏民国北京档案很多已完成数字化处理，学者可方便使用，其他有关北京的地方性报刊、社会调查资料，多保存于北京地区各种类型的图书馆中，很多还被点校或影印出版，得到学界的普遍重视，凡此均为研究民国北京奠定了坚实的史料基础。

但不可否认的是，与上海史研究和古代北京的研究相比，目前民国北京史的研究还相对薄弱，无论是在问题意识的提炼、理论方法的更新，还是文献资料的运用等方面，都还有很多值得深化提高之处。一方面，我们需要提高对"民国北京史"在整个北京城市发展，乃至中国城市发展史上的特殊地位和价值的认识，努力发掘尚未充分利用的外文文献、口述史料和影像资料等；另一方面，还应该更加重视北京城市史研究突出的现实意义。近年来，北京各种城市病日益严重，很多学者、人大代表、政协委员屡屡发出迁都的提议，中央政府也适时启动了首都功能的部分疏散、京津冀一体化等国家层面的战略规划，这些都为历史学者们通过与现实自觉的对话来更好地发挥史学的作用，创造了有利条件。

今天的首都北京，正是从民国发展而来。首都建设和发展政策的制定，离不开对于民国北京史的参考与借鉴。这就要求史学工作者以多维的眼光重新审视民国北京的发展历程，特别应在城市功能与规划、城市环境与形象、城乡关系、对外交流、文化遗产传承与保护、国内外城市综合比较等研究领域，做出富有创造性的探索。

目前，已经或计划出版的北京史研究丛书已有一些，它们均不同程度地涉及民国北京历史，但迄今为止，尚未出现以"民国北京史"为主题的研究丛书。几年前，我们就酝酿出版这套丛书，并开始为之积累准备。2016 年 1 月，中国人民大学民国史研究所正式宣告成立，明确将"民国北京史"的研究作为主攻方向之一，并在网站上专门开设了"民国北京史研究"栏目，希望能够成为汇聚传播有关研究信息的学术平台。这次出版"民国北京史研究丛书"，就是想借此对该领域的研究继续加以推动。我们计划此丛书先期推出五种，其内容既包括北京的婢女、在京的洋人等特殊群体，也涉及城市犯罪、公共卫生等重要议题，同时我们还选编了一本有关此前民国北京研究的代表性论文集，试图对有心加入这一研究领域的青年同道们，有所启示。但愿这一努力能够持续下去。

衷心希望越来越多的同人关注民国北京史研究，为首都城市的发展贡献历史的智慧。

中国人民大学民国史研究院　黄兴涛　郭双林

2016 年初夏

目 录

民国北京史
研究精粹
第二辑

编者前言

　　城市史是当前历史学研究中既有现实意义，又具学术活 　*1*
力，成长也极快的分支领域之一。尤其是进入 21 世纪以来，
随着中国城市化进程的加速，国内的城市史研究进入了一个新
的发展阶段，成果可谓遍地开花。在此学术风气的推动下，学
界对民国北京的关注也越来越多，在研究规模、水平以及方法
论反思的力度等方面均有了明显提升。特别是对北京城市身份
特殊性的进一步自觉，促使其内涵的丰富性与复杂性得到更为
深入细致地揭示，有关研究也呈现出更为斑斓多姿的色彩。

　　六年前，我们曾选编过一本《民国北京研究精粹》，收录
了自 20 世纪 90 年代至 21 世纪前十年间民国北京史研究领域
较有代表意义的文章共计 20 篇；本辑则是先前工作的接续，
它收入了近十年来该领域新近产生的优秀成果。这些成果大体
由地方政治、空间维度、城市书写与记忆、抗战时期的北平四
个板块构成，基本可涵括目前民国北京史研究中亮点与突破较
多，也较能体现其学科特性的那些重要内容。下面，我们就依
据这一主题单元分类，对所收成果做一简要述评，以供相关研
究者、感兴趣的学人特别是青年学友们参考。

一、"地方政治"的双重考察

一般意义上的城市史研究主要包含两个方面的努力：一是纵向以城市文明演进为研究对象，整体探讨其起源、发展等不同时段的历史面相与特征；一是横向揭示其空间结构、治理体系、经济运行、建筑景观、人口、环境、日常生活、文化生态等全方位的内涵。但对于民国北京史来说，在上述双向研究展开的过程中，还有一个不容忽视的着力点，那就是需要紧紧抓住此期北京作为"国都"与"故都"的特殊政治身份及其变动性特征。众多国家重大政治、文化等事件在此发生，作为一个特殊的地理空间或是政治空间，北京无疑提供了独特的历史舞台与社会场景，并在一定程度上影响、规定或制约着这些事件与现象的呈现方式和最终走向。

在过去很长一段时期，由于不能有意识地区分"国都"与"一般城市"类型，一些成果要么仅仅局限于北京的地方性视野，聚焦于城市内部，对民国北京的特殊身份这一重要因素考虑不足，因而缺乏一种整体眼光与自觉；要么简单以国家视野代替地方视野，将近代史或民国史的有关叙事脉络不加转换地复制到北京史的解释框架中，似乎发生在这座城市的任何事件都可以不加选择地直接纳入北京史的论述范畴，近代北京史于是变成中国近代史的"地方版本"，城市史也成为国家史的"缩微景观"，北京的"地方性"因而被忽视、被覆盖了。

最近二十年来，上述现象已得到明显改观。本书的"地方政治"板块，主要反映的就是这方面的进展。李坤睿通过溥仪出宫问题，细密揭示出 20 世纪 20 年代中期段祺瑞、冯玉祥、张作霖等所代表的政治势力与逊清皇室之间错综复杂的关系网络。1924 年北京政变，逊清皇室被国民军驱逐出故宫，尽管诸多遗老为恢复优待条件而奔走，同情清室的段祺瑞、张作霖等人也试图施以援手，但直到北京政府覆灭，溥仪都一直没能重回紫禁城。作者分析认为，冯玉祥的国民军对北京的有效控制是遏制恢复优待条件的重要保证，同时，社会舆论将逊清皇室恢复北京政变之前原状的努力等同于谋求复辟，此种"敌意"也对溥仪回宫客观上起到阻碍作用。

对于 1924 年的北京政变与溥仪出宫这类相对比较熟悉的题目，在民国史研究框架下，我们以往的研究更关注它对于第二次直奉战争以及中央政权更迭的全局性意义。但如果由此延伸，这一事件本身对近代北京城市发展产生了深远影响。正因溥仪被驱，紫禁城里的"小朝廷"不复存在，一同消失的还有与之"匹配"的一套皇家礼制，如步军统领衙门裁撤等，对社会大众的心理层面产生了直接冲击，昔日的王公们纷纷出售家产，不再寄望于前朝的皇帝，皇室复辟的社会基础彻底动摇。与此同时，紫禁城也被"清空"，故宫博物院在第二年建成并对外开放，曾经的深宫禁院成为任人游览的公共空间，北京的城市管理体制也发生相应变化，这些城市的表象展示的是传统制度的崩塌。虽然上述内容不都是本文作者关注的重点，但可以为后来者解读那一时期的北京城提示重要的观察视角。

杜丽红集中考察了南京国民政府建立初期北平的工潮及其背后涵盖的中央与地方、国民党内部各派系、政府与党部、政界与商界、商会与工会等之间错综复杂的关系与纠葛。由于发生在 1928 年政权鼎革之际，这段工潮不仅是国民党领导的黄色工会活动，更隐含着国民党从革命党向执政党的蜕变过程，反映出地方党部如何嵌入故都社会、如何在非常拥挤的政治空间中寻找缝隙的挣扎与困境。同时，有关论述对于我们理解北平人民如何应对新政权，如何应对政党政治，也有重要的提示作用。

4

如果从杜文思路延展开来，不难发现北伐结束到全面抗战爆发之前这十年间，北平独特的权力结构与政治运行实际构成了一个典型样本。由于东北的沦陷以及伪满洲国的建立，北平已经成为名副其实的国防前线，其一举一动无不扰动南京中央、华北地方、日本侵华势力三个方面的敏感神经，各方只能在一个较短的时段内达成一种暂时性的脆弱平衡。随着各自力量、心态等方面的变化，此种平衡随时可能被打破，具体的"引爆点"则是随机的。对于这些问题的观察与解读，已经明显超越了一般城市史关注的范畴，甚至超越了华北区域的视野，可以从更深层次揭示南京国民政府的政权性质、统治形式以及中央与地方的关系，进而拓展对全面抗战爆发之前中国历史的基本认知。

除上述两文外，齐春风关于北平党政商与 1927 年济南惨案后的反日运动的研究，贺江枫关于 1933 年北平市公安局易长风潮的研究等，也都是最近十年这方面研究的出色成果，他们在对有关事件进行分析和解读时，很好地揭示了其中地方史与国家史的交叉互动内涵，可惜限于篇幅，这次我们未能将其一并收入书中。

二、"空间维度"的反思探索

城市作为一种文明产物首先是以空间形式展现，空间问题与城市形态、城市功能、发展路径、外部环境等诸多因素息息相关，可以说是研究城市的一个基本维度，同时也是历史研究者相对比较缺失的一种"视角"与"感觉"。在城市史研究中，"空间"最初被视为是一个单纯承载使用功能的地理场所，或者一种纯粹的客观存在。但随着近几十年来众多学科方法的交汇与融合，"空间"被赋予政治、经济、社会、文化等多重内涵，成为一个带有复合意义的概念。体现在城市史研究中，"空间"既可以作为一个具体的研究对象，也是一种研究视角或阐释方式，亨利·列斐伏尔的《空间的生产》（刘怀玉等译，商务印书馆 2021 年版）与大卫·哈维的《地理学中的解释》（高泳源等译，商务印书馆 1996 年版）是这一领域的重要理论成果。

这种认知模式强调从"空间维度"考察与城市相关的多个面相，探讨空间变革背后的政治、经济与文化动因，关注特定空间内部的社会关系与秩序变化，尤其关注"权力"因素在空间重构中的运作痕迹。此处的"权力"既包括政治权力，也包括占据主导地位的经济权力（如商业资本）与市政技术之权等。相对于以往那些外在的显性对象，现在的研究者越来越关注那些城市发展进程中不能被轻易观察到的隐性因素。

可以说，"空间维度"的探索作为一种研究范式已基本成型，在城市史研究中的地位也早已确立，并表现出越来越蓬勃发展的态势。具体落实在北京史研究上，"空间维度"的应用主要体现在两个方面：一是对近代北京城市空间结构演变过程及一般规律的梳理和总结，包括对公园、广场、街区、城墙、建筑、商场等微观领域的考察，代表性成果可参阅章英华的《二十世纪初北京的内部结构》（中国台北《新史学》创刊号，1990 年 3 月）和高松凡的《历史上北京城市场变迁及其区位研究》（《地理学报》第 44 卷第 2 期）等文；二是注重考察空间内部的秩序形成与关系网络，董玥《民国北京城：历史与怀旧》一书（三联书店 2014 年版）是这方面的重要著作。本辑"空间维度"单元选取的三篇文章，便是利用这两种视角进行的有益探讨。

唐晓峰、张龙凤的论文以民国初年新华街的开辟为个案，同样聚焦民国北京的空间转型问题。作者指出，南、北新华街与一些配套工程尤其是香厂"模范区"的结合，形成了一个崭新的街区系统，是对传统帝都时代城市格局的一种挑战，展示出了民国新政权的京师管理群体建立新的空间秩序的构想，具有重要的政治、社会意义。在这一过程中，既可看到城市改造的方向，也可见及北京作为国都所表现出来的保守性特征。同时，新华街这一个案还为我们重新梳理 20 世纪北京城的南北、东西关系提供了新的微观透视点。作者对新华街的解读并未仅仅停留在单一的市政建设层面，而是将其纳入到北洋时期北京城的大历史之中，涉及城市改造的主导力量、内外城的联通、市政工程背后的政商角力、南城开发等问题。揭示出一项市政工程背后的多重政治、经济因素的交织，可谓本文的重要贡献。

20 世纪初，新兴的近代公园成为观察民国北京城市发展变迁的重要载体，既往成果往往聚焦于公园与市政、公园与市民生活、公园与都市文明，以及公共空间阐释框架下国家利用公园进行的教化规训、塑造权威等议题。鞠熙集中透视了民初北京公园初建时的现代理念与传统公共空间转型的历史关系问题，重点反思了两者之间的"断裂"表现及其遗憾。文章指出，旧日北京并不缺少休暇娱乐场所，如进香、游赏、节会等类活动，地点往往在寺庙中或在其附近，时间上全年不绝。但锐意创建新公园的官僚与知识分子们却"遗忘"了这些旧式休闲娱乐场所的存在，深层原因是他们头脑中的西方时间体系、工业革命时代的城市理想，以及现代社会中身体控制的理念强烈引导所致。传统民俗因此发生断裂，社会主体与知识精英脱节，底层生活方式与国家理想脱节，禁苑成为公园，实质上反映了现代城市观念与几乎所有的传统生活方式的"对立"，公园也因而未能真正成为底层民众的公共空间。由于作者的民俗学专业背景，她的这一探讨，无论如何都强化了北京公园历史研究的反思性。

王府井与天桥是民国北京两处非常具有代表性的区域，二者的差异并不局限于两个商业街区、两种商业模式或两种城市景观，其背后折射的是城市化进程中的巨大鸿沟以及社会阶层难以弥合的裂痕。如果说王府井代表了20世纪北京新兴的商业形态，前门外的天桥地区则属于一种传统模式，前者逐渐成为城市消费新风尚的引领力量，但后者在北京消费格局以及居民日常生活中的基础地位却无法被取代，不同阶层的消费差异造就了各种类型消费市场的非竞争性并存，各种交易形式构成有益的补充，以满足城市不同阶层的需要。王建伟认为，城市史研究的基本任务是呈现城市内部的多歧性与异质性，只有兼顾不同来源渠道、不同类型的史料并加以综合辨析，才能在一定程度上规避后来者对城市书写的主观选择。本文正是此种方法论带有反思性的自觉尝试。

三、"城市书写与记忆"的多维聚焦

一批出身于文学学科的学者关于城市书写与记忆研究的活跃实践，成为近些年民国北京史研究潮流中最为显著的特征之一。在这方面，夏仁虎、瞿宣颖、老舍、沈从文、张恨水、林海音等人的作品，积累了极为丰厚的文本素材与文化资源。文学视角借助小说、散文、诗歌等多种体裁的书写形式，别有慧心地探讨历史北京的"城"与"人"，成就突出。相关成果，可参阅赵园《北京：城与人》（北京大学出版社 2002 年版），陈平原、王德威主编《都市想象与文化记忆》（北京大学出版社 2005 年版），季剑青《重写旧京：民国北京的城市书写与现代性》（三联书店 2017 年版）等代表性著作。

本辑"城市书写与记忆"单元共选取了三篇论文。季剑青在《南社等革命党人的北京想象与书写》一文中指出，基于政治和狭隘的种族立场，清末南社等革命党人对北京常常怀有一种负面印象，视北京为专制的巢穴、游牧民族控制的特殊之地，以及有待恢复的"神京"。只有犁庭扫穴，直捣黄龙，革命才算真正成功。武昌起义的爆发让他们看到了一丝曙光，一部分南社文人怀抱一试身手的希冀，北上投身于政治舞台，结果却陷入官僚政治的泥潭。在他们对北京的书写与想象中，纠结着

光荣与梦想、愤怒与失落、革新与怀旧等种种复杂的矛盾情感，折射出的是近代文人与政治之间的错位与纠葛。

林峥以《旧京琐记》与《城南旧事》为文本，考察了夏仁虎与林海音的北京/北平书写，两人既有代际之别，又有性别之异，同时还是翁媳关系，他们之间的差异贯穿时间与空间、都（京）与城、遗民与移民等多个层面。其中，《旧京琐记》之"旧"指向时间，《城南旧事》之"南"指向空间。北京对于夏仁虎而言，是"旧京""帝都"，与时代背景、国族想象有关；而对林海音而言，它是"城"南，是城市，同日常生活、市民趣味相连。城市记忆与城市书写这样一种研究方法的使用，在近年来已呈现出"固化"或"同质化"的趋势，林文提示我们，要想在这一领域有所突破，文本的选择与观察的立场非常重要，同时要对文字背后那些看不见的情绪有更加敏锐、准确的把握。

人力车夫是北京史研究中的一个"老问题"，民国时期就有比较多的社会调查。同时，人力车夫也出现在很多当时作家的笔下。20世纪80年代以来，国内外的相关研究将注意力主要放在人力车夫群体背后反映的新生事物（如市政机构、商会、工会和警察等）与传统因素（旧的行会、水会和慈善组织等）的矛盾冲突上。孔雪与岳永逸从人力车夫"被消费的身体"角度切入，最终致力于揭示生计、文学与政治三者之间相互缠结的复杂关系。作者认为，因应"五四"新文化运动平等、自由的理念，近代北京人力车夫的身体在成为高呼"劳工神圣"的五四文人创作与臆想对象的同时，也同时被尴尬地消费。不同政治集团出于不同目的，合力将人力车夫的身体推向了"肉搏"

9

的前台，其中牵涉行业公会内部、政府与党部等北平多种政治力量的博弈。作为边际和被消费的群体，人力车夫的身体成为了生计、文学、政治和艺术的演练场。经过作者的阐发，类似人力车夫这类的"老问题"也被开掘出新意，同时也预示了民国北京史研究领域的广阔前景。

10 四、"抗战时期的北平"的微观透视

民国北京史研究中的突出现象是各个时段的不均衡性，从民国建立至抗战前的历史占据了更多篇幅，其他时段则相对单薄。很多成果都标明了明确的时间断限，如 1900—1937、1912—1937、1927—1937，尤以"1937"成为一个天然的时间节点，历史似乎在 1937 年戛然而止，由此导致抗战时期成为近代北京史研究中的薄弱地带。其间，北平在政治环境、行政管理体系、经济运行、社会生活等各个领域都发生了巨大变化，我们对此仍然缺乏了解，许多方面甚至还未能完成基本的史实重建。不过，近几年来随着一批人的努力，这种相对沉寂的局面已有所改观。

本单元首先选入了严海建《北平沦陷时期的何其巩与私立中国学院》一文。何其巩原为冯玉祥部下，曾被派往苏联学习，后来担任过国民政府首任北平市市长，也是私立中国学院的校长。中国学院属于抗战时期北平的一座特殊高校，它在北平沦陷后既没有迁移，也没有被日伪接收，而是坚持办学，并不断扩大规模，获得了非常态"发展"，自主权也基本掌握在何其巩之手。不仅如此，中国学院还暗中与重庆国民政府保持联系，

并接受教育部的补助，重庆国民政府也希望以经费资助换取中国学院的政治忠诚。同时，该校还与中国共产党有合作，一些师生从事地下抗日活动。作者认为，评价何其巩及中国学院在抗战时期的表现，应该考虑到日伪统治下特殊的生存环境，应该考虑何其巩一些行为的策略性，同时还应考虑沦陷区学人的道德良心及国家认同。

袁一丹以校长陈垣及其身边的四位青年弟子（即余逊、柴德赓、启功、周祖谟，被称为"陈门四翰林"）为个案，考察抗战时期北平辅仁大学文史之学的特殊样貌。如同作者所言，她不只是要钩稽民国学术史的一个片段，更重视呈现在北平沦陷的特殊历史环境下，已经日渐专门化的文史之学与学者个人的生命践履之间的内在张力。晚清以降的新史学，主张史学即史料学，以去除传统史学作为伦理学教科书的意义。而陈垣及其弟子面对敌国入侵，践行"有意义之史学"，意图重新恢复这一传统，推动史学研究风气的转变，甚至利用史家之权柄设立道德审判庭，强调史学之于世道人心的规范作用。本文表面上是探讨学术史，更深层次是在展示以陈垣为中心的一批辅仁文史学人如何在战争的非常态下，通过"学术"进行另一种形式、另一种意义的"抵抗"，而这种"抵抗"同样具有重要价值。本文以及作者的系列研究成果对我们如何解读抗战时期的北平，启发良多。

全面抗战时期的北平与南京，在很多方面可形成对照。潘静如以 1940 年这两座城市内的《雅言》和《同声月刊》两个杂志为切入点，分析了当时一个特殊的文人群体类型——"清遗民"的处境、心态与行为。作者认为，"清遗民"作为一种政治主体，努力在沦陷区重构自己的位置，既呈现一种"局外观棋"的姿态，同时也有"螺蛳壳里做道场"的隐微心态与无力感。他们通过建构和确认自己的遗民／逸民形象，避开了个体的伦理承担，却也在这种"软性"的自我逃离中成为沦陷区"秩序重建"和"东亚共荣"版图的一部分。本文的新意在于选取了恰当的观察样本，将沦陷时期北平与南京这两座具有特殊身份的城市纳入到一个坐标体系中，探讨了生活于其间的"清遗民"的基本状态。如果再将目标拓展至上海、长春等地，或可为我们提供更为丰富的观察城市在非日常状态下的另类视角。

抗战时期，北平原有统治体系因日寇入侵而遭受重大冲击，在新的殖民体制构建过程中，侵略与抵抗的方式均复杂多样，反抗和屈从之间往往存在大量的模糊地带。在宏观的战争背景下，形形色色的人群展示出非常复杂的面孔。即便是参与伪政权的汉奸内部也并非铁板一块，而是夹杂着顺从、屈服、抵抗与算计。上述三文提示我们，对于北平沦陷的历史需要更为丰富的认知视角与更为审慎的评价。需要指出的是，侵略与反侵略、殖民与被殖民是索解抗战时期北平历史的主导框架，这一点无可动摇。但在此框架之下，仍可以适当揭示特定时空下那些复杂的个体生活样态、事件形态及其历史内涵。

非常感谢各位论文作者的宝贵支持，它使得本书得以如此面目呈现在读者面前。当我们向各位作者提及编辑本书的想法时，大家无不慨然应允。同时，还有不少作者表达了今后将继续帮助我们民国北京史研究中心的愿望。这令我们感动之余、也得到激励和鼓舞。

本书所收论文虽然都已在刊物上正式发表，但在重新编辑的过程中还是涉及了一些资料的重新核对以及注释方式的转换等，北京市社会科学院历史研究所李诚博士、操宇晴博士对此投入了很多精力，我们深表谢意。同时，感谢夏艳女士为本书顺利出版所做的工作。

13

还有几点需要说明：其一，近年来有关民国北京史研究的优秀成果很多，我们在编选过程中经常面临无法取舍的矛盾，限于各单元的主题设计，一些很精彩的文章也只能"割爱"。其二，本辑所收大部分文章均由作者提供原文，基本保持初次刊发时的原状，只有少数几篇与初次发表时版本不尽一致，有的因篇幅较长，进行了删减，尤其是减少了一些注释，但不影响文章的基本面貌，更不影响主旨的表达。其三，近年来，欧美以及日韩等学界也发表过一些关于民国北京史研究很好的论文，但本辑却因故未能收入，多少有些遗憾，希望日后能有机会集中加以弥补。

近二十年来，中国历史学的研究方式已经发生了明显变化，我们收集材料的深广度和便利度都大大增强，阅读视野与研究疆域不断拓展。有关民国北京的政治、空间、建筑、文化、社会、记忆等领域持续涌现新作，在理论与方法层面的学术自觉也正在形成。不过，考虑到民国北京历史地层的复杂性与多歧性，以及北京在中国乃至世界城市体系中的独特地位，目前的学术进展还不能说与之完全匹配，但从目前的情况看，至少已经出现了一些令人鼓舞的迹象。我们希望通过《民国北京研究精粹》第一辑、第二辑的相继出版，以及民国北京史研究丛书的持续推出，吸引更多的年轻人进入这一园地，不断壮大学术队伍，自觉为民国北京史研究的拓展与深化，做一点力所能及的推动工作。

黄兴涛　王建伟

2022 年初秋

地方政治

王孙归不归

溥仪出宫与北洋朝野局势的变化

李坤睿

2

　　1924 年 11 月初，清室被国民军驱逐出故宫。在此之前，北洋政府与清室保持着亲密关系。正因为如此，当冯玉祥驱逐溥仪出宫时，他的盟友段祺瑞和张作霖都表示强烈反对。遗老也确实希望民国元年的《清室优待条件》能在段、张的手中得到恢复。然而，遗老的希望如同幻影：直到北京政府覆灭，溥仪一直没再能回到紫禁城中。为何 1924 年 11 月下旬段祺瑞控制北京政府后没能恢复旧有优待条件？为何 1926 年 4 月国民军撤离北京，对清室有好感的奉军、直鲁联军进京后，仍然未能迎接溥仪回宫？本文试图通过对史实的梳理寻找上述问题的答案：一方面，国民军对北京的有效控制构成了恢复《清室优待条件》在政治方面的阻力；另一方面，在国民军、段张、清室等势力的互动下，舆论对清室的敌意不断高涨，形成了溥仪回宫在舆论方面的阻力——回归故宫的诉求容易被解读为破坏共和与寻求复辟。这些现象都反映了北洋朝野局势的变化；在变局中，清室恢复 1924 年 11 月之前原状的努力最终成为幻影。笔者尚未发现与本文论题直接相关的论著。[1]

---

[1] 沙培德的《溥仪被逐出宫记》（中华民国史料研究中心编：《一九二〇年代的中国》，中国台北：中华民国史料研究中心，2002 年）和胡平生的《民国初期的复辟派》（中国台北：学生书局，1985 年）第五章第二节均以对溥仪出宫的史事叙述为主题；沙文重点探讨了不同材料的差异，胡文则对细节阐述较详。此外，喻大华《重评 1924 年冯玉祥驱逐溥仪出宫事件》（《学术月刊》1993 年第 11 期）侧重于对事件消极后果的评论，范泽刚《冯玉祥驱逐溥仪出宫事件之社会反响》（辽宁师范大学硕士论文，2007 年）则几乎是对史料的简单分类罗列。前述论著均未从本文所着眼的角度考察这一事件，亦未解决本文所提出的问题。

溥仪出宫之前逊清皇室的处境

（一）清室与北洋派的关系

规定北京政府与清室之间的关系的法律规范是民国元年颁布的《清室优待条件》。该条件 1912 年 2 月由临时参议院审议通过，并由民国政府颁布，包括三项 :（甲）关于大清皇帝辞位之后优待之条件 ;（乙）关于清皇族待遇之条件 ;（丙）关于满蒙回藏各属待遇之条件。[1] 狭义的 "清室优待条件"指其中的甲项。1915 年,民国政府颁布《优待条件善后办法》。[2]它增加了清室的义务，如不得使用旧历及旧年号等，因而被认为是对 1912 年《清室优待条件》的实质修改。同年，袁世凯还表示 :"所有优待各节，无论何时，断乎不许变更，容当列入宪法。"[3] 尽管有纸面上的法律，但无论是清室还是民国政府都并未完全遵守它。譬如，小朝廷一直没有搬出紫禁城。但除了袁世凯为筹划称帝而曾经要求搬迁之外，其他几届政府并没有催促过。[4] 吴瀛注意到，清室之所以久居宫禁,原因之一是"前政府各当局者皆与清室多少有关，是以久悬不决"。[5] 民国政府也没有如约支付优待费。倾向反清室立场的《国闻周报》承认:"优待岁费四百万元，常因财政支绌而有拖欠。"[6] 正如此后在清室善后委员会工作的那志良所述，"条件是订了,订定之后,无论清室也好，民国政府也好，大家都没有把它当作一回事。"[7] 与违反《清室优待条件》和《优待条件善后办法》的现象同时存在的，是

1、2 参见《民国元年宣布优待条件诏书》,《东方杂志》第 21卷第 23 期，1924 年 12 月 10 日，第 123—125 页。

3《发现清室优待条件秘密遗物》,《京报》1925 年 2 月 10 日第 7 版。

4 徐彬彬:《清室事件之彻底批评》,《国闻周报》第 2 卷第 5 期、1925 年 2 月 15 日，第 18 页。

5 吴景洲:《故宫五年记》,上海:上海书店,2000 年版,第 22 页。

6 记者:《修改优待清室条件之经过》,《国闻周报》第 1 卷第16 期、1924 年 11 月 16 日，第 6 页。

7 那志良:《宣统皇帝出宫前后》,《传记文学》第 36 卷第 1 期、1980 年 1 月，第 91 页。

民国政府与清室之间超出法律条文之外的密切程度。考虑到北洋要人在历史上与清室的关系及其文化背景，当不难明白传统思想和社交网络对他们的影响。[1] 同时也应该看到，他们是共和政体下的既得利益者，拥护共和为他们执掌权力提供了合法性的根基，尽管这并不妨碍他们对清室进行表面的效忠。需要说明的是，冯玉祥和吴佩孚对于清室的态度与段祺瑞、张作霖等要人相比不尽相同。先言冯玉祥。1924 年之前，他与清室之间存在着一定的合作关系。1922 年溥仪大婚时，冯玉祥送来如意。他还"一再上谒我醇亲王，谬恭敬，内务府为奏赏紫禁城内骑马，且逊词呈乞代谢"。[2] 与此相比，时人注意得更多的却是他对清室不合作的一面。1917 年张勋复辟之时，冯在通电中提出四项要求，包括取消清室优待条件、驱逐溥仪出宫、停付优待金等。[3] 冯在日记里也时常表露出类似观点。[4] 在对清室的态度上，吴佩孚与冯玉祥较为类似。1922 年 6 月，吴向黎元洪提议废止《清室优待条件》。[5] 1923 年，清室试图拉拢吴佩孚，但吴的态度若即若离。[6] 冯玉祥和吴佩孚在清室问题上的立场虽然异于徐世昌等北洋元老，但他们在 1924 年之前并未成为北京政府的掌控者——冯玉祥只是直系中边缘化的一支势力；吴佩孚虽然是直系的领袖之一，但在不少问题上却受到曹锟牵制，他对北京政府也缺乏独立的影响力。在时局发生变化、北洋派权力核心之外的政治强人

---

1 参见李念慈的分析。李念慈：《满洲国记实》，中国台北：文海出版社，1981 年版，第 9 页。

2 胡嗣瑗：《甲子蒙难纪要》，《近代史资料》总 83 号，北京：中国社会科学出版社，1993 年版，第 96 页。

3 鹿钟麟：《驱逐溥仪出宫始末》，《天津文史资料选辑》第 4 辑，天津：天津人民出版社，1979 年版，第 100 页。

4 参见《冯玉祥日记》1923 年 3 月 18 日、5 月 3 日、7 月 11 日条，中国第二历史档案馆编：《冯玉祥日记》第 1 册，南京：江苏古籍出版社，1992 年版，第 301、331、411 页。

5 《清室优待条件有取销说》，《申报》1922 年 6 月 28 日第 10 版。这一提议引起了遗老的恐慌，参见《郑孝胥日记》1922 年 6 月 28、29 日，7 月 1、7 日，8 月 1、13、14、16、17、20 日条，劳祖德整理：《郑孝胥日记》，北京：中华书局，1993 年版。

6 溥仪：《我的前半生》，北京：东方出版社，1999 年版，第 123 页。

被推向前台之前，北京政府一直控制在与清室保持友好关系的元老手中。

（二）清室与舆论的关系

在讨论当时舆论对共和制、帝制的观感之前，有必要弄清"舆论"的范围。知识分子的观点与大众可能差之千里，新派知识分子与旧派士人之间的主张可能也大相径庭。从数量上说，"国民"的队伍无疑比知识分子庞大得多。然而，以对时局的影响力而言，在尊崇士人的社会里，知识分子的能量更胜一筹。而在趋新诋旧的时代，新派知识分子较传统士人更易对舆论施加影响。大多数民众被认为同情帝制。倾向于清室的庄士敦认为："假如能够产生一个真正代表人民的会议，或者，假如这样的会议可以通过自由的投票来决定君主制与共和制孰优孰劣的问题，那么，即便选择君主制会被认为是参与了恢复那个不久前刚被推翻的王朝的活动，倾向于君主制的人也会占压倒多数。"[1]倾向共和制的《京报副刊》也曾发表一篇文章，文中写道："中华民国建设了十四年之久，新文化运动，亦闹了六七年。然而我国人的脑袋里大多数还是一仍其旧，老态横秋的。除遗老们之要拜皇帝，与老百姓之希望出'真命天子'，我们宽而不论外，所谓比较有智识的，开通的人们，和自命为智识阶级的青年们，我们便无从宽恕了。"[2]作者虽意在呼吁知识分子反对皇帝，却不得不承认"国人"和"老百姓"认同帝制的倾向。智识阶级中也不乏同情清室的人。其中有一类是对共和反感，愿意恢复帝制者。冯玉祥曾言："考之国民心理，趋向守旧者尚不乏人，往往以人民不谙

5

---

[1] [英]庄士敦：《紫禁城的黄昏》，陈时伟等译，北京：求实出版社，1989年版，第205页。
[2] 段思召：《无题的通信》，《京报副刊》第53号，1925年2月6日，第8版。

共和为词，而倡更易国体之说。"[1] 既然能够倡导学说，自然当属知识分子。郑孝胥、康有为等清室遗老即属此类。还有一批人，他们虽然认为事实上不能恢复帝制，但仍然对清室报以同情。1920 年 9 月，严复对郑孝胥表示："仆自始至终持中国不宜于共和之说，然恐自今以往，未见有能不共和之日。"[2] 另一例子是胡适。在 1922 年 6 月 7 日给庄士敦的信中，他表示因亲眼见到溥仪而深受感动。[3] 智识阶级中更大一部分人持反对清室的立场，他们希望修改或取消优待条件，以便削弱或彻底去除清室的特权。周鲠生指出："迁移清帝出宫，废去溥仪帝号，改废其他优待条件，可说是久成国民的舆论，至少也是社会中进步分子一般的意见。清室优待条件之改废，是迟早要实行的事。"[4]《京报副刊》的一位作者也认为，驱逐溥仪出宫是长期以来舆论反对的结果——"冯玉祥此举是反对运动的完成，'其所由来者渐矣，非一朝一夕之故也'。"[5]

出于对《清室优待条件》的不满，在 1924 年北京政变之前，废除这一条件的尝试时而有之。1922 年黎元洪担任大总统时，章太炎"劝其捕治溥仪，以完复辟之案"，但"黄陂仁柔，不能为此"。[6] 1922 年 7 月，众议院议员李庆芳提出商榷书，主张撤销清帝尊号及优待费，却没有被通过。[7] 同年 12 月，溥仪大婚时政府要员与清室的关系引起了舆论注意。"国会方面因此激刺，遂有邓元彭之提议，取消清室优待条件，并禁止一切帝制仪仗，以杜乱

1 冯玉祥：《国事刍言》（1925 年 6 月），《冯玉祥选集》上卷，北京：人民出版社，1985 年版，第 9—10 页。
2 劳祖德整理：《郑孝胥日记》第 4 册，第 1842 页。
3 [英] 庄士敦：《紫禁城的黄昏》，第 217 页。
4 周鲠生：《清室优待条件》，《现代评论》第 1 卷第 1 期，1924 年 12 月 13 日，第 11 页。
5 杨天木：《与班延兆君讨论》，《京报副刊》第 26 号，1925 年 1 月 4 日，第 7 版。
6 章炳麟：《关于清室事件》，《京报副刊》第 244 号，1925 年 8 月 20 日，第 6 版。
7《李庆芳议撤清室帝号》，《申报》1922 年 7 月 30 日第 7 版。

萌，巩固国本一案。"[1] 1924 年初，因溥仪有涉嫌鼓励复辟的言论，众议员李燮阳等要求取消优待条件。[2]溥仪在回忆录中坦承，李燮阳提案对他而言是一个"很头痛的消息"。[3] 4 月，张英麟授太子太保衔之后，在演说中表示"皇恩浩荡"，引起了众议员的反弹。议员再次提出取消优待。[4]然而，这些努力都未收到成效。失败的表面原因可能很多——比如大总统缺乏决断力，或者议会表决不足法定人数等等——但立法机关权力被架空的事实、北洋实力派对废除清室优遇的消极态度，都是较为关键的因素。

7

总之，在 1924 年以前，尽管大多数民众同情清室，但大多数知识分子对它远没有这样的好感。后者对舆论有更大的引导作用。他们认为如果不能取消优待条件，至少应该修改它，在更大限度上缩减清室的特权。反映了主流舆论呼声的政客、名流为限制清室权力做出了数次尝试，但都告失败。在 1924 年之前，这一批人还处在边缘，无法影响中央的政策。他们不是控制政府的北洋实力派最需要笼络或顾忌的对象。除非北京政府在对清室的关系上发生实质性的变化，否则他们的声音只能一直萦回在草野。

北京政变与溥仪出宫

（一）修改优待条件与驱逐溥仪出宫

1924 年 10 月 23 日，第二次直奉战争爆发一个多月之后，冯玉祥的部队忽然出现在京城，开始发动政变。11 月 2

[1]《溥仪婚礼记》，《申报》1922 年 12 月 3 日第 7 版。
[2]《李燮阳再提取消优待条件》，《申报》1924 年 3 月 1 日第 10 版。
[3] 溥仪：《我的前半生》，第 164 页。
[4]《天津电》，《申报》1924 年 4 月 19 日第 3 版；又见《李燮阳催决取消清室帝号》，《申报》1924 年 4 月 20 日第 7 版。

日，曹锟被迫辞职，以黄郛为代理总理的国务院开始摄政。11月3日，冯玉祥提出："今日当先请国会议决各项应办之事，第一将宣统逐出，每年四百万两优待费取消，以二百万分于旗人以资生活，以二百万办学校、兴工厂，以图自强……"[1]出于对清室异动的担心，驱逐溥仪出宫的议案于次日晚被摄阁迅速通过。[2]11月5日，在鹿钟麟部的威压之下，溥仪于下午1时左右离开故宫，前往醇王府居住。[3]

8

国民军行动的速度之快使很多人都感到出乎意料。"会议未开，百端待理之时，忽先着手迁移清帝溥仪出宫，修改优待条件，闻者或多猜诧。"[4]不独社会公众，就连早已对冯玉祥举动有所警惕的遗老也对事变的突然发生感到意外。罗振玉11月5日清晨乘车去天津，傍晚到达，正要吃饭时忽然听说北京的变故，"闻之神魂飞越"。而在离京之前，罗振玉拜访日本兵营军官竹本多吉时，竹本还判断"一二日内或不至变"。[5]正因为事变的突如其来，才使得郑孝胥、陈宝琛等人的出逃计划落空。[6]它也避免了段祺瑞、张作霖对这一计划可能的阻挠。金梁沮丧地记叙道："夜罗雪堂自津归，谓段已来电，此盖事前往津求段，未知仓卒遽有此举，电来已不及阻矣。"[7]

同样是11月5日，在与徐谦等人会面时，冯玉祥自豪地表示："吾今日作一最痛快的事，已将宣统逐出宫外。"[8]确实，冯玉祥长期

1 中国第二历史档案馆编：《冯玉祥日记》第1册，第645页。
2 吴锡祺：《驱逐溥仪出宫》，《文史资料选辑》第4辑，北京：文史资料出版社，1961年版，第74页；鹿钟麟：《驱逐溥仪出宫始末》，第101页。
3 详细经过参见古蔼孙：《甲子内乱始末纪实》，荣孟源、章伯锋主编：《近代稗海》第5辑，成都：四川人民出版社，1985年版，第355—356页；《溥仪出宫追记》，《晨报》1924年11月7日第2版。
4 记者：《修改优待清室条件之经过》，第5页。
5 罗振玉：《集蓼编》，《雪堂自述》，南京：江苏人民出版社，1999年版，第51—52页。
6 参见李景铭：《一个北洋政府官员的生活实录》，《近代史资料》总67号，北京：中国社会科学出版社，1987年版，第132页；劳祖德整理：《郑孝胥日记》第4册，第2025页。
7 金梁：《遇变日记》，吴景洲：《故宫五年记》，第117—118页。
8 马伯援：《我所知道的国民军与国民党合作实作》，中国台北：文海出版社，1985年版，第36页。

以来就对清室的现状不满。他曾回忆辛亥年滦州起义失败后的心情："我暗暗地发誓道，假若有一天我能风云际会，誓必继续死难同志的遗志，推翻万恶的清政府，并且消灭卖友求荣的第三镇军阀。十余年来我不敢一日忘记我这个誓言，不敢一日放弃诸位死难朋友的遗志。"[1]在反清意识与革命观念的影响下，他自然容易认同于反对优待清室的舆论。他曾声称："在中华民国的领土内，甚至在中华民国的首都所在地，竟然还存在着一个废清皇帝的小朝廷，这不仅是中华民国的耻辱……且是中外野心家时刻企图利用的祸根。民六讨伐复辟的时候，我即极力主张扫除这个奇怪的现象，铲除这一个祸根，可是当时竟未如愿。这次入京，便决心以全力贯彻之。"[2]现在优待条件虽然没有取消，但给溥仪和清室留下的权利已经所剩无几，冯的这一政治目标总算得到实现。

但不能由此把冯玉祥看作一名理想主义者。他驱逐溥仪出宫有利于遏制复辟，维护共和，但其中包含的功利效果并不仅仅如此。以当时的世风，倒戈是背信弃义的不符合道德之举；从过去的北洋伦理而言，废除对落难清室的优待也不能带来足够的政治正当性。但如果倒戈是为了讨伐贿选，废除清室是为了反对帝制，这一行为就可以披上道义的外衣，从而得到合理化的解释。新派知识分子大多支持此举，它在无形中为北京政变提供了一项合法性依据。冯玉祥多次有意识地把驱逐溥仪作为自己的功绩之一加以宣传。[3]与冯玉祥的观点相仿，张继认为这是使北京政变不

9

1 冯玉祥：《我的生活》，上海：上海教育书店，1947年版，第153页。
2 冯玉祥：《我的生活》，第509—510页。
3 例子见《冯玉祥日记》1924年11月22日、1925年1月7日条，中国第二历史档案馆编：《冯玉祥日记》第1册，第658页；第2册，第4页；冯玉祥：《五原誓师宣言》（1926年9月17日），《冯玉祥选集》上卷，第19页。

同于一般军阀内争的事件之一："今国民军起义，长城光复，首都已完成辛亥革命未竟之功，非军阀互斗可比。"[1] 潘公展也肯定："冯氏入京而后，当以此事最为国人所称许。"[2]

在国民军扶持之下，政府很快成立了清室善后委员会，"委员长与委员不用任命而用聘请，并多延览学者、专家，为学术公开张本"。[3] 11 月 13 日，摄阁公布《办理清室善后委员会组织条例》。[4] 此后，直接负责点查、整理清宫古物的机构就是这一委员会。它如同一座桥梁，一头连着摄政内阁与国民军，另一头连着社会舆论。其中的委员如李石曾、吴稚晖、陈垣等在知识界有着较强的影响力。[5] 建立这一机构，将溥仪被逐出宫这一事件所带来的利益向学界开放，有利于争取新派知识分子的支持。如果要恢复优待条件，就必须取消善后委员会，而这将会面临来自委员会大多数成员，以及支持这一机构的社会舆论的压力。

综上，冯玉祥驱逐溥仪出宫的决策是革命理想与功利主义交织作用的结果；随着溥仪的离开，以及清室善后委员会的建立，反对《清室优待条件》的舆论从后台走向了前台，这些事件都暂时堵住了从醇王府通向故宫的路程。

（二）段祺瑞与张作霖的态度

但对于遗老而言，时局还没有发展到最糟的地步——段祺瑞和张作霖入京已经只是时间问题。依靠他们恢复旧有优待条件，重新迎接溥仪入宫，并不是没有可能的事。

[1] 《张继函阎锡山拥段之外应与国民军确实结合》（1924 年 11 月 10 日到），《阎锡山档案》第 7 册，中国台北："国史馆"，2004 年版，第 137 页。
[2] 潘公展：《国内外一周大事纪》，《国闻周报》第 1 卷第 19 期，1924 年 12 月 7 日，第 17 页。
[3] 李石曾：《故宫博物院记略》，吴景洲：《故宫五年记》，第 150 页。
[4] 《办理清室善后委员会组织条例》，《政府公报》，1924 年 12 月 14 日，第 3—4 页。
[5] 成员名单见吴瀛：《故宫尘梦录》，北京：紫禁城出版社，2005 年版，第 23 页。

11 月 5 日中午，北京遗老"以无线电，由郑孝胥（苏戡）、陈师傅列名求援于天津段祺瑞、张作霖"。[1] 段祺瑞很快复电称"已于三时电致冯、胡、孙，沮其暴举。"[2] 这时紫禁城的交涉已经结束，溥仪已经进入醇王府。于是，"郑、陈又以第二电报告，段有长电见复。"[3] 进行努力的不仅是汉族遗臣，满族王公也试图打开局面。11 月 11 日，他们决定"以载沣、载涛、载泽及全体满洲王公的名义致函张作霖，请求营救溥仪"。当夜，管家张文治即带信离京，前往奉天。[4] 此外，天津、上海的遗老也积极向北洋要人展开活动。[5]

段祺瑞多次表达了对国民军逼迫溥仪出宫的不满。11 月 5 日下午，段祺瑞收到了郑孝胥、陈宝琛联名发出的电报。当时冯玉祥的代表刘之龙在场。"段即在刘前拍案击破茶盅，曰：'优待条件我所手订，且各国使馆均有案，岂容一手撕破乎？今要我入京，何以京城闹到如此地步。'"[6] 在该日发给冯玉祥、胡景翼、孙岳的电报中，段祺瑞明确表达了对逼宫行为的反对立场。[7] 同时，段祺瑞致电清室，保证："皇室事余全力维持，并保全财产。"[8] 6 日，段祺瑞会见阎锡山的代表潘连茹等人。据潘连茹的叙述，"合肥对冯颇不满意，一时暂不入京，独守九门，对于冯代表曾发一问题：焕章此举是革命抑政变？冯代表不能答"。[9] 此后直到 12 日，段祺瑞一共发了四封电报劝

1、3、6 李景铭：《一个北洋政府官员的生活实录》，第 132 页。
2 劳祖德整理：《郑孝胥日记》第 4 册，第 2025 页。
4 爱新觉罗·溥佳：《溥仪出宫的前前后后》，《溥仪离开紫禁城以后》，北京：求实出版社，1985 年版，第 15 页。
5 关于天津遗老的努力，见罗振玉：《集蓼编》，第 52 页。关于上海遗老的活动，见胡嗣瑗：《甲子蒙难纪要》，第 99 页；陈夔龙：《梦蕉亭杂记》第 2 卷，1925 年刻本，上海：上海古籍书店，1983 年重印，第 68 页。
7《段祺瑞表示不满》，《晨报》1924 年 11 月 7 日第 2 版。
8 溥仪：《我的前半生》，第 176—177 页；又见劳祖德整理：《郑孝胥日记》第 4 册，第 2026 页。
9《潘连茹电阎锡山报告与段祺瑞会晤情形十一项》（1924 年 11 月 12 日到），《阎锡山档案》第 7 册，中国台北："国史馆"，2004 年版，第 142 页。

阻冯军，但均告无效。1 至于张作霖，"与段持同一见解，声言将会同提出此事，询冯真意所在，再定处置方针"。2 庄士敦回忆，有一名英国人亲眼见到了张作霖在接到消息之后大发雷霆的样子。3 不过，与段不同的是，张作霖虽未冷落遗老，但也没有给出直接承诺。他在回复陈夔龙等人的电报中提出了自己的策略："都门近日举动，事前毫未预闻。辱承垂询殷拳，颇苦无从置喙。不日海内明达群集论政之时，当能主持公道也。"4 所谓"海内明达群集论政之时"，指的就是预备中的善后会议。张希望通过具有民主外观的会议，实现恢复清室原状的目的。

在谈到段祺瑞入京前景时，中共党员赵世炎忧心忡忡地预言："他（段）来京以后一定大反黄阁之所为——对外申明遵守条约，对内首先恢复清室优待条件，复此便是一天一天地暴露北洋正统迪克推多的真面目。"5 在恢复优待条件方面，与赵世炎有类似判断的是溥仪的太傅朱益藩。他对时局持乐观的观望态度，认为应当"再看"。6 人们或者担心、或者期盼段祺瑞和张作霖能把清室重新迎入皇宫。

（三）社会舆论的观感

溥仪被逐出宫一事在社会上引起了轩然大波。"有赞成者；有反对者；有赞成其事而嫌手段唐突过分者，有嫌其手段和平而作事不彻底者，议论纷纭，莫衷一是。"7《申报》归纳各方态度："在普通市

1《潘连茹电阎锡山报告在京探得时局情况十一项》（1924 年 11 月 12 日到），《阎锡山档案》第 7 册，第 145 页。
2 沈云龙：《黄膺白先生年谱长编》上册，中国台北：联经出版事业公司，1976 年版，第 197 页。关于段、张意见一致的另一记叙，见爱新觉罗·溥佳：《溥仪出宫的前前后后》，《溥仪离开紫禁城以后》，第 17 页。
3 [英] 庄士敦：《紫禁城的黄昏》，第 325 页。
4 陈夔龙：《梦蕉亭杂记》第 2 卷，第 68—69 页。
5 罗敬：《段祺瑞来京以前》，《向导周报》第 93 期，1924 年 12 月 3 日，第 782 页。
6 11 月 14 日日记，金梁：《遇变日记》，第 122 页。
7 幼石：《我以为这才是对溥仪的澈底办法》，《共进》第 72 期，1924 年 12 月 16 日，第 2—3 页。

民，仅当着一段奇异新闻，互相传说。在知识阶级，则或以此举为异常痛快，认为理所当然，或以此举稍觉急切，不应如此迫促，然绝无一人作反对论调者。至少数不明事理之外国人，及与清室有关系之所谓遗老，则不免有种种揣测，种种捏造，此亦可想象而得者也。"[1]

作为"与清室有关系之所谓遗老"之一，陈夔龙痛心疾首地说："噩耗传来，无中外，无男女，无少长，均斥其荒谬绝伦。"[2] 他的描述也许过于夸张，但并不能因此低估反对者的数量。在计算反对者时，应当考虑到未受过教育、无法用文字表达和记录思想的庞大群体。前文已述，清廷能在这些人中找到相当数量的支持者。以为数众多的北京市民为例——他们在当时被认为倾向于谴责国民军并同情清室。亲清室的《顺天时报》云："市民等大为惊异。旋即谣言四起，咸谓冯氏此举，即大背民国优待清室之信约，而夺取玉玺，尤属荒谬。"[3] 赞成驱逐清室的《晨报》也称"改正清皇室底待遇"是"北京人很诧异很咒骂，而我认为做得很明决的事"。[4] 但这一群体的声音并未构成社会舆论的主流。

在更易引导舆论的知识分子当中，有一批人算不上是帝制的支持者，他们赞成修改优待条件的目的，但反对武力胁迫的实现方式。其中最著名者当属胡适。11月5日，他得知清帝被逐，立即写信给王正廷："我是不赞成清室保存帝号的。但清室优待条件乃是一种国际的信义，条约的关系。条约可以修正，可以废止，但堂堂的民国，欺人之弱，乘人之丧，以强暴

13

1《清废帝移出禁城之详情》，《申报》1924年11月15日第6版。
2 陈夔龙：《梦蕉亭杂记》第2卷，第68页。
3《三百年清运昨日告终》，《顺天时报》1924年11月6日第7版。
4 止水：《且看裁撤肼枝机关以后》，《晨报》1924年11月7日第2版。

行之，这真是民国史上的一件最不名誉的事。"[1]胡的同事顾颉刚观感大致相同。他在日记中记录了自己的矛盾心理："此事手段太辣，予心甚不忍"，尽管"亦知作事非如此不可"。[2]

虽然有人反对逼宫的手段，但从当日报刊登载的内容可以看出，完全赞成国民军此举的目的和手段者为数更多。

为什么要改变十余年来的状况，修改优待条件，驱逐溥仪出宫？当局可以举出很多理由。较为温情的一条是这么做有利于溥仪的个人发展，有利于清室的存续。如 11 月 5 日晚，李石曾对记者表示："此次修正之结果，反倒（利）于清室，减少将来之疑惑，得以平安为民国一市民。"[3]李石曾的解释通过强调溥仪的利益，在逻辑上减少了摄阁与国民军行为的可责性。相当多的知识分子认可了这一判断。周作人表达了他曾经怀有的负疚："你坐在宫城里，我们不但怕要留为复辟的种子，也觉得革命事业因此还未完成；就你个人而言，把一个青年老是监禁在城堡里，又觉得心里很不安。"[4]徐旭生也认为使溥仪从皇城中解脱是仁至义尽之举："中华民国总算把他解放出来了，总算对得起他了。"[5]这些立论建立在一个预设之上，即溥仪愿意出宫，愿意以平民身份生活在共和政体之下——这将引出一个疑问：如果溥仪不愿如此，国民军却逼迫他出宫，是否还算符合道德之举？

驱逐溥仪出宫的支持者并没有忽略这样的问题。他们的答案是，如果溥仪不愿

1《胡适致王正廷（稿）》（1924 年 11 月 5 日），中国社会科学院近代史研究所中华民国史组编：《胡适来往书信选》（上），北京：中华书局，1979 年版，第 268—269 页。11月 9 日的《晨报》第 2 版报道了这封信的部分内容。从胡适与庄士敦、周作人等人的通信来看，这封信被《晨报》登载之后方才产生社会影响，参见《胡适来往书信选》（上），第 269、270、276 页。
2 1924 年 11 月 6 日日记，《顾颉刚日记》第 1 卷，中国台北：联经出版事业股份有限公司，2007 年版，第 550 页。
3《清帝迁出皇宫之理由》，《顺天时报》1924 年 11 月 6 日第 7 版。
4 周作人：《致溥仪君书》（1924 年 11 月 30 日），《语丝》第 4 期，1924 年 12 月 8 日，第 4 页。
5 徐旭生：《十一月五日的感想》，《京报副刊》第 319 号，1925 年 11 月 5 日，第 4 版。

14

意享受共和，那么就应该反对他。钱玄同尖锐地指出，清室在帝号问题上只能在共和与复辟两种立场之间选择一种："既说不复辟，为什么还要保住贵'上头'底帝号！？既不肯抛弃帝号，为什么不做复辟底运动！？贵'上头'既不想复辟，且赞成共和，为什么还要窃帝号以自娱！？你们要知道！保住帝号，便应该复辟；赞成共和，便应该废除帝号。"[1] 按照这一逻辑，如果清室反对修改优待条件，希望维持帝号，就是希望复辟，而这是共和政治所不允许的。李石曾也谈到了废除帝号与维护共和的关系："保持前代之帝号年号，亦仍以宣统上谕、官职等各种，与帝政时代无异。就共和民国之主义上而论，不免甚有遗憾；在肇造民国之彻底上，极多障碍。此次之举，吾人欲彻底的铲除帝政祸根也。"[2] 既然这样，国民军的修改优待条件之举在任何情况下都符合道德：如果溥仪赞成，这一行为就符合了溥仪的利益；如果溥仪反对，那么他即使不是复辟的支持者，至少也体现了帝制的残余，国民军的行为正好成为维护共和制的必须。

如果接受了这样的前提，那么既然国民军的行为对共和有重要意义，反对者自然有倾向帝制之嫌。吴稚晖认为除了"一般复辟党略略布散流言"之外，"十八省人皆欢声雷动"。[3] 张继、王法勤、丁惟汾等人也声称："除复辟党人，从此无可假借，为之失望，而四万万国民，对于诸公，以首都革命而完成革命事业未竟之功，则无不额首相庆。"[4] 指责反对者是帝制分子可以成为一种宣传

1 钱玄同：《告遗老》，《语丝》第 4 期，1924 年 12 月 8 日，第 3 页。
2 《清帝迁出皇宫之理由》，《顺天时报》1924 年 11 月 6 日第 7 版。
3 吴稚晖：《国民党不加入善后会议》，周云青编《吴稚晖先生文存》上卷，上海：医学书局，1925 年版，第 19 页。
4 《张继等赞同令溥仪出宫电》，《申报》1924 年 11 月 15 日第 6 版。

策略，这将有利于从声势上压制反对的声音。

因反对国民军的行动而受到舆论指责的典型人物是胡适。不少人把胡适的观点解读为对皇室乃至帝制的同情。邵力子含蓄地评论道："然而今日的人类中——尤其是我们中国人——总不免有嗜痂成癖的……为溥仪抱不平的，遗老遗少不消说了，居然有自称'与民更始'的执政，有提倡文学革命的学者。"[1]如果说邵力子只是隐晦地提示批评对象的身份，一些激进青年的言论则更加直白。毛壮侯认为胡适致王正廷的信表明他"简直要复辟了"。[2]董秋芳惋惜地说："蔽护不伦不类的清室的语调，不出之于乡村遗老之口，而倡之于'自古成功在尝试'的先生！"[3]胡适承认，自致王正廷的信件内容公开之后，"十几日来，只见谩骂之声，诬蔑之话，只见一片不容忍的狭陋空气而已。"[4]而这些"谩骂之声"并不是短短十几日的时间就能平息的。江震亚曾经提醒道："然而呈请恢复清室优待条件总不能说，就是要皇帝。"[5]但他的话被淹没在驱逐溥仪支持者党同伐异的声浪之中。在当时的语境中，支持帝制并不是褒义的评价。一个理性的人——无论是学者，政客，还是军人——在准备表达对清室的同情，或者做出有利于清室还宫的举动之时，都不得不考虑到舆论的这一倾向。

还有一些人走得更远。他们认为国民军的手段不是太激烈，而是太温和，因此批评其行动不够彻底。具有共产色彩的杂志《共进》发表文章主张"马上废除优待条

16

---

1 邵力子：《为教育界争人格》（1925年2月3日），傅学文编：《邵力子文集》下册，北京：中华书局，1985年版，第1008页。

2 毛壮侯：《溥仪想做人——胡适不想做人》（1924年11月19日），高君宇：《高君宇文集》，太原：山西古籍出版社，1996年版，第201页。

3 董秋芳：《致胡适之先生的一封信》（1925年1月15日），《胡适来往书信选》（上），第301—302页。

4 《胡适致李书华、李宗侗》（1924年11月28日），《胡适来往书信选》（上），第278页。

5 江震亚：《学者说话不会错？》，《京报副刊》第37号，1925年1月15日，第7版。

件"，而不应仅仅满足于局部修改。[1] 连亲清室的《顺天时报》也刊登一篇读者来信，指责修正优待条件仍然没有体现平等原则，"又非澈底之道"。[2] 不过，此时这样的观点还不是主流。

溥仪出宫的余波

（一）溥仪避居日使馆

11 月 22 日，段祺瑞入京。24 日，张作霖也进入北京；同一天，中华民国临时政府宣告成立，段祺瑞就任临时执政。刚到北京，段祺瑞就与清室善后委员会发生言语冲突。[3] 11 月 25 日，段祺瑞"允将醇王府清帝住处，撤销门禁"。[4] 次日，驻守醇王府的国民军被全部撤走。[5] 段、张耐人寻味的做法，使时人感到清室优待条件的恢复只是时间问题。11 月 26 日，《晨报》预测："段氏日内当将回复原优待条件，并维持旧状。"[6] 28 日，《申报》北京电云："闻段拟修正对待清室条件，使较公允。"[7] 29 日，《晨报》转发了路透社的报道："段祺瑞将军拟不承认新订之优待清室条件，第一次阁议，将提出讨论。"[8] 相关传闻纷至沓来，恢复清室原状的命令似乎呼之欲出。

国民军对段祺瑞的努力进行了抵制。《叶遐庵先生年谱》记载，"段氏执政秩序粗定"时，叶恭绰曾经试图为溥仪向当局斡旋，但因为"当局别受他方意旨"，其结果"竟有非溥初意所望者"。[9] 所谓的"他方"当属与清室冰炭不容、对北京政府有实质性影

17

---

1 幼石：《我以为这才是对溥仪的澈底办法》，第 4 页。
2 芸零：《澈底之修正优待清室条件》，《顺天时报》1924 年 11 月 10 日第 3 版。
3 李石曾：《故宫博物院记略》，第 151 页。
4 《恢复清室优待条件之传疑》，《晨报》1924 年 11 月 26 日第 3 版。
5 劳祖德整理：《郑孝胥日记》第 4 册，第 2029 页。
6 《恢复清室优待条件之传疑》，《晨报》1924 年 11 月 26 日第 3 版。
7 《北京政闻》（11 月 27 日），《申报》1924 年 11 月 28 日第 4 版。
8 《清室优待条件发生问题》，《晨报》1924 年 11 月 29 日第 3 版。
9 遐庵年谱汇稿编印会编：《叶遐庵先生年谱》，俞诚之编：《遐庵汇稿》，中国台北：文海出版社，1968 年版，第 240 页。

响力的国民军。吴焘观察到段祺瑞任临时执政以来段与国民军的关系："执政不过一傀儡耳，夫己氏（即冯玉祥——引者注）之所为彼固不敢过问也。"[1] 李石曾也指出："段之时期，国民军仍握北京兵力，关于此事，奉方亦不助段，故无能如何于故宫事也。"[2] 此事奉方是否助段，颇有可商榷之处。但李石曾观察到"国民军仍握北京兵力"对段祺瑞有制约作用，确是经得起推敲的事实。

18

除了受到国民军的制约之外，段、张还有社会舆论上的顾虑。接见庄士敦时，张作霖小心地表示他"只能采取一些不致引起共和派猜疑的行动"；张的计划是"使皇上既可恢复它所失去的权力，又使这复辟看上去完全是满族人支持的而不带任何其他色彩"。[3] 张的谨慎反映出共和派舆论的牵制作用。他的策略很快被付诸实施。12月2日，《晨报》报道："连日满蒙王公赴执政府上书请愿恢复优待条件甚多。"[4] 执政府顺水推舟，于12月3日宣布《关于满蒙回藏各属待遇之条件》继续有效。[5] 值得注意的是，它是民国元年《清室优待条件》的三个组成部分之一。出于对舆论的同样顾虑，张作霖此前就已计划通过具有民主外观的善后会议，达成恢复优待条件的目的。[6] 段祺瑞也表示："关于此事，将由善后会议决定。"[7] 如果清室有足够的耐心静候会议开幕，也许将能迎来天子还宫的一天。但现实的因素比观念更为复杂。即使段、张的实力强大到足以操纵善后会议的全部进程，他们是否能够保证清室的安

1 1925年3月23日日记，《吴焘日记》（选录），《近代史资料》总55号，北京：中国社会科学出版社，1984年版，第165页。
2 李石曾：《故宫博物院记略》，第151页。
3 [英] 庄士敦：《紫禁城的黄昏》，第331页。
4《满蒙优待条件将下指令》，《晨报》1924年12月2日第2版。
5《临时执政指令第二十二号》，《政府公报》1924年12月3日，第4页；另见《满蒙回藏待遇条例》，《晨报》1924年12月4日第2版。
6 见前文；亦可参见金梁：《遇变日记》，第124—125页。
7《清室优待条件发生问题》，《晨报》1924年11月29日第3版。

全，阻止国民军制造新的事变？11月29日，溥仪在陈宝琛、郑孝胥、庄士敦的带领下离开醇王府，秘密出逃到东交民巷的使馆区。从这一事件看来，清室对段、张的控制能力并不乐观。

获知此事后，段、张对清室的举动都一度感到不满。[1] 但张作霖很快离开了北京。经过芳泽谦吉的斡旋，段祺瑞也对清室表示谅解。[2] 但社会舆论似乎远没有段祺瑞那样易于曲谅。周作人坦言："我不知道他出奔的理由，但总觉得十分残忍。"[3] 许斋认为在溥仪离开外国势力范围之前，不应发还溥仪私产，因为"我们须先认定我们所要优待的，是安居中国的溥仪，不是潜居外人势下的溥仪"。[4] 当然，也有人认为不必为此大惊小怪："按新修改之优待条件，溥仪之帝号已去，居住自由，吾人自不必因其出走而多疑骇。"[5]溥仪避居日使馆只是一个插曲。在这段时间内，遗老仍旧在进行争取优待条件的活动，大部分舆论也依然担心段祺瑞将恢复清室旧状。争执还在继续，并在不久以后演化为另一场事变。

（二）溥仪避居天津

溥仪赴东交民巷之后，段祺瑞准备恢复优待条件的传闻一直没有中止。12月7日，高君宇著文称："听说执政府已暗中决定恢复优待了。"[6]12月25日，《申报》也称段祺瑞"似倾向于恢复优待条件说"。[7]

在回宫的路途中，一个显著的障碍是清室善后委员会的存在。前文已述，该委员会是国民军驱逐溥仪出宫

19

1 段祺瑞的不满，见吉田茂领事12月3日向外务大臣币原喜重郎的报告，[日] 猪木正道：《吉田茂传》上，吴杰等译，上海：上海译文出版社，1983年版，第276页。张作霖的不满，见庄士敦对11月30日晚上拜访张作霖的回忆，[英]庄士敦：《紫禁城的黄昏》，第341—342页。
2 溥仪：《我的前半生》，第191页。
3 周作人：《致溥仪君书》，第5页。
4 许斋：《溥仪的私产问题》（1925年1月28日），《现代评论》第1卷第9期，1925年2月7日，第19页。
5《溥仪出奔日使馆》，《晨报》1924年11月30日第2版。
6 高君宇：《溥仪想做人——胡适不想做人》按语（1924年12月7日），《高君宇文集》，第199页。
7《北京电》（24日），《申报》1924年12月25日第4版。

的产物。如果段能够架空甚至撤销委员会，就可以在这一基础上对《修正清室优待条件》发起进一步挑战。12 月 20 日，清室善后委员会议决《点查清宫物件规则》，决定从 23 日起开始点查清宫古物。执政府却于 12 月 21 日下发公函，以"现清室善后之事，正在筹议办法，该委员会未便遽行查点"为由，要求委员会中止点查工作。[1] 然而，这一组织能否正常活动与其说取决于临时执政的命令，不如说取决于国民军的实力。时任内务部职员的吴瀛观察到了这一点。22 日上午，吴瀛劝说内务部次长王耒不要执行中止点查的命令时，即以国民军的态度为辞："警卫司令鹿钟麟就是极端主张的一人，万一他不奉令，是否要警察厅同他对立起来？ 本部恐怕要为难，有关威信，似乎要慎重。"[2] 警卫司令很快公开了他的"酌量"结果——当天下午，在清室善后委员会的会议上，鹿钟麟明确表态：军人虽然以服从命令为天职，"但是要迫我向后转，那也就有所不顾了"。[3] 这意味着鹿的军队将在这次纠纷中站在委员会的一边。在国民军的支持下，委员会复函执政府，表达了继续履行职责的强硬立场。[4] 12 月 23 日，参加清室善后委员会的五名清室代表以遵守执政府命令为由，拒绝出席会议。他们的抵制没有效果：24 日，其他成员决定在清室代表缺席的情况下仍然开始点查。[5]

在与清室善后委员会的较量中段祺瑞暂时失败了，但恢复优待条件的路并没有阻绝。1925 年 2 月 1 日，善后会议开幕。2 月 13 日，善后

1 《执政府查止点查清宫物件详情》，《晨报》1924 年 12 月 24 日第 3 版；吴瀛：《故宫尘梦录》，第 27 页。
2 吴瀛：《故宫尘梦录》，第 27 页。
3 吴瀛：《故宫尘梦录》，第 30 页。
4 《执政府查止点查清宫物件详情》，《晨报》1924 年 12 月 24 日第 3 版。
5 《清宫物件昨日开始检查》，《晨报》1924 年 12 月 25 日第 2 版。

会议第一次大会召开，选举赵尔巽为正议长。赵被视为前清遗老的人物。[1]有人担忧地说："以民国善后会议，而以口口声声宣统十六年者为之长。其非常露骨之第一事，又即受复辟帝制党之包围，于光天化日之下，公开为复辟而推翻民国之运动，究竟民国善后会议？抑清室善后会议？或清室中兴开国之会议乎？"[2]这里的"公开为复辟而推翻民国之运动"指的是遗老为恢复优待条件所展开的社会活动。李宗侗回忆道："清室内务府暨遗老们，既然通过段祺瑞未有能够把善后委员会之点查工作查止，于是，仍不死心，在民国十四年春天，乘着执政府开善后会议的时候，以正谊书社的名义出版了一本'保障皇帝的通电'，内容包括满蒙协进会、满族共进会、旗族互救急进会、京师总商会，另有十五个省份……凡具名者共八十一人。"[3]对于清室的反对者而言，这些事件似乎带来了一种令人不安的空气。

国民军对此感到警惕。2月14日，冯玉祥对部下表示："若提优待清室条件，我国民军便不加入，如果坚决主张，吾等即宣言攻北京。"[4]国民军在北京的军事存在，以及它在清室问题上的强硬态度，成为清室同情者在善后会议期间没有取得进展的重要原因。

舆论的反应显得更加激烈。尽管遗老旧臣活动的目的在于恢复1924年11月5日之前的状况，但清室的反对者在"共和—复辟"两分的逻辑下，把他们的活动与复辟阴谋联系在一起。钱玄同坦言遗老的举

1 平生：《皆相当重视善后会议》，《京报》1925年2月15日第2版。
2 素昧：《溥仪在日使馆之行动》，《京报》1925年2月20日第2版。
3 李宗侗：《吴稚晖师与清室善后委员会点查工作》，杨恺龄编：《吴稚晖先生纪念集续集》，中国台北：文海出版社，1975年版，第32页。
4 中国第二历史档案馆编：《冯玉祥日记》第2册，第16页。

动使他增加了对清室的恶感："我于是把对于亡清的武装已经
解除了的，现在又重新要披挂起来了，看他们那样勾结外人来
捣鬼，说不定仇恨之心比以前还加增些。"[1]出于对清室的仇恨
心理，杀戮溥仪的呼声高唱入云。吴稚晖认为如果段祺瑞为了
私恩而帮助溥仪，那么民众将"由是而认真，由是而仇嫉，由
是而激昂"，结果是"溥仪先生亦或把臂于尼古拉第二"。[2]国
22 家主义派曾琦的言论更为直接："溥仪不杀，祸根终不能绝。"[3]
带有共产派色彩的王铁肩也强硬地说："我敢代表三十岁以下
头上减去毛辫的青年说：没有一个不愿意把你（溥仪——引者
注）根本锄掉的。"[4]尽管这几位作者的政治立场不同甚至对立，
在支持处决溥仪这一点上却毫无分歧。在舆论与清室浓厚的对
抗空气中，"反对优待清室大同盟"在2月21日应运而生。"该
同盟中人，因清室遗老四出运动，希图恢复优待条件，迫促政
府迎接溥仪回宫，声势浩大，故连日分头向各界请洽，征求同
志，昨日一天之内，加入该盟者已不少。"[5]"反对优待清室大同
盟"的成立意味着在北京的反清室舆论已经开始联合，并有计
划地展开宣传和活动。舆论进一步朝着对清室不利的方向发展。

2月23日晚，溥仪等人忽然背着段祺瑞，在日本人帮助
下乘火车前往天津。[6]此时善后会议只开过两次大会（分别是
2月13日和19日），而第
三次大会定于2月24日召
开。溥仪在善后会议的结果
尘埃落定之前就匆匆离去，
这一事变不能不引起时人的

1 钱玄同：《三十年来我对于满清的态度底变迁》，《语丝》第
8期，1925年1月5日，第5页。
2 吴稚晖：《溥仪先生！》，《京报》1925年2月19日，第7版。
3 曾琦：《溥仪曹锟不杀何为？》，《醒狮周报》1924年12月
13日第1版。
4 王铁肩：《忠告溥仪和溥仪的保皇党》，《京报副刊》第33号，
1925年1月11日，第7版。
5《反对优待清室同盟积极进行》，《晨报》1925年2月22日
第6版。
6 具体经过参见王芸生：《六十年来中国与日本》（第八卷），
北京：生活·读书·新知三联书店，1980年版，第87—88页；
《溥仪秘密赴津之京津通信》，《申报》1925年3月1日第6版。

关注。与避居东交民巷日使馆类似，此次出逃在很大程度上出于对安全的担心。事后内务府大臣柯劭忞等人解释道，"因北京有人预谋加害，故决意出洋避祸"。[1] 芳泽谦吉在回忆录中也称，溥仪因为"颇担心安全问题"而前往天津的日本租界。[2] 所谓"安全问题"主要与舆论空气有关。[3] 在遗老旧臣围绕善后会议开展活动的刺激下，反清室的舆论不断趋于激烈，以至于溥仪即使在东交民巷也感到人身安全受到威胁，因此不等善后会议结束就匆匆离开。

从溥仪再次背着段祺瑞出走的事实可以看出，段的权威仍然受到质疑。但与上一次事件类似，段虽然一度表示不满，不久之后仍然转而承认事实，赞成溥仪离京。[4]

社会舆论却不像段祺瑞那么善于容忍。试与 1924 年 11 月 5 日溥仪被驱逐出宫之后舆论的观感相比较。溥仪出宫后一段时间内，虽然有人认为应当彻底废除优待条件，但这种观点并不是舆论的主流；而且即便在持有这种观点的人中，也几乎无人主张诛戮溥仪与遗老。1925 年 2 月 23 日溥仪出京避入天津日租界后，不但要求彻底废除优待条件的声音不断高涨，要求处罚溥仪和遗老的主张更是散见于这一期间的报刊中。有人总结溥仪出京以后舆论的观感："近来社会上对于处置清室问题，分出两派。一为和平的，如徐谦、陈大齐、钱玄同等，只主张将优待条件根本取消，而对于溥仪及遗老皆不加处分。一为激烈的，如反对优待清室大同盟中之分子，主张根本取消优待条件外，并要惩办溥仪

1《段传见大臣》，《京报》1925 年 2 月 26 日第 2 版。
2 [日] 芳泽谦吉：《芳泽谦吉在华回忆》（续完），陈天鸥译，《传记文学》第 1 卷第 6 期，1962 年 11 月，第 30 页。
3 参见吴宓 1925 年 2 月 27 日日记，《吴宓日记》（选录），第 161 页；《溥仪秘密赴津之京津通信》，《申报》1925 年 3 月 1 日第 6 版。
4 见《溥仪在逃别报》，《京报》1925 年 2 月 26 日第 2 版；《溥仪走后之面面观》，《申报》1925 年 3 月 2 日第 5 版；《段祺瑞之谈话》，《晨报》1925 年 3 月 10 日第 3 版。

及遗老。此两派之主张，究竟能否达到目的，尚俟其努力运动与否以决定之。惟对于后一派之主张，一般青年多赞成之。"[1] 主张根本取消优待条件者被认为是相对温和的派别，舆论倾向的改变可想而知。

既赞成取消优待条件又强调保护溥仪权利的见解，如徐谦等 253 人于 3 月初在公开发表的意见书中所表达的观点："所望凡我国民，急起力争，督促政府，将玷污民国之优待条件，根本取消。另酌给溥仪以相等之产业，使之自谋生理。穷困旗民，设立工厂以救济之。"[2] 比它更激进的是严惩溥仪和遗老的主张。"反对优待清室大同盟" 可作为这一派的代表。在获悉溥仪出走的消息之后，该组织于 2 月 25 日发表宣言，"警告政府，以后应努力杜绝各方面类似复辟之运动，并命令根本取消清室优待条件，交涉引渡溥仪，归国惩罚"。[3] 2 月 26、27 日，它分别致电段祺瑞和日使馆，重申惩办溥仪和遗老的主张。[4] 到了 3 月 4 日，该同盟甚至要求"诛戮溥仪"。[5] 它不必担心曲高和寡。3 月 18 日，北京各界国民会议促成会通电呼吁"引渡屡图不轨之废帝溥仪及蠹惑破坏共和之二三遗老，悉数诛戮"。[6] 旅日华侨也宣称，如果溥仪果然前来日本，就将亲自动手把他除掉。[7] 除此之外，从"反对优待清室大同盟"在若干大城市的影响力来看，持有严惩溥仪及遗老主张的人应不在少数。[8]

1《全国响应反对优待清室》,《京报》1925 年 3 月 11 日第 7 版。
2《反对优待清室运动》,《晨报》1925 年 3 月 5 日第 3 版。
3《溥仪走后之面面观》,《申报》1925 年 3 月 2 日第 5 版。
4《溥仪走后之面面观》,《申报》1925 年 3 月 2 日第 5 版;《溥仪出京之责问》,《晨报》1925 年 3 月 2 日第 3 版。
5《反清同盟招待新闻记者》,《京报》1925 年 3 月 5 日第 7 版。
6《国民会议促成会之通电》,《京报》1925 年 3 月 19 日第 7 版。
7《关于反清同盟之重要消息》,《京报》1925 年 3 月 13 日第 7 版。
8《全国反对优待清室运动大联合》,《京报》1925 年 3 月 12 日第 7 版。

善后会议于 4 月 21 日闭幕，清室优待条件问题最终没有成为会议的议题。更重要的是，从醇王府到东交民巷，从东交民巷到天津，溥仪离故宫越来越远，反清舆论越来越激昂，段祺瑞对北京政局有心无力的事实也通过一次次事件彰显。这些事件表明，只要国民军还在继续控制北京，清室回銮就只能是一个可望而不可即的梦。更何况，在诸多势力互动的过程中，恢复优待条件在社会舆论方面的阻力越来越大。到了 1925 年夏季，随着复辟文件的发现，舆论的阻力更是达到了新的顶点。

25

（三）复辟文件的发现

7 月 31 日，清室善后委员会在点查故宫养心殿时，发现若干与复辟密谋有关的文件。它们都形成于 1924 年春夏之间。[1]委员会决定向京师地方检察厅举报，并两次致信外交部，以庄士敦与复辟阴谋有关为由要求驱逐庄士敦出境。但这些努力都没有起到直接效果。[2]

尽管与复辟文献有关的清室人员虽然没有受到处罚，这些文件的发现却为 1924 年 11 月 5 日国民军驱逐溥仪出宫的行为提供了新的合理化依据。1925 年 3 月，清室的支持者曾经针对指责溥仪危害共和的观点，作过这样的辩解："如有此项犯罪行为，宫内必有多少证据，何以此次仓皇离宫以后，一般清理产物人员，经如此详密点查，并未发现有片纸只字，可以证明溥仪为有罪。是溥仪对于民国，并无丝毫犯罪行为，已人人共见。"[3]既然复辟密谋在 7 月底被证明确实存在，驱逐清室出宫就自然获

---

[1] 它们是：《康有为请庄士敦代奏游说经过函》（2 月 16 日）、《镶红旗蒙古副都统金梁条陈三事折》（日期不详）、《内务府大臣金梁条陈二事折》（3 月 10 日）、《金梁条陈四事折》（日期不详）、《金梁列举贤才折》（4 月 10 日）、《金梁为江亢虎请觐折》（3 月 19 日）、《江亢虎致金梁请觐溥仪函》（日期不详）、《江亢虎致金梁再觐溥仪函》（日期不详）。8 月份，委员会新发现《徐良请庄士敦代奏康有为行踪函》（7 月 13 日）。内容见故宫博物院：《甲子清室密谋复辟文证》，中国台北：文海出版社，1981 年。
[2] 参见故宫博物院编：《甲子清室密谋复辟文证》，第 203—207 页。
[3] 安邦：《溥仪离京谁负责任》，《顺天时报》1925 年 3 月 15 日第 4 版。

得了合理性；反过来，要求恢复优待条件、阻挠清室善后委员会工作的行为更易被视为同情复辟。陈垣在 1925 年 8 月 4 日清室善后委员会的会议上即表示："前日点查员在宫中发见去岁种种秘密奏折文件，事关复辟密谋，由此证之，对于清室之处置，不为太过，且于巩固国本，诚为必要，由此亦可证明此次阁议及数月以来政府对于委员会态度之不当。"[1]

这一事件增加了舆论对清室遗老旧臣的恶感。章太炎认为康有为等谋划复辟的人如果不被惩治就将对共和政体继续造成危害："若再与迁延，将来彼事成否，虽未可知，而簧鼓所及，使文学之子，皆化为背叛之人，一国之中，为民国与为清者分处其半，尚复成国体乎？"[2] 钱玄同义愤填膺地指责溥仪："一九一七年七月一日至十二日，他已经造过一次反了。一九二四年，他又嗾使他的底下人图谋不轨，事虽未成，而种种谋逆之文件今已搜获。伪奏昭昭，魑魅魍魉原形尽露。"[3] 还有人把批评的矛头指向政府。《国闻周报》的一篇文章谓："顾今自此项密谋发现以来，迄已半月，乃不闻北京司法官厅有如何之举措，其理殊不可解。"[4] "反对优待清室大同盟"也称："总之，政府不将清室房产仍由善后委员会保管，确有铁证之复辟党不加惩办，实属贻祸民国，即无异与我国民宣战。"[5]

舆论的反感还可以从种种辟谣声明中得到体现。被卷入《江亢虎致金梁请觐溥仪函》《江亢虎致金梁再觐溥仪函》《金梁为江亢虎请觐折》等复辟文献之中的江亢虎，就

1《清室善后委员会发表复辟文件》，《申报》1925 年 8 月 7 日第 10 版。
2 章炳麟：《关于清室事件》，《京报副刊》第 244 号，1925 年 8 月 20 日，第 6 版。
3 疑古玄同：《十一月五日是咱们第二个光荣的节日》，《京报副刊》第 319 号，1925 年 11 月 5 日，第 3—4 版。
4 子宽：《清室图谋复辟与处分》，《国闻周报》第 2 卷第 31 期，1925 年 8 月 16 日，第 2 页。
5《反对优待清室大同盟唯恐复辟》，《京报》1925 年 8 月 20 日第 7 版。

在报上刊登广告，辩称自己与复辟阴谋无关——他把觐见溥仪的动机解释为劝说溥仪远离复辟。[1] 溥仪也声明自己无意复辟，并指责"此次清室善后委员会所宣布之各种文件，多数捏词伪造而来"。[2] 萧耀南因为被复辟文件提及，发表电报否认，宣称文件纯属造谣。[3] 当然，并非每一位与复辟文件相关的人都急于否认。康有为即坦承："日前北京清室善后委员会，所发见之建议书，确系余年来所论著，托由宣统逊帝师傅英人庄士敦博士代余转奏者。"[4] 遗老对复辟文件的态度与溥仪并不一致，使溥仪难以真正说服舆论接受他的辩解。

总之，这些文件的发表使清室处于更加不利的地位：它为"共和"与"复辟"二分的观念提供了论据支持；把"恢复优待条件"等同为"复辟"的论证看起来更加理直气壮。舆论阻力的增加，使溥仪回宫的努力变得更为举步维艰。

（四）国民军出京之后

1925 年 10 月 10 日，故宫博物院举行了开院典礼。黄郛的发言沿用了"共和—复辟"二分的思路。马衡回忆："先生于开幕时亲临演说，略谓'今日开院为双十节，此后是日为国庆与博物院之两重纪念。如有破坏博物院者，即为破坏民国之佳节，吾人宜共保卫之'等语。此后政权虽迭有变更，而博物院终能化险为夷，不为破坏者，皆先生此言有以召之也。"[5] 在国民军出京之后，反清室的社会舆论对于遏制优待条件的恢复而言，就显得更为重要。

1926 年 4 月 15 日，在奉军、直鲁联军、晋军的夹

1 《江亢虎启事》，《申报》1925 年 8 月 1 日第 1 版。
2 《溥仪否认密谋复辟》，《京报》1925 年 8 月 20 日第 3 版。
3 《萧耀南否认赞成复辟》，《京报》1925 年 8 月 11 日第 3 版。
4 《康有为仍倡复辟之谬论》，《申报》1925 年 9 月 9 日第 7 版。
5 马衡：《黄膺白先生与故宫博物院》，黄沈亦云《黄膺白先生家传》，中国台北：文海出版社，1967 年版，第 265--266 页。

攻之下，国民军撤出北京，退往南口。"清室方面以吴佩孚主持政局之杜内阁下，于国民军时代之所设施当然易于推翻，乃由遗老式之一般谋臣、策士纷纷施其活动。"[1] 5 月份，清室根据王怀庆布告中"恢复十三年政变前原状"一语，要求收回南苑水田经租权。[2] 6 月初，遗老刘廷琛"奉旨来京，与当道酬酢"。[3] 7 月初，清室要求收回颐和园的管理权；"当局以所请各节，于十三年以前旧例相符，业允交还。"[4] 如果说这些只是遗老活动的前奏，那么 7 月中旬的恢复优待条件之议就是他们试图引入的正题。

7 月 13 日，吴佩孚收到清室来信，要求"立即予清室以便利，俾得恢复民十三之旧观"。[5] 14 日，吴佩孚将函件转交代理内阁总理杜锡珪。杜转交内务部讨论。内务部参事室决定反对清室要求，并列出四点理由。前三点都在论证修正优待条件的合理性，后一条则表明了对恢复清室原状与复辟关联的担忧："即舍上述之事而言，此事亦不能径予恢复，因此时国事尚未大定，复辟阴谋，并未全熄，若径予恢复，则有种种危险也。"[6] 吴佩孚很快致电杜锡珪，要求勿把恢复优待条件问题提出阁议，"即以搁置为变相之撤销"。17 日，内务总长张国淦对宝熙明确表示，恢复旧状的要求无法办到。[7]《申报》认为吴佩孚这么做是因为担心被舆论认为与复辟有关。[8] 吴致电康有为，解释不予恢复民元优待条件的原因时，也以复辟嫌疑为辞："冯之行动，实为不合。但今欲

1 吴景洲：《故宫五年记》，第 67—68 页。
2 《北京杂讯》(21 日)，《申报》1926 年 5 月 22 日第 5 版。
3 《北京杂讯》(6 日)，《申报》1926 年 6 月 7 日第 5 版。
4 《颐和园仍归清室保管》，《顺天时报》1926 年 7 月 12 日第 7 版。
5、6 《清室要求恢复民十三之旧观》(7 月 16 日)，《申报》1926 年 7 月 19 日第 5 版。
7 《放还故宫说已无形消灭》，《顺天时报》1926 年 7 月 19 日第 7 版。
8 《已告段落之溥仪复宫运动》(7 月 22 日)，《申报》1926 年 7 月 26 日第 6 版。

推翻此案，而将溥氏迎回，与交还故宫，并恢复优待条件，则予将受复辟嫌疑。总之，优待条件既已破坏，如再恢复，则物议必多，只可听其自然而已。日前晤某某二老，均语及此，余亦以此意告之，二老亦甚以为然。"[1] 屡次表达对复辟嫌疑的担心，可见吴佩孚的顾虑所在。

遗老运动恢复优待条件的行为引起舆论的反对。"当时报纸揭载其事，为引起不少之反响，其反对最烈函电驳诘者有众议院议员李燮阳及何弼虞、李昆璇、刘彦、李思阳、彭邦栋、禹瀛、彭汉遗、龙鹤龄等，当时全国商联会亦提案反对。"[2] 章太炎于 7 月 20 日致电吴佩孚，指责他在还宫问题上对遗老态度不够强硬。[3] 7 月 22 日，吴佩孚在复电中谦恭地表态："拒绝还宫，足以永绝复辟之祸，尊论严正，良深佩荷。"[4] 舆论的普遍反对被认为是恢复优待条件之议流产的重要原因——内务部参事把清室函件内容向报界透露，"故少数报纸始略得其梗概，而此时遂成众矢之的，乃有今日搁置之结果"。[5]

如前所述，虽然恢复优待条件与复辟并不能等量齐观，但舆论已倾向于把这样的行为贴上谋求复辟的标签。有人评论新旧阵营之间互相贴标签的现象："大抵思想稍旧者，则指新者为赤化，以为赤化乃诬蔑新者之绝好名词也。而新者反唇相讥，则指旧者为复辟，以为复辟乃诬蔑旧者之绝好名词也。揆其实则赤化固非事实，复辟亦属虚构。"[6] 理论上，清室的支持者可以把 1924 年 11 月 5 日国民军的行为称为"赤

1《宣统回宫事件尚无要领》，《顺天时报》1926 年 7 月 20 日第 7 版。
2 吴景洲：《故宫五年记》，第 67～68 页。
3 汤志钧：《章太炎年谱长编》，北京：中华书局，1979 年版，第 872 页。
4 汤志钧：《章太炎年谱长编》，第 872 页。
5《已告段落之溥仪复宫运动》（7 月 22 日），《申报》1926 年 7 月 26 日第 6 版。
6 慎予：《赤化与复辟》，《国闻周报》第 3 卷第 35 期，1926 年 9 月 12 日，第 1 页。

化",因为冯玉祥本身就已经被他的反对派贴上了"赤化"的标签。康有为就宣称:"列国咸谓冯倡赤化,落井下石,破坏优待条件致吾天子蒙尘。"[1] 然而,这样的观点没有获得广泛认可。国会议员何弼虞反驳道:"溥仪之应驱逐,乃一般人民之心理,冯党不过适为先驱耳。且冯玉祥虽属赤化首领,而主张驱逐溥仪,并非赤化之行为。"[2] 国家主义派也认为反对"赤化"诚然必要,但这不是为"复辟"行为开脱的理由;相反,对"复辟党"和对共产党一样,都必须"并斥之"。[3] 主张"反赤"甚力的章太炎也辩称冯玉祥驱逐溥仪的行为与"赤化"无关:"冯之罪在后日之通俄,不在前此之废溥仪,一是一非,岂容牵合。"[4] 既然清室的支持者无法积极地说服舆论把《修正清室优待条件》与"赤化"色彩联系在一起,就只能消极地小心回避可能的复辟嫌疑。

吴佩孚反对恢复清室旧状的另一个原因,是他本身与清室的关系并不深厚。如前文所述,他曾经主张废除优待条件,并一度对清室的拉拢表示冷淡。7 月 16 日,吴佩孚表态拒绝把故宫交还给溥仪,理由之一就是"故宫前在冯氏手,予亦未尝主张交还清室"。[5]

张作霖对清室问题的态度也耐人寻味。有人认为清室之所以在 7 月份要求当局恢复优待条件,是因为受到张作霖的鼓励。[6] 从张作霖过去的言行来看,他然当不甘心对清室的状况置之不理。但之所以放任这样的状态继续,仍与

1 《宣统回宫事件尚无要领》,《顺天时报》1926 年 7 月 20 日第 7 版。
2 《内务部决拒绝溥仪要求》,《申报》1926 年 7 月 21 日第 6 版。
3 愚公:《共产党与复辟党》,《醒狮周报》1925 年 4 月 18 日第 1 版。
4 汤志钧:《章太炎年谱长编》,第 872 页。
5 《吴佩孚对交还故宫之谈话》(16 日),《申报》1926 年 7 月 20 日第 4 版。
6 见陈布雷的观察。布雷:《溥仪复宫问题》,《国闻周报》第 3 卷第 28 期,1926 年 7 月 25 日,第 3 页。

对复辟嫌疑的担心有关。这从张学良的谈话中可以看出——如果张学良在这一问题上的观点可以代表其父的话。记者问："康有为一度入都，复辟之谣又起，将军于意云何？"张学良回答："复辟名词，似不宜再见于当世。然而复辟之谣，时时吹入吾人耳膜，此无他，由于一二好事者制造空气，以快心胸而已。近则康南海等力谋恢复故宫，而浮言骤兴，实则康鉴于潮流，亦未必敢再为溥仪希帝位。此时岂仅人民心恶而痛绝之，吾恐溥仪个人，亦必感受平民之乐，无复作皇帝之迷梦也。"[1]张学良注意到复辟是"人民心恶而痛绝之"的行为，并承认复辟"似不宜再见于当世"，似乎隐含着一种考虑，即向舆论澄清奉系与复辟传言的关系。与吴佩孚相似，舆论对复辟嫌疑的警觉同样制约着张作霖实施有利于清室的措施。

此外，国民军出京之后的政局具有更加浓厚的临时特征。吴、张等人忙于与带有革命色彩的军事势力作战，对于帮助清室回宫这样利益小而风险大的事情，自然不会放在议事日程的优先位置。此后，中国南北的战况愈烈，形势对北京政府的掌控者愈加不利，配合清室还宫这一目标的重要性也更是不断降低。后来的情形正如溥仪所叙述的："到一九二六年，北伐军前锋势如破竹，孙传芳、吴佩孚、张作霖的前线军队，不住地溃败下来，他们正自顾不暇，哪有心思管什么优待条件？"[2]

余 论

综上，自1924年11月起，直到北京政府覆灭，溥仪一直未能回宫。国民军对北京的有效控制是遏制遗老运动段、张恢

---

[1]《张学良之时局谈》，天津《大公报》1926年9月19日第6版。
[2] 溥仪：《我的前半生》，第208页。

复优待条件的重要保证。在国民军的震慑之下，清室遗老先在段祺瑞撤走醇王府守军后避居东交民巷，又在善后会议筹备之时四处活动，宣传恢复优待条件。在国民军、段张、遗老等势力的互动过程中，社会舆论愈发激进，使清室因顾虑安全问题而逃往天津。此后，时人倾向于把"共和"与"复辟"看作非此即彼的两端，并将恢复 1924 年 11 月前原状的努力等同于谋求复辟。尽管这样的观点在逻辑上难以成立，但 1925 年夏天"复辟文献"的发现使它看上去获得了实证材料的支持，以至于 1926 年国民军出京之后，自顾不暇的吴佩孚、张作霖等人虽然掌控着北京局势，但为了避复辟之嫌，即使存在对清室的同情也一直不能转为行动。

但值得一提的是，1917 年张勋操纵溥仪复辟时没有出现"优待清室即为主张复辟"的一般舆论，尽管此时清室与复辟的关联远比 1924—1925 年明显。胡平生先生考证道："一般而言，北洋派及其所属各省区军政长官的通电，都将复辟责任完全推在张勋等人身上，对清室毫无只字片言的抨击。……至于西南各省及民党人士反对复辟的通电，在痛斥张勋等人之余，一般均无回护清室的文字……而公然主张处分清室的通电，却少之又少，仅寥寥两三则而已。"[1]出现这一情况的原因，一是在北洋派中，反对清室的冯玉祥尚未占据主导地位，南方的革命党则因需要与同情清室的岑春煊、陆荣廷等人合作，投鼠忌器，在宣传上无法侧重于声讨清室责任。[2]二是在公众认知中，张勋、康有为是复辟的主动者，清室仅为被动。在

1 胡平生：《民国初期的复辟派》，中国台北：学生书局，1985 年版，第 326—327 页。
2 岑春煊、陆荣廷的言论，参见《岑春煊声请讨逆电》（1917 年 7 月 2 日）、《陆巡阅使辨明捏名电》（1917 年 7 月 3 日），《东方杂志》第 14 卷第 8 号，1917 年 8 月，第 190 页。

讨伐复辟的过程中，支持共和的军队将领在通电中多声称清室是被胁迫而非自愿复辟；7月17日颁布的大总统令更是以国家文件的形式，对清室与复辟的关系进行了澄清。[1] 一些对议论政治兴趣不浓的学者在谈论张勋复辟的诗文中，反映了他们接受了清室被动复辟的认知。[2] 即便是呼吁严惩溥仪的孙中山也承认："而民国清议，亦谓复辟之祸，叛督实为先驱。"[3] 三是在趋新的文化界看来，与在政治上取消清室的活动空间相比，思想和文化方面的革命显得更为紧迫。以《新青年》而言，在张勋复辟后一年间谈论复辟问题的文章中，也未见直接要求惩罚清室的主张。相反，新派作者倾向于从思想文化角度立论。如陈独秀言："今中国而必立君，舍清帝复辟外，全国中岂有相当资格之人足以为君者乎。故张康之复辟也，罪其破坏共和也可，罪其扰害国家也可，罪其违背孔教与国民之心理则不可，罪其举动无意识自身无一贯之理由则更不可。盖主张尊孔，势必立君；主张立君，势必复辟。理之自然，无足怪者。"[4] 陈独秀在逻辑上将尊孔与复辟绑在了一起——几年后舆论中"恢复优待条件"取代了"尊孔"在这一等式中的地位。至于1924—1925年间在反清室方面十分活跃的钱玄同、吴稚晖、周作人等人，1917年下半年却几乎没有发表直接针对清室的意见；在为数甚少的有关张勋复辟的评论中，他们的关注点只是集中于思想文化方面。周作人还回忆道："我来到北京，正值复辟的前夜，这是很不幸的事情，但也可以说

---

1 存萃学社编：《1917年丁巳清帝复辟史料汇辑》，香港：大东图书公司，1977年版，第32页。
2 参见胡先骕和黄侃的诗《书感》（1917年），胡先骕：《忏庵诗选注》，成都：四川大学出版社，2010年版，第11页；《七月一日作》（1917年8月18日），司马朝军、王文晖合撰：《黄侃年谱》，武汉：湖北人民出版社，2005年版，第114页。
3 《致段祺瑞电》（1917年7月19日），《孙中山全集》第4卷，北京：中华书局，1985年版，第116页。
4 陈独秀：《复辟与尊孔》，《新青年》第3卷第6期，1917年8月1日，第4页。

是一件幸事，因为经历这次事变，深深感觉中国改革之尚未成功，有思想革命之必要。"[1] 可见此时舆论尚未形成要求取消清室优待条件的空气。

不过，反清室者仍然存在且不时对优待条件发起进攻，尽管进攻断续不常且成效不彰。它们直到 1924 年 11 月之前只是潜流，既未能有效推动优待条件的改废，又无法形成浩大的舆论攻势。直到冯玉祥驱逐溥仪，清室问题成为舆论关注的焦点，这样的观点才浮出水面，成为显流。无论是北方的冯玉祥还是南方的革命党，此时均能不加忌讳地宣传取消优待的主张，而趋新舆论的目光也不再像五四时期那样集中于思想文化方面，而是同时投向对清室问题的政治解决。在这样的背景下，"共和"与"复辟"两极对立的舆论观开始形成。但这一观念并非在一开始就被反复言及。如前文所述，11 月 5 日国民军驱逐溥仪出宫之时，此举的支持者主要着眼于为其合法性进行解释，在解释的过程中虽然把"拒绝修改"与"维护帝制"等量齐观，但这一逻辑在论述中不占主要地位；事实上，舆论对溥仪的态度还颇有期待。11 月 29 日溥仪避居日使馆后，舆论风向尚无明显变化。直到 2 月 1 日善后会议开幕，遗老频繁活动恢复优待条件，行动上居于主动发起的地位，不同于此前的被动；他们的活动屡屡见诸报端，不同于此前的密谋——这种主动与公开的活动方才触怒舆论，使"恢复优待条件"与"谋求复辟"相关联、非"共和"即"复辟"的逻辑被不断提起。时局的更易、舆论关注点的变化、清室支持者行为的特点等因素的综合，也许可以解释为何这种两极对立的舆论观出现在清室复辟可能

---

[1]《复辟前后（一）》,《知堂回想录》第 3 卷,北京:群众出版社,
1999 年版, 第 286 页。

性已经很小的 1924—1925 年之际，而非 1917 年。

从 1924 年 11 月到 1926 年，就溥仪出宫一事而言，可以观察到北洋时局经历了朝野两个层面的变化：一方面，北洋派内部较易受共和、革命观念影响的边缘势力一度走向中心，使政府中断了与清室的友好关系。即使传统北洋派重新掌权，对于在与国民军和南方革命党的作战中自顾不暇的张作霖等人，恢复清室优待条件远不是需要优先考虑的内容。另一方面，社会观念趋向激烈化和革命化，非黑即白的论证逻辑成为激烈化舆论的重要特点，执政者的选择不得不受制于社会舆论的影响。正是在这一朝野时局变迁的背景之下，溥仪回宫的愿望一直未能得到实现。

（作者附记：感谢杨奎松、罗志田、王奇生、汪朝光诸位老师在拙作撰写和修改过程中所提出的意见和给予的指点。当然，文中的任何错误与纰漏均由笔者负责。）

原刊《南京大学学报》2012 年第 5 期

35

南京国民政府初期
北平工潮与国民党的蜕变

杜丽红

　　自 1928 年 6 月国民革命军进入北平后，国民党从地下党一跃而成执政党，在其领导下北平城内工会次第建立，并掀起一股工潮。在北方复杂的政治环境中，工会并未因北平市党部的领导就获得了天然的合法性，它不得不谨遵合法性机制避免被取缔的命运。作为工潮领导者，北平市党部在党内权力争斗中进行着人员更替，具有国民革命信念的党员渐被逐出。在地方政治权力争斗中，北平市党部则逐步被边缘化，工会领导权被转移到政府手中。

　　1928 年 6 月，国民革命军进入北京，开启了古都政治的新篇。北平特别市党务指导委员会（以下简称"北平市党部"）公开成立，国民党自此由地下党一跃而成执政党，成为北平政治体系的一角。在北平复杂的政治格局中，市党部只能通过开展民众运动在政治舞台谋求一席之地。[1] 在其领导下，北平城内工会次第建立。在接下来的一年多时间里，工会领导劳工们或罢工，或走上街头向市党部和市政府请愿，形成一股工潮。1929 年 10 月突发的人力车夫事件为这段工潮画上句号，工人事务渐被纳入政府管理范畴。这段工潮发生在新政权

[1] 齐春风从党政商关系变迁的角度讨论了 1928—1929 年间北平民众运动和反日运动的状况，参见齐春风《党政商在民众运动中的博弈——以 1928—1929 年的北平为中心》，《近代史研究》2010 年第 4 期；《北平党政商与济南惨案后的反日运动》，《历史研究》2010 年第 2 期。

鼎革之际，不单单是国民党领导的黄色工会活动，更隐含着国民党地方党部从革命党向执政党蜕变的过程，也就是国民党如何在北平实现以党治国方略的过程。基于上述认识，本文尝试将北平工潮视作国民党基层活动，一方面自上而下地揭示国民党中央与北平市党部之间、党军之间、党政之间在工潮合法性问题上的争执，显现国民党地方党部从革命党向执政党转型过程中的复杂因应；一方面由下而上地描述工潮产生和发展的实际状况，阐释国民党领导的北平工潮的运作机制[1]，进而深化我们对初登政治舞台的国民党地方组织运作的了解。[2]

北方政治生态中的北平市党部

1928 年 6 月初，国民党作为执政党开始登上北平政治舞台。在北方复杂政治生态中，北平市党部掀起了一股不同于南方的政治潮流，北平工潮即产生于此背景下。1928—1929 年间，北平市党部实际处于一种半独立状态，坚持以破坏为主的国民革命理念，质疑国民党中央所制定的训政时期以建设为主的国民革命理念。蒋介石在 1929 年 6、7 月间视察北平市时指出："北平与河北的党务，历来是最复杂最麻烦的。"[3] 之所以如此，其原因大致有几点：一是二次北伐底定平津后，实际掌控北平实权的阎锡山等地方实力派

[1] 较之上海、武汉、广州等城市的工人运动，北平黄色工会的相关研究非常薄弱，尤其缺乏对这一阶段工潮的整体研究。1930 年于恩德《北平工会调查》(《社会学界》第 4 卷，1930 年 6 月) 是相关研究最全面的。钟德钧《1928 年 11 月升华火柴厂工人怠工的前前后后》[北京市总工会工人运动史研究组编：《北京工运史料》(2)，工人出版社 1982 年版，第 243—255 页] 一文详细描述了国民党如何控制工会的状况。1929 年人力车夫事件受到学者关注。参见 David Strand, *Rickshaw Beijing : City People and Politics in the 1920s* (Berkeley : University of California Press, 1989)；杜丽红：《从被救济到抗争——重析 1929 年北平人力车夫暴动》，《社会科学辑刊》2012 年第 1 期。

[2] 王奇生对国民党组织形态的研究中，对党治与军治、党政关系、党民关系与阶级基础等问题做了精到分析，参见王奇生：《党员、党权与党争：1924—1949 年中国国民党的组织形态》，华文出版社 2010 年版。本文则侧重就北平地方党部运作中的具体问题做出分析。

[3] 《蒋对党务之重要表示》，《华北日报》，1929 年 6 月 28 日，第 3 版。

虽鄙视北平市党部，但也不愿意镇压党部的活动造成不利于自己的舆论压力，反有利用其牵制南京国民党中央的意图；一是北平市党部主要由大同盟派和改组派掌控，领导者多为学生党员，在旧势力把控的政治环境中，以孙中山三民主义革命理念为指导，要求对反动势力进行革命；一是国民党中央对北平市党部的控制经历了从无到有的过程，试图逐步将其执政理念贯彻到北平市党部。

北平的接收是南京国民政府与旧军阀合作二次北伐的结果。阎锡山所辖第 3 集团军第 6 军军长孙楚所部最早进入北平城，此外中央军、冯玉祥部、桂系各派军事力量云集于此。各派之间互相牵制造成北方政治局势盘根错节。阎锡山作为最大的受益者，在北平集党、军大权于一身，成为国民党中央政治会议北平临时分会（北平政分会）的主席和平津卫戍司令部总司令，其部下商震、张荫梧分别成为河北省政府主席和北平警备司令部司令。北平市政府交到了冯玉祥系的何其巩手中。随着冯的失势，1929 年 6 月张荫梧就任北平市长，与此同时，商震成为北平市党务指导委员会委员（简称"指委"）。如此，阎锡山系基本控制了北平的党政军大权，但仍面临着中央军、冯玉祥系、桂系军事力量的制衡。

1928 年 6 月 6 日，北平市党部开始公开活动。7 日，选举黄如金、许超远、梁子青、李乐三、王季高、李吉辰、徐季吾、黄国桢等 8 人成立党务指导委员会，李乐三、梁子青、黄如金、徐季吾、许超远为民众训练委员会（简称"民训会"）委员。[1] 市党部并非由国民党中央任

---

[1]《北平市党部工作》，《顺天时报》，1928 年 6 月 8 日，第 7 版；《指导委员会昨开成立大会》，《顺天时报》，1928 年 6 月 8 日，第 7 版。

命成立，而是由北平国民党地下组织的党员选举成立，各成员均为北平各大学学生。[1] 他们多为山东人丁惟汾领导下的大同盟派[2]成员，以山东同乡为体认，"非山东人则失势，暗争甚烈"。[3] 以青年学生为主体的北平市党部，有改良社会的革命意识，积极进行民众运动，被视为"处处也表现幼稚和纠纷"。[4] 商震亦言："新派皆年少气锐，徒走于理想，而漠视社会实情，往往操之急切。"[5]

北方各派之间，尤其是蒋阎之间的政治斗争，为北方国民党提供了一些独立活动的空间。北平军政大权控制在阎锡山手中，他对市党部活动基本采取不干涉的态度。当然，这种不干涉并非是无条件的，实际为市党部的活动画了一条红线，即必须"反共"和听从军政当局命令。从组织制度来看，北平市党部作为直属于中央党部的机关，与地方军政机关之间没有组织关系，可以通过组织条例请示中央，以中央指令来对抗军政当局的命令。蒋阎之间的明争暗斗日趋激烈，事实上双方均无暇顾及整理市党部的活动。在这种背景下，北平市党部虽然事实上无法真正介入地方政治，但它利用了现实政治的间隙谋求实现自身的目标。

那么，北平市党部与南京国民党中央党部是什么样的关系呢？简单来说，就是经济上依存，组织上松散，思想上对立。北平市党部每月约需经费七八千元，主要由国民党中央党部颁发。[6] 南京国

1 参见齐春风：《北平党政商与济南惨案后的反日运动》，《历史研究》2010年第2期，第83页。
2 李冠洋：《中山主义大同盟》，全国政协文史资料委员会编：《文史资料存稿选编》第12辑，中国文史出版社2002年版，第23页。
3 吕立言：《党军到后之北平现象》，《先导月刊》第1卷第4期，1928年9月，第2页。
4《蒋对党务之重要表示》，《华北日报》，1929年6月28日，第3版。
5《商震就市委与否》，《北京益世报》，1929年1月14日，第1张第2版。
6《市党部改组说不确》，《华北日报》，1929年3月29日，第7版。

民党中央经费往往不能按时汇到,北平市党部深受影响。1929年8月,中央答应电汇5000元迟迟未到,北平市党部不得不派员赴京取款。[1]北平市党部的经费由国民党中央拨付,不依附于地方政府,客观上使其在北平政治体系中保持了一定的独立性。

事实上,国民党中央和地方党部"差不多不发生关系",工作上两相隔阂,意见几近相左,由此造成党内派别林立、组织破碎。[2]蒋介石批评道,"平津党部完全为改组派之党部,非我本党所有"。[3]自1928年底开始,南京国民党中央开始尝试控制北平市党部,除撤换指委外,还派人到北平整党。[4]但是,要改变松散的组织关系绝非易事,尤其是在北平政治环境中,南京国民党中央的工作往往被北平市党部视作派系活动而予以抵制。

此外,在1929年3月15日被撤销之前,北平政分会试图控制市党部未果。张群在担任北平政分会主席期间,受委托整理党务,"颇感束手无策之苦"。[5]为此,张群先后三次辞职。作为西山会议派代表,张群被北平市党部视为反动势力,很难获得合法性认同。加之他代表南京中央整理党务,与北平市党部在具体事务上屡生冲突。[6]

1《前市党部工作人员催索欠薪》,《华北日报》,1929年8月14日,第7版。
2《市指委会昨日之纪念周》,《华北日报》,1929年6月25日,第7版。
3《电陈果夫即日改组国民党平津党部》(1929年6月26日),吕芳上主编:《蒋中正先生年谱长编》第2册,中国台北,"国史馆"、中正纪念堂、中正文教基金会2014年版,第471页。
4 1929年6月26日,蒋介石就改组北平市党部指示陈果夫:"务希即日改组,其人选应向政府方面5人,另选老成之青年4人。如稍延缓,必误北方党务,最好请兄带数人北来,面商一切更好。"《电陈果夫即日改组国民党平津党部》(1929年6月26日),吕芳上主编:《蒋中正先生年谱长编》第2册,第471页。
5《张辞有因》,《北平益世报》,1929年2月1日,第3版。
6《今后政分会将略易方针》,《北京益世报》,1929年2月19日,第1张第2版。

思想上的对立可能是我们理解北平市党部独特性的关键。通过分析中央与地方党部的言论,可以看到双方对如何从革命党向执政党转型有着不同的理解。蒋介石

认为对革命应采取现实主义而非理想主义的态度："革命不是
恣玄谈，逞空想；革命的发动，是起于极真实的事实的要求，
所以革命的方略，也应该绝对根据于事实和环境。"[1] 他提出，
必须铲除共产党的遗毒后才能再进行国民革命，国民党的第一
要务是使社会健全安定，"等到在一定时期内，把共产党的一
切理论方法和口号全数铲除了，中国社会稳定了，本党基础巩
固了，然后我们便要来实现三民主义最终的步骤，以求国民革
命的全部完成"。[2]

在视察北方过程中，蒋介石强调，"自去年革命军到了北
平之后，以至今日，中国可谓为革命建设时代，是以党治国时代，
是以三民主义建设时代"。[3] 他提出，"今天以前，我们革命的
对象是军阀，今天以后，我们革命的对象是帝国主义者"，对
帝国主义者，贴标语、喊口号、示威游行、罢工罢课等消极破
坏的方法是无效的，要采用建设的方法来从事国民革命。[4] 蒋
介石所代表的国民党中央对时局的认识并未得到北平市党部的
认同，这不仅有派系斗争的影子，更是由北平复杂的政治现实
所决定。

国民党北方党部常年在北洋军阀压制下进行地下活动，对
革命仍有一种理想主义的情怀。以学生为主要成员的北平市党
部基本未经历过政治运动的洗礼，仍保持着较为纯洁的革命理
想和信念。与此同时，改组派在北方党部有着较大影响，尤其
是那些经历大革命仍坚持革
命理想的地方党部人员的做
法，仍有大革命时期的遗风。

1 蒋介石：《革命与不革命》，张其昀主编：《先总统蒋公全集》
第1册，中国台北，"中国文化大学"、"中华学术院" 1984
年版，第 579 页。
2 蒋介石：《革命与不革命》，张其昀主编：《先总统蒋公全集》
第1册，第 580 页。
3 《中国已进入新时代》，《华北日报》，1929 年 6 月 28 日，
第 2 版。
4 《蒋主席回京后报告视察北方经过》，《华北日报》，1929 年
7 月 20 日，第 3 版。

他们希望能够彻底实现三民主义革命，将一切反动派都打倒，实现以党治国。北平复杂的政治局面让这些怀抱理想主义的青年党员们深感痛心，觉得国民党失去了革命精神，政治开倒车，"使得封建势力仍旧稳定，不但稳定，并反向革命势力进攻"。他们认为，国民党敌人有帝国主义、军阀、贪官污吏、土豪劣绅、买办阶级、跨党分子、投机分子、共产党、无政府党、西山会议派、国家主义派、遗老派、立宪派、联省自治派、政学系、交通系、研究系、安福系、外交系，以及本党内外的各种小组织。[1] 这份名单显示在北平市党部看来当时所有其他政治组织都是敌人，彰显了其所持的理想主义立场。

除了上述对革命的不同认识，北平市党部与中央党部之间还存在着具体的利益纠葛。这集中体现在国民党三全大会的代表推派问题上。国民党中央指定参加三全大会的北平国民党代表是冯玉祥、阎锡山、白崇禧、方振武、罗家伦、孔祥熙、王正廷和鹿钟麟等 8 人。[2] 由于名单中没有一名北平市党部成员，当然引起市党部的强烈不满。他们攻击道："这是军人的分赃大会，政客的做官会议，贪污土劣的走狗会议，谈到党已经是侮辱了党的尊严。"[3] 在北平市党部看来，中央圈定和指派代表的行为，"破坏党的组织原则，违反民主集权的精神，丧失十三年改组的意义"。[4]

可见，基于不同的组织基础及现实政治纠葛，国民党中央与地方党部对形势有着不同的看法。南京中央党部致力于宣传在彻底"清共"基础

[1] 养诚：《认清北平的革命环境》，《北平民众》第 15 期，1928 年 12 月 10 日，第 19—23 页。
[2] 《各省及海外出席全代会代表披露》，《北京益世报》，1929 年 3 月 6 日，第 1 张第 3 版。
[3] 《抗议吗？根本反对！》，《北平民众》第 28 期，1929 年 3 月 20 日，第 10 页。
[4] 《反三全大会》，《北平民众》第 28 期，1929 年 3 月 20 日，第 1 页。

上进入训政时期，以建设取代破坏的方法进行国民革命，北平市党部在北方政治环境中难以参与政务，对革命和执政有着不同的理解和感受，观点上与南京中央党部存在较大的分歧。不可否认，北平市党部的观点实际展现的是改组派的思想，从另一个角度来看，可能是特殊的政治局势让北方党部更为认同改组派的观点。因此，北平市党部被中央视为被反动派、小组织所把持[1]，加紧从组织和思想上对其进行控制。这种中央与地方党部之间控制与反控制的斗争贯穿于北平工潮始终，明确此点将有助于理解工潮与国民党之间的关联。

北平市党部指导下的工会

1928 年 6 月后，国民党在北平虽名为执政党，但党部却被摒弃在军政实权体系之外，发展民众组织作为依靠力量，成为其登上政治舞台的重要途径，这就为北平工潮的兴起提供了政治机会。北平市党部认为，北方政治被反动势力所包围，应当通过组织民众，训练民众来对付反动势力。[2]工人被视为国民革命的主力军。[3]张竹溪指出："在中国知识高者为学生，其次则为工友，工友不单有知识，且革命性最强。"[4]与此相对的是，市党部认为商民保守且缺乏组织性，并非革命的主力军。[5]因此，民训会积极工作，先后成立几十家工会，进而建立总工会，领导北平工人开展活动，促成了工潮的形成。

明清以来北京是一座消

---

[1] 1929 年 7 月 15 日，蒋介石向国民党中央党部报告指出："北方党务因受反动派操纵利用，以小组织互相攻击，使一般民众对本党失去信仰，使一般青年走入歧途。"《到国民党中央党部报告北上经过》，吕芳上主编：《蒋中正先生年谱长编》第 2 册，第 481 页。

[2] 予：《怎么应付北平的反动势力》，《北平民众》第 15 期，1928 年 12 月 10 日，第 12 页。

[3] 剑平：《我们今后应该怎样做工人运动》，《北平民众》第 21 期，1929 年 1 月 23 日，第 18 页。

[4]《总工会周年纪念大会盛况》，《华北日报》，1929 年 7 月 5 日，第 6 版。

[5] 谭任：《我们今后应该怎样做民众运动》，《北平民众》第 21 期，1929 年 1 月 23 日，第 24 页。

费城市，新式工厂很少。据统计，1929 年全市只有 145 家工厂，工人 7045 人。[1]北平的劳工很少有机会在工厂工作，谋生的主要方式是或从事城市公用事业[2]，或从事旧式有技能的手工业，如瓦作、油漆作、裱糊作等，或从事无技能的体力工作，如粗工、拉车、搬运等。[3]因此，在北平，工人主要指的是手工业、公用事业和机器业的从业者。他们在城市人口中所占的比重很小，1929 年北平城市人口数为 1375452 人[4]，有职业者为 326559 人，占总人口的 23.74%，以工为业者有 78452 人，占总人口的 5.7%。[5]相对于当时北平二三十万失业人口而言[6]，工人的生活水平虽然不高，但仍有一定保障。经济相对宽裕的工人能够缴纳一定的工会会费，支持工会的运作。

北京政府时期的法律禁止任何形式的罢工。在高压统治下，国共两党虽早已展开地下活动，但在工人中的发展均不如意。[7]北平劳工大多加入传统行会，与商人、厂主处于同一组织中，国共两党都很难将他们组织起来。从当时中共的各项报告来看，发动劳工的困难在组织和信任两方面。中共青年团员与铁工工人、洋车夫、电车工人、邮务工人均有接头，尤以洋车夫为多，接头者不下五六十人，但由于这些工人四处谋生，很难将他们组织起来。[8]

1 林颂河：《统计数字下的北平》，《社会科学杂志》第 2 卷第 3 期，1931 年 9 月，第 402 页。
2 公用事业主要包括：电车公司、自来水公司和交通部下属的邮务局、电报局和电话局等城市服务业以及各类学校。当时社会局将各大学的职工会统计为工会。《社会局关于预防工业危险调查工会组织、工人工资等问题的函及市政府的训令》（1928 年 12 月 31 日），北京市档案馆藏，社会局档案，J002/004/00016。
3 林颂河：《统计数字下的北平》，《社会科学杂志》第 2 卷第 3 期，1931 年 9 月，第 401 页。
4 林颂河：《统计数字下的北平》，《社会科学杂志》第 2 卷第 3 期，1931 年 9 月，第 378 页。
5《市民职业统计》，《华北日报》，1929 年 2 月 20 日，第 6 版。
6《张市长答词》，《华北日报》，1929 年 6 月 28 日，第 6 版。
7 1928 年，北京的 423 名中共党员中，工人同志的数量和质量都不高，工人仅占 20%。见《北京市委关于党员登记工作报告》（1928 年 2 月），《北京革命历史文件汇集（1928 年—1936 年）》上，中央档案馆、北京市档案馆 1991 年编印，第 17—18 页。同期，国民党仅有 12.9% 的工人党员。见《北平党员登记统计》，《中央周刊》第 67 期，1929 年 9 月 16 日，第 3 页。
8《团北京地委报告第四号》（1925 年 5 月 26 日），《北京革命历史文件汇集（1922 年—1926 年）》，中央档案馆、北京市档案馆 1991 年编印，第 291 页。

此外，北京没有真正的产业工人，大半是手工业者，小资产状态的生活，加之政治环境的影响，使他们对党组织产生怀疑情绪。[1]

南京国民政府承认工人有罢工的权利，《工会组织暂行条例》的颁布以及《暂行刑律》禁止同盟罢工的条文，为北平工会的兴起提供了法律保证。李乐三作为民训会工会负责人，很快进入角色，广泛联络北京城内各类劳工，组织工会。6月23日，他在宣武门外南柳巷永兴寺内召集全城报夫开会，成立报夫同业工会，可算是北平城内国民党指导成立的第一家工会。该工会由国民党北平党部在1926年秘密成立，已有相当基础。[2] 市党部宣称，嗣后不再受资本家及势力家之压迫，从此打破阶级，废除不平等之事。[3] 不久，电车、电灯、电话、电报等交通机关工人，以及水夫、粪夫、车夫等劳动者，在市党部联络下次第组织成立工会，"颇似往年上海之情势"。[4]

总体而言，北平工会成立方式大致有两种：一是市党部派员到劳工聚集处解释劳工意义，然后宣布成立工会，如报夫工会、电车工会、泥瓦匠工会、大锯匠工会、洗衣房工会等；一是职工同人认为有必要，跟市党部接洽，由民训会派人指导成立，如电灯工会、印刷行工会。从成立方式看，工会与市党部之间是一种松散的认可和被认可关系。

6月30日，北平总工会在市党部召开成立大会，各工会代表30余人出席。李乐三报告指出，总工会的成立是为了形成各工会间的团结，

[1]《北京经委报告第1号》(1925年11月25日)，《北京革命历史文件汇集(1922年—1926年)》，第414页。

[2]《市党部报告民众运动经过》，《顺天时报》，1928年6月30日，第7版。

[3]《南柳巷永兴寺内成立报夫劳工会》，《顺天时报》，1928年6月24日，第7版。

[4]《各工会纷纷成立》，《顺天时报》，1928年6月26日，第7版。

扩大势力，指导工人工作。总工会颁布临时组织简章，并设干事及秘书两部。[1] 7月5日，总工会召开各工会代表大会，出席者有各工会代表50余人。[2] 此后工会声势日渐扩大。1929年3月北平市已有24个工会，工友16000余名。[3] 在总工会放开人力车夫加入工会的条件后，车夫工会人数由1320人增至50450人。[4] 到1929年11月，北平有32个工会，会员67000余人。[5]

市党部利用执政党地位，号召工友们团结起来不受资本家压迫，共同维护劳工权益，在短短一个月时间内普遍成立工会。与此同时，1928年7月9日国民党中央执行委员会第154次常务会议通过《工会暂行组织条例》，国民党指导工人运动有了法理依据。该条例不仅保证了工会组织的合法性，也成为日后工人反对工会或总工会的重要法理依据。工会成立后即带领工人展开改善待遇、谋求自身权益的斗争，此起彼伏的工会活动受到各界的关注。北平市党部评论道"北平目下最发展者莫若工会"[6]，军警当局则称之为"工潮迭起"。

北平市党部与各工会之间是一种间接指导关系，即市党部通过民训会和总工会两组织管理各工会的事务，罢工或怠工需要得到民训会和总工会指导方可进行。市党部负责工会运动的民训会命令总工会，当各工会发生纠纷时，应立即呈明该会，由其派人会同总工会人员前往调解，"不得擅自处置"。[7] 总工会则命令各工

1 《总工会昨开成立大会》，《顺天时报》，1928年7月1日，第7版。
2 《北平市民庆祝大会昨正积极准备》，《顺天时报》，1928年7月6日，第7版。
3 《平市总工会呈送工会名单统计》，《顺天时报》，1929年6月14日，第7版。
4 《社会局调查本市工会统计》，北平《民国日报》，1929年10月26日，第4版。
5 《总工会改组后平市现有工会之调查》，北平《民国日报》，1929年11月21日，第3版。
6 《市党部报告民众运动经过》，《顺天时报》，1928年6月30日，第7版。
7 《民训会令总工会不得擅自处置纠纷》，《北京益世报》，1928年10月19日，第2张第7版。

会，若要怠工或罢工，必须呈明总工会，经其同意方可实行。[1]
工会成立之初，与政府并无任何联系。

市党部在思想上指导着工会的发展。在"清共"的背景下，市党部与南京中央保持一致，在工会活动中秉持与中共领导的工会运动彻底割裂的策略，反对工会把持地方行政、司法和立法大权，主张将劳资纠纷转交给党和政府去解决。[2] 自成立伊始，北平市党部就确定了对工人运动的指导方针，即秉持"劳资合作"精神，"非仅提高改良工人之生活，同时亦得顾及雇主"。[3]

工会与北平市党部在政治上是一种相互依存的关系。作为北平城市政治的新生力量，市党部手中缺乏政治资源，需要利用工会动员工人参与其组织的各种集会，才能在北平政治生活中彰显价值和影响力，从而获得一定的话语权，而工会则需要通过维护市党部来获取自身存在的合法性资源，获得与军警当局交涉的代言人，获得与厂主进行谈判的政治支持。两者之间的这种利害关系伴随工潮始终，后来随着中央党部控制的加深，市党部与工会关系才开始削弱。

从经济上看，工会是独立于北平市党部的。其收入主要有三个来源：一是入会费，所有工会每名成员入会时都要缴纳铜圆 10 枚；二是每月会费，各个工会不等，有的要求每名会员缴纳 4 角，有的按每人收入的 1% 缴纳；三是特别收入，即从公司处得到的津贴和教育费，如火柴公司每月补贴火柴工会会费 50 元，教育费 130 元，电车公司每月津贴电车工会教育费 200 元，毯业公司每月补助毯业工会教育费 120 元。各

---

1 《总工会训令各工会不得轻率罢工或怠工》，《北京益世报》，1928 年 10 月 20 日，第 2 张第 7 版。
2 剑平：《我们今后应该怎样做工人运动》，《北平民众》第 21 期，1929 年 1 月 23 日，第 21—22 页。
3 《市党部报告民众运动经过》，《顺天时报》，1928 年 6 月 30 日，第 7 版。

工会每月将收入的 1/10 上缴给总工会，约 85 元。除个别工会外，多数工会的结余都有几百甚至上千元，这表明工会运作有足够的资金保证。[1] 受惠于各工会的上缴资金，总工会有固定的资金来源。

最需强调的是，市党部实际负责总工会工作的民训会组织科科长张寅卿在工潮中扮演了重要角色。作为一名具有政治手腕的人物，为维护自身的权威，他组建了总工会维持队，设有一定番号和编制，装备铁棒和木棍为武器。维持队主要任务是：纠正指导工友在言论行动上的不规则和偏激表现；严审有攻击国民党和工会言论的反动分子是否受人指使；毫不客气地对付幕后的共产党。这样准武装组织引起各方警惕。1929 年 3 月，北平总商会、北平工商联合会、全国矿业联合会向国民党中央党部和国民政府行政院控告北平市党部民训会，第一条罪状就是自设维持队"任意拘捕厂内外工友"。[2] 可见，总工会自设维持队的举措犹如双刃剑，虽可起到维护权威的作用，但也可促成逾越法律底线的行为而使工潮丧失合法性。

合法性机制[3]：政治旋涡中工会的生存策略

在总工会成立一周年大会上，工会主席徐澍全表示："敝会无一日不是在风雨飘摇之中，幸赖各界从旁赞助，竭力维护，始能维持至今。"[4] 虽不免堂皇，但也道出了北平工会之不易。较诸广州、

1 于恩德：《北平工会调查》，《社会学界》第 4 卷，1930 年 6 月，第 128—130 页。
2 转引自钟德钧：《1928 年 11 月丹华火柴厂工人总工的前前后后》，《北京工运史料》(2)，第 253 页。
3 合法性机制是诱使或迫使组织采纳在外部环境中具有合法性的组织结构或做法这样一种制度力量。见周雪光《组织社会学十讲》，社会科学文献出版社 2003 年版，第 78 页。林超超在对 1957 年上海工潮研究中注意到工人对合法化资源的利用。见林超超：《合法化资源与中国工人的行动主义——1957 年上海"工潮"再研究》，《社会》2012 年第 1 期。
4《总工会周年纪念大会盛况》，《华北日报》，1929 年 7 月 5 日，第 6 版。

上海、汉口等城市，北平的工潮兴起得晚，且面临着政治和法律限制。自 1927 年清共分党开始，国民党中央就开始限制民众运动，尤其是工人运动。北平各派政治势力在对待劳工问题上态度各异，工会需要在其中谋求生存机会。北平工会因与市党部关系密切，被卷入政治权力争夺的旋涡中。北平工会自成立之日起就面临着如何在党政军各机关权力斗争的夹缝中保持工会合法性的挑战。我们发现，北平市党部利用国民党颁布的组织规则和法律条令，从法律的层面与各方展开维权交涉，从而为自身和工会在复杂政治环境中谋得一席之地。在北平工潮中，它指导工会谨遵合法性机制，一面依据国民党组织章程和中央决议，在党政军复杂争斗的夹缝中积极维护工会组织的合法性；一面严守军警当局反共和维护社会治安的底线，采取罢工、请愿等法律许可的斗争形式，保持行动的合法性。工会一开始就依法行事，为工人争取自身权益赢得了空间，但也使其在工人运动中始终贯彻国民党中央的意图。因此，在北平工潮中可以看到一种看似矛盾实则合理的关系：国民党中央和地方党部在组织上的对立和行动中的吻合。

北平工会一经成立就面临着被解散的危机。1929 年 6 月 25 日，北平政分会成立当日即电请国民党中央，依照第二届中央执行委员会第四次全体会议（二届四中全会）停止容共时代的民众运动方案，取缔北平市总工会。[1] 时任北平政分会委员白崇禧对北平总工会及民众运动，颇为抱虑，担心发生类似上海、汉口的工潮，故向蒋介石和阎锡山提议制止民众运动。蒋、阎二人以"月余以来的民众运动，尚无轨外行动，且军政诸端

49

亟待磋商，无暇计及"为由，搁置了白崇禧的建议。[1] 后因总工会的积极活动，白崇禧又与北平市长何其巩一起令平津卫戍总部朱绶光参谋长与负责北平治安的军警当局协商。8月15日，朱绶光约白崇禧、陈调元、何其巩、张荫梧等军政要人在卫戍司令部午餐，席间对此事详加讨论，决定暂行下令停止工会运动。据此，诸人联同致电阎锡山，请根据二届四中全会暂行停止民众运动决议案，向中央建议暂行停止北平民众运动。次日，阎锡山向北平公安局、警备司令和宪兵司令发布命令，并布告军民人等一体周知，宣布"其已成立之工会，一律暂行解散"。[2] 综其所言，解散工会的理由有二：一是国民党二届四中全会已停止容共时期的民众运动；二是市党部鼓惑工人，煽惑阶级斗争，共产党员从中指导，陷人心于不安。[3] 实际上，蒋介石虽于1927年12月13日下令暂停民众运动[4]，但国民党二届四中全会并无停止民众运动的决议。[5] 这一事实给了市党部反对解散工会的政治运作空间。

张荫梧与朱绶光决定和平解散工会。警备司令部表示，工会成立以来，尚无轨外行动，以及无证据表明中共参与其中，又因阎总司令并无逮捕何人的命令，容许总工会自动解散。接到阎令当日，他们要求总工会命令各工会自动解散，并派军警赴总工会监视。次日再派人对解散的各工会补行加封。[6]

围绕工会解散问题，各

---

1 《封闭工会风平浪静》，《北京益世报》，1928年8月13日，第1张第3版。

2 《平津各工会昨已被解散》，《顺天时报》，1928年8月17日，第7版。

3 《对于工会之解散命令》，《顺天时报》，1928年8月18日，第2版。

4 蒋介石在上海招待新闻记者，发表对于时局谈话时，表示"暂时停止民众运动，共党暴动潜伏各地，民众运动必须暂行停止，待本党确定指导方针和办法后，再恢复工人运动、农民运动等"。《发表谈话，说明对时局主张》（1928年12月31日），《蒋中正先生年谱长编》第2册，第151—152页。

5 参见《国民党二届中央执行委员会第四次全体会议记录（1928）》，中央秘书处1928年编印，第102—112页。

6 《北平各工会解散经过详请》，《顺天时报》，1928年8月19日，第7版。

方都依照国民党二届五中全会通过的《各级党部与各级政府关系临时办法案》展开行动，各自与上级机关交涉，互不联系。北平卫戍司令部、警备司令部和公安局直接关闭工会，与创立工会的市党部既无书面通知又无任何交涉。市党部也未与上述机关进行任何交涉，而是直接致电中央执行委员会报告详请，请示办法，宣称"诸事但唯中央党部命令是遵"。[1] 市党部认为，其下属民众团体是根据中央命令组织而成，而民众团体没有越轨行为，所以除中央命令外，任何人均无解散其所属民众团体的权力。[2] 在此前刚刚结束的国民党二届五中全会，通过恢复民众运动的决议[3]，为市党部反对解散工会提供了合法性依据。21 日，北平市党部就工会解散发表宣言，宣称市党部组织和训练民众是完全合法的，是根据国民革命的原则和国民党的党义和党纲进行的，"系根据中央的命令及中央特派员的监督，不是非法举动"。[4]

除发表宣言外，22 日总工会通令各工会恢复原状，各工会遂将工会牌匾重新挂出。工会既不敢公然抗拒军事当局命令，又不敢拂逆市党部通令，仅将会牌挂出，人则多避不到工会办公处，以防发生不测。[5] 24 日，张荫梧表示，工会内有共产党的消息已被证明确系无稽谣言。[6] 25 日，中央执行委员会电令平津卫戍总司令部及北平市党部即日恢复被解散的工会。[7]

围绕解散工会展开的斗争，暴露了"党及政府之不

51

1《解散工会问题市党部态度和平》，《北京益世报》，1928 年 8 月 19 日，第 1 张第 3 版。
2《北平市党务指委会为解散北平各工会宣言》，《北京益世报》，1928 年 8 月 22 日，第 1 张第 3 版。
3 荣孟源、孙彩霞主编：《中国国民党历次代表大会及中央全会资料》（上），光明日报出版社 1984 年版，第 534 页。
4《市党指委为解散工会宣言》，《顺天时报》，1928 年 8 月 22 日，第 7 版。
5《旗鼓重张恢复原状北平市之各工会》，《顺天时报》，1928 年 8 月 24 日，第 7 版。
6《力谋和平解决，工会或竟复活》，《顺天时报》，1928 年 8 月 24 日，第 2 版。
7《中执委会电卫戍部令恢复解散工会》，《顺天时报》，1928 年 8 月 26 日，第 7 版。

统一"，党权掌握在党部手中，军权掌握在阎派手中，双方各自为政，互不买账。[1] 在双方各据事实、党规及中央决议行动的过程中，似可得到如下几点认识。首先，卫戍司令部以工会混入共产党为据，解散北平工会，反映了"清共"是当时政治的最高法则，是各方行事的最基本法理依据。其次，北平存在多重政治逻辑。根据市党部的逻辑，市党部成员为中央党部所派遣，其行动应遵依中央党部命令。作为国民党中央政治委员会的下设机构，北平政分会不能直接下令解散工会，必须呈报卫戍总司令部下达此令，也反映了该机构实难参与地方事务，北平实际控制在握有军权的阎锡山手中。在阎派人士看来，解散工会不过是白崇禧的添乱之举。张荫梧此后在采访中讲道："白健生处处对人好用手段，比之帝国主义之国家，惟恐天下不乱，彼在平半载之工作，鼓动学潮、党潮、工潮，每次均被我方察觉。"[2] 阎锡山深谙此间的微妙关系，因此在面对白崇禧提出的关闭工会的要求时，他有着自己的盘算。以卫戍司令部总司令名义下达的解散工会命令未直接发给市党部，而是发给军警当局，也未下令武力解散工会，而是留给军警自由裁量的权力，允许自动解散。如此做法实际上淡化了党军之间的直接冲突。再次，北平当时已存在非常严重的军人与党人的冲突，两者间遇事常常意见相左，行动亦有种种矛盾。军人虽处于绝对强势的地位，但双方尚未撕破脸面，保持了适当的克制。

解散工会的命令在数日间撤销，表明大权在握的军方要想解散工会也不容易。但是，工会组织一直受到军警的严密监视，处于高压之下，一

1《不可解之解散工会问题》，《顺天时报》，1928 年 8 月 31 日，
　第 2 版。
2《张荫梧重要谈话》，《北京益世报》，1929 年 4 月 14 日，
　第 1 张第 3 版。

旦出现中共活动迹象，就有被解散取缔的危机。工会的合法性实际意味着必须遵守当局的清共命令，维护社会治安。因此，工会组织者们非常警惕中共的活动，及时配合军警搜捕工会中的中共党员。例如，京华印书局工会因曾由中共党员赵全林所领导并被奉军司令部破获，受到北平市党部的怀疑。仅仅因为工人拒绝在工会成立会上高呼"打倒共产党"的口号，市党部委员就认为此举显系意图避讳，并据此判定必有中共党员潜伏其中，于是给警备司令部开具工人代表人名清单。后者按名抓获工人若干名，送交地方法院审理。[1]结果证明此案为莫须有，1930年2月24日，最高法院刑事第一庭驳回公诉人的起诉，维持河北高等法院一分院刑事庭判决，被捕工人均无罪释放。[2]

53

工会虽逃过解散一劫，但仍面临很多不确定因素，尤其是北平市党部与南京中央之间、市党部与市政府之间的权力之争。工会是北平市党部领导下的民众团体，但是市党部的行动，"似毫未遵从中央部之意思，而以遇事辄与地方政部相抗争为能事"。[3]国民党内复杂的派系斗争，使北平市党部各委员本身面临随时被撤换的风险，工会深受市党部人事变动的影响。此外，工潮所引起的社会问题引起政府不满，工会活动日渐受到政府管束。

1928年12月20日，国民党中央执行委员会常务委员会决定撤调北平市党部指导委员黄如金、李乐三、李吉辰、徐季吾、梁子青5人。[4]由于被任命的各指委拒不上任，北平市党部在此后半年的时间出现

1 《京华印书局之党案》，《顺天时报》，1929年3月1日，第7版。
2 陈华中、钟德钧：《解放前京华印书局工人运动情况》，《北京工运史料》(2)，第181页。
3 《平市指委之全部更选与今后市党务之刷新》，《顺天时报》，1929年5月11日，第2版。
4 《各省市指委大更动》，《北京益世报》，1928年12月21日，第1张第2版。

权力真空，实际落入改组派谷正鼎掌控中。半年后，1929 年 5
月 9 日，中央党部才真正撤换北平市党部指委，中央 CC 系的
周学昌、张明经开始进入北平市党部。1928 年 6 月底，蒋介
石在北平视察时，要求"凡同志有小组关系者，立即脱离而回
到中央领导之下"。[1] 对北平市党部来讲，南京中央的举措并未
消除小组织现象，不过是以此派取代了彼派，党内争斗仍然继

54

续着。CC 系的指委并未完全控制住北平市党部，改组派的影
响一直持续到 1930 年的北方扩大会议。北平市党部的权力争
斗对工会产生了影响，中央的"以党治国"理念开始慢慢渗入
到工会的管理和活动中。

工潮的基本形式

国民党的领导赋予了工会组织合法性的基础，通过党的政
策，工人及工会认识到罢工、请愿和谋求自身利益都是合理、
合法的，从而积极开展活动，形成工潮。[2] 北平工潮并非独立
存在，它是北平城此起彼伏的民众运动的组成部分，同时开展
的还有诸如学联、商民和反日等运动。这些运动都反映了尚未
经历革命洗礼的北平，在国民革命余波的冲击下各种社会关系
的调整以及国家与社会关系的重塑。作为一种趋势性现象，工
潮是由各个工会的具体斗争汇聚而成，可以说是若干单独事件
的总和。"不同的工人有不同的政治"[3]，每个工会由不同行业从
业者所组成，各有不同经济收入和社会地位，有不同的雇主，因此他们的诉求亦有

1 吕芳上主编《蒋中正总统档案事略稿本》第 6 册，中国台北，
"国史馆" 2003 年版，第 146 页。
2 1928—1929 年间，北平市内工会领导的斗争就有 20 多起，
其中工会与雇主冲突 16 次，工会与其他机关冲突 5 次，反
抗税捐 2 次。于恩德《北平工会调查》，《社会学界》第 4 卷，
1930 年 6 月，第 130—135 页。
3 裴宜理：《上海罢工：中国工人政治研究》，刘平译，江苏
人民出版社 2001 年版，第 328 页。

所区别。现存的社会经济状况决定了工会活动形式的差异，反之，社会经济状况亦受工潮的影响，并由此引起政府的干涉。本文试图从行业的角度对北平工潮的主要内容展开分析，揭示产业工会、交通部下属企业工会和电车工会的活动形式。

第一类是以毯业工会为代表的产业工会劳资纠纷。北平地毯工业发达，完全靠手工制造，大小工厂有七八十家之多，全体工人及童工在四千人以上。[1]毯业工人处于对付着过的生活程度。[2]毯业工会成立后，在北平市党部和总工会的指导和保护下，各工厂纷纷举行罢工，向厂主、经理提出维护工人权益的 13 项要求。[3]北平市总商会数次调停后无果，劳工方面在 13 条基础上又增加两项要求，加剧了劳资双方的争执，谈判大有破裂之势。11 月 29 日，因北平燕京地毯厂、永年地毯厂厂主虐待工人，全市毯业工友 1000 余名在东长安街举行示威运动大会，赴市党部、总工会请愿。[4]此举促使市政府成立劳资调解委员会，社会局成为劳资双方的调解者。自 11 月底开始，该局先后召集 5 次调解会议，直至 12 月 11 日双方达成协议，久经搁浅的北平毯业问题大体解决，工人待遇有所改善。[5]燕京地毯厂工资提高了 1—2 元，每月可带薪休息 1 天，伙食得到改善；北京地毯厂工资由 7.2 元增加到 8.1 元，半月带薪休息 1 天，工人可以与资本家、工头据理力争；仁立地毯厂工资增加一成，工人有了说话权利。[6]

1《平市织毯厂工人求利反而失业》，《顺天时报》，1929 年 3 月 10 日，第 7 版。
2 所谓"对付着过的生活程度"，是指北平工人能自养的最低生活程度，每月须挣到 15 元，基本消费为食物、燃料、房租和衣服，但医药、装饰、交通、娱乐、教育等不在他们的生活范围内。李景汉：《北平最低限度的生活程度的讨论》，《社会学界》第 3 卷，1929 年 9 月，第 4—6 页。
3《毯工毯商发生冲突》，《顺天时报》，1928 年 8 月 11 日，第 7 版。
4《仍形汹涌之北平工人风潮》，《顺天时报》，1928 年 11 月 30 日，第 7 版。
5《毯行问题如是解决》，《顺天时报》，1928 年 12 月 13 日，第 7 版。
6 刘家铨、陈华中、钟德钧：《旧中国北京的地毯业及工人状况》，《北京工运史料》(2)，第 68 页。

虽达成有利于工人的协议，但此后厂主们改变了策略，与工会对着干，经常开会研究工会活动以及如何对付工会代表。[1]这可能是由于地毯业无须太多技术，厂主在面对罢工威胁时可另雇他人。例如，崇外利华永地毯厂厂主面对罢工，表示将开除厂内工人，另招新工。[2]万永成地毯厂厂主不但拒绝与毯业工会代表交涉，而且变本加厉，将馒头换为窝头。[3]面对厂主们的针锋相对，毯业工会所做的只能是呈请总工会致函社会局主持公道，保护劳工。[4]

始料不及的是，国都南迁，地毯销路骤落，企业经营困难，地毯行业日渐不景气，大量工厂歇业[5]。加之工潮迭起，各厂主采取消极态度，或停止投资，或牺牲营业，有的干脆关闭工厂，放弃产业潜行避匿。[6]1929年3月间，兴盛、玉利盛、万成永及燕京第二厂先后呈报社会局要求核准工厂歇业，500余工人骤然失业，生活极感困难。[7]北平市政府不得不成立救济毯业工人委员对失业工人进行救济[8]，并设立职业介绍所[9]，但政府的举措并不能改善行业状况，促使工厂开工，为工人提供可谋生的机会，可以说劳资双方实际上是两败俱伤。毯业罢工引发的工厂关闭潮，直接影响到市面的繁荣，对政府和工人都产生了很大影响。此后，政府虽力主劳资调和但更偏向资方，产业工人的罢工则大大减少。

[1] 刘家铨、陈华中、钟德钧：《旧中国北京的地毯业及工人状况》，《北京工运史料》(2)，第67页。
[2] 《地毯工厂工人昨又互起纠纷》，《顺天时报》，1929年2月5日，第7版。
[3]、[4] 《万永成地毯工厂工人要求改善待遇》，《顺天时报》，1929年9月15日，第7版。
[5] 据河北省工商厅视察员调查报告，"北平地毯业工人，从前在三千人以上，十八年只有八百人，不抵从前大工厂一处的人数。"转引自林颂明《统计数字下的北平》，《社会科学杂志》第2卷第3期，1931年9月，第402—403页。
[6] 《平市织毯厂工人求利反而失业》，《顺天时报》，1929年3月10日，第7版。
[7] 《毯业工厂请社会局取缔失业工人》，《顺天时报》，1929年3月3日，第7版。
[8] 《社会局救济失业地毯工人》，《华北日报》，1929年3月4日，第6版。
[9] 《社会局救济毯业工人特设立职业介绍所》，《顺天时报》，1929年3月10日，第7版。

第二类是中央交通部管辖的电话局、电报局、邮务局等工会的怠工或罢工。这些行业的工人生活程度处于知足和舒服之间，从容度日或小康之家的状况。他们以罢工、怠工为手段，或谋求驱逐管理人员，或图改善待遇。这些现代通信机构事关公共安全，各方都对其有所忌惮，加之工人具有一定的技术，很难被替代，因此工会的要求往往得到了满足。

邮局在北京各机关中，能按月发薪，经济状况较好。[1] 1928 年 7 月 1 日，北平邮务工会成立，包括邮务管理局及各分局邮务生和拣信生 1000 余人，信差和苦力 2000 余人，共约 3000 余人。该会得到邮务长英国人巴金的承认，并指定管理局同人会阅报室为会所。[2] 该工会主要展开了驱逐管理人员的政治斗争。9 月 18 日起，邮务工会因私自扣留邮寄外省的《顺天时报》一事被查悉，开展了驱逐副邮务长刘耀廷的斗争。经过反复交涉，最后在罢工威胁下，刘某于 10 月 1 日不得已承认工会条件，签字离职。[3] 1929 年 6 月，因北平邮务局邮票处处长戈裕德禁止工人在革命军克复北平纪念日休假，邮务工会开展了驱逐戈某的斗争。17 日，戈裕德在民训会人员的见证下签字，表示会离开北平，邮务长发表声明书追认了这一事实。[4]

电话工会则为增加薪水掀起电话工潮。电话局直属交通部管理，工人待遇必须由该部确定，北平地方无权过问。因此，相关罢工主要通过总工会、市党部与交通部的交涉来解决。北平电话工会于 1928 年 10 月间向交通部建议增加薪水，迨至次年 3 月该部颁布新

57

[1]《邮员工会》，《顺天时报》，1928 年 6 月 28 日，第 7 版。
[2]《巴金氏已承认邮职工总会》，《顺天时报》，1928 年 7 月 5 日，第 7 版。
[3]《罢工八小时后昨晚完全解决》，《顺天时报》，1928 年 10 月 2 日，第 7 版。
[4]《邮工驱戈运动成功》，《华北日报》，1929 年 6 月 19 日，第 6 版。

章，丝毫未提及增薪事项。该会又于 5 月 22 日电呈交通部，因未有复电，筹备于 6 月 7 日开始怠工。[1] 市党部民训会和总工会派人对怠工进行了监督指导。电话局事关通讯，与北平的治安关系密切，这一怠工行为引起军政当局的高度警惕。警备司令部除派政训主任前往调解外，分别致函民训会和电话工会，要求该工会对军政机关变通办理，勿实行怠工，勿使交通发生阻碍，以免社会发生混乱状态。社会局亦训令总工会设法制止怠工。[2] 交通部派专员到北平调查。18 日上午，他们与市党部、卫戍部、公安局、公用局、社会局代表交换意见，成立电话局工潮调解委员会。[3] 在多方调解下，最后交通部与电话工会达成两点协议：一是加薪；二是允许年资长的工友考部章进级，学习技工入局一年以上者可以转正。[4] 7 月 20 日起，电话局复工，纠察队解散。8 月，交通部同意改善待遇，工潮告一段落。[5]

电话工会罢工的同时，电报工会又于 6 月 18 日提出改善待遇的要求并呈报总工会，请其转呈民训会代向交通部交涉。总工会接呈文后，即邀请电报局长速谋解决办法。电报局长到总工会进行交涉。[6] 7 月 19 日，电报局长与总工会代表达成改善待遇方案。[7]

对该部所属北平邮电机关接连发生的工潮，交通部深感恼怒，致函北平卫戍司令部要求坚决取缔。为此，卫戍司令部特令北平警备司令部、宪兵司令部、公安局、军警联合办事处随时注意工会行

1 《北平电话工友明日实行罢工》，《顺天时报》，1929 年 6 月 6 日，第 7 版。
2 《电话工友昨日实行罢工》，《顺天时报》，1929 年 6 月 8 日，第 7 版。
3 《电话局工潮调解委员会昨成立》，《顺天时报》，1929 年 6 月 19 日，第 7 版。
4 《电话复工后调解办法》，《顺天时报》，1929 年 6 月 22 日，第 7 版。
5 《电话增薪工潮现已告结束》，《顺天时报》，1929 年 8 月 6 日，第 7 版。
6 《电报局怠工之酝酿》，《顺天时报》，1929 年 6 月 30 日，第 7 版。
7 《电报工潮完全解决》，《顺天时报》，1929 年 7 月 20 日，第 7 版。

动，如有不法举动，则从严取缔。[1]不久，国民政府严禁交通机关怠职罢工。[2]这种严行禁止的命令虽起到了一定遏制作用，但交通部门各工会的斗争仍时有发生。

第三类是电车工会活动，持续时间长且呈现出多样性特征。北平电车公司于1924年12月开张，是官商合办的股份公司，官股占一半。因前京师警察厅总监朱深担任董事长，被市党部视作北洋旧官僚控制的企业，新旧势力的矛盾交织其中。电车工会开展了三种形式的活动。第一种形式是与公司进行提高经济待遇谈判。电车工人的工资水平在北平市算是较好的，可达到知足和舒服的生活程度。[3]但是，司机生和售票生的工作时间长达12小时以上，每月工资最多二十五元，最少十二三元，每小时所得甚微。因此，电车工会在成立之初提出的改善待遇要求就是：缩短司机生和售票生的工作时间，并增加他们的工资待遇。[4]此后不久，电车工会又提出新的10项福利要求。[5]工会的要求被电车公司部分满足，1929年该公司的工资支出由上年的193600元增至299000余元[6]，虽然不清楚工人部分增加了多少，但肯定有所增加。此事还可从报纸资料得到旁证。朱深任北平电车公司董事后，1928年底曾将公司之各处长每

59

月增加40元，各课长每月加薪20元，办事员等亦加薪，计分三级，15元、10元、5元不等。[7]电车工会活动的第二种方式是保护工人避免被殴。自运行后，北平电车

[1]《严厉取缔平市邮电工潮》，《顺天时报》，1929年7月7日，第7版。
[2]《国府令交通机关严禁怠职罢工》，《顺天时报》，1929年8月30日，第7版。
[3]李景汉：《北平最低限度的生活程度的讨论》，《社会学界》第3卷，1929年9月。
[4]《电车公司工人刻已提出两项要求》，《顺天时报》，1928年6月28日，第7版。
[5]《电车公司工潮未熄》，《顺天时报》，1928年11月2日，第7版。
[6]《电车公司第七届董事会报告书》（1928年9月23日）、《电车公司第八届董事会报告书》（1929年9月25日），载北京市档案馆、中国人民大学档案系文献编纂学教研室编《北京电车公司档案史料》（1921—1949），1988年版，第65、141页。
[7]《朱深把持电车公司》，《华北日报》，1929年1月18日，第6版。

工人就面临军人逃票问题，军人既不购买车票，还借端殴打司机和售票生。工会成立后，围绕这一现象展开积极斗争，以维护工人人身安全。最先采取不卖票的消极怠工方式，促使电车公司和军警当局保护工人免受军人欺凌。1928 年 11 月 22 日，电车工会邀请市党部委员参加紧急大会，要求公司保障自身安全免遭军人欺凌，决定即日起各路车开车不售票，任市民白乘车。[1] 此举引起社会关注，电车公司不得不同意帮助工人与军事当局交涉后，工会始于 23 日午后照常卖票。[2] 此后电车工会改变策略，一面组织成立工人维持队，协同地方军警将滋事军人送交军事主管机关；一面派代表到市党部，请其代与军事机关交涉，惩处行凶军人，并赔偿医药费。工会的活动收到一定成效。例如，1929 年 6 月 28 日，50 号电车工友被卫队士兵殴打，经工会交涉，军事长官出面道歉，并承担医药费。[3] 电车工会活动的第三种方式是镇压异己分子。电车工会成立后，积极参与总工会各项工作，但也受到公司和部分工人的质疑。1929 年 2 月 14 日，部分工人开会要求解散电车工会，并于次日赴市党部请愿。[4] 这些工人非常注意利用既有法规和文化认同为自己寻找合法性依据，发表宣言抨击电车工会的不法行为：各执行委员并非正式选举产生，违反工会组织规则；财务不清，有贪污腐败嫌疑；私设公堂，形如军阀，有违党义。[5] 电车工会立即做出反应，16 日推举代表向市党部及民训会汇报，该会的成立实际是电车公司指使所为，并请转呈公

[1]《电车工会昨议决只开车不卖票》，《顺天时报》，1928 年 11 月 23 日，第 7 版。
[2]《各路电车昨日午后始行照常卖票》，《顺天时报》，1928 年 11 月 24 日，第 7 版。
[3]《北平电车工会昨晨召开全体大会》，《顺天时报》1927 年 7 月 13 日，第 7 版。
[4]《电车工人群起要求解散工会》，《顺天时报》，1929 年 2 月 16 日，第 7 版。
[5]《已组织工会维持会》，《顺天时报》，1929 年 2 月 16 日，第 7 版。

安局彻查公司黑幕，将朱深、石子青逮捕究办。[1]后经中央执地方政治
行委员会批准，国民政府 3 月 25 日发布了通缉朱深的公文。[2] 19
日，民训会派员会同军警当局，捕获电车工会维持队 8 名成员，
押解公安局，并移送北平地方法院惩办。[3]

　　上述三类工会活动基本概括了北平工潮的主要内容。当
然，还有电灯工会、丹华火柴厂工会、财政部印刷局工会为谋**61**
求改善待遇的罢工等，此不赘述。概而言之，北平工潮的主要
方式是罢工、怠工和请愿，提出的要求基本都是改善工资待遇
和工作环境。市党部在工潮中扮演了指导者和代言人的重要角
色，为工会的活动提供指导，代表工会与雇主和政府谈判。由
于缺乏大规模的产业工人，人数较多的北平电车工会在工潮中
较为活跃，不仅维护经济利益，而且要求政府保护工人的人身
安全。在多数情况下，工人的工资待遇略有改善之后，资方就
拒绝再让步。有的工会行动非但未能达到改善待遇的目的，反
而使劳工失业，得不偿失。

　　基于社会经济环境和政治环境的差异，北平工潮与上海工
人运动有较大差异，表现在两个方面：一是北平缺乏现代工业，
没有大量的产业工人和强大的帮会组织，因此工潮的参与者主
要是城市交通业职工、手工业工人、机关职工和城市公用企业
的职工，很难形成统一持久的罢工，多以各工会单独行动为主，
斗争形式也较为单一。上海的工人运动较之北平不仅规模大，
而且还存在市一级工会组织
之间的斗争。[4]一是由于国
民党直到 1928 年 6 月才在

[1]《总工会请求逮捕朱深》，《北京益世报》，1929 年 2 月 16 日，第 1 张第 2 版。
[2]《通缉朱深之公文》，《北京益世报》，1929 年 3 月 26 日，第 1 张第 2 版。
[3]《党治下之电车潮》，《顺天时报》，1929 年 2 月 20 日，第 7 版。
[4]上海市一级的工会组织有上海工会组织统一委员会、上海工人总会和上海工人运动委员会，且背后有不同政治势力的支持。参见裴宜理《上海罢工：中国工人政治研究》，第 130—134 页。

北平取得合法地位，未经历国共两党在工会事务上的组织和政治话语权竞争，工会在市党部指导下，谨遵"清共"后国民党工人运动的指导思想，侧重于开展提高工人待遇和改善生活条件的经济斗争，避免触及军政当局的政治红线。

失控的工潮

　　北平市党部由于自身派别林立，委员们忙于党内权力之争，弄得党务千头万绪，群龙无首。所谓党对工人运动的指导，就是派人应邀出席会议，发表演说，或代与政府交涉，很少深入工会组织去做具体工作。市党部委员更是很少与工会联络，对工会事务惘然不知，"一切民众运动，都变成有名无实的东西，甚而成为少数人争权夺利的工具"。[1] 这少数人可能指的就是市党部民训会组织科前后两任主任张寅卿和韩世元。作为市党部直接指导总工会的机构负责人，他们借此发展自己的势力，指派亲信到各工会工作，监视并控制工会的运作。

　　1928 年 7 月 4 日，张寅卿指导成立北平市总工会，执监委员既非由全市工人代表大会产生，又非由各工会代表直接选举，实为他一人包办。这种不遵守组织章程的做法，给了工会成员反对张寅卿的口实，成为后来各工会联合起来斗争的依据。工会成立后，张寅卿安置亲信故旧，"操纵把持，无所不用其极"。[2] 1928 年 12 月，北平市党部撤换指委，民训会主席李乐三被逐出市党部行医为业，张寅卿被贬到皮裤胡同平民习艺工厂做厂长。韩世元接任了民训会组织科主任，他与张寅卿、李乐三一直保持联系，经常在

1 立：《形同虚设的北平特别市党部》，《革命新声》第 12 期，1929 年 5 月，第 2 页。
2《市党部告全国同胞书》，北平《民国日报》，1929 年 10 月 26 日，第 5 版。

习艺工厂内开会,仍然控制着相当一部分的工会。[1]虽然缺乏张、韩等人的第一手资料,但我们能观察到工会实际控制在个别负责工会事务的党员手中,成为他们谋取政治利益的工具,这可以看作是北平工潮的一大特色。为维持控制工会的权力,这些基层领导不得不依赖一批支持者,对他们所作所为听之任之,对反对者则采取高压政策。如此一来,亲信者肆意妄为,而被打压者则起而反抗,结果造成各工会之间或工会内部发生冲突,工潮出现失控局面。如马俊超所总结的那样,从事工人运动者利用工人而非指导工人,工会之过于跋扈与工人之自相倾轧。[2]

受制于市党部个别官员的工会,虽然在复杂政治环境中维持了自身存在的合法性,却因其缺乏权力约束,往往做出危害公民人身和财产权利的行为,触犯了当时社会法律的底线,受到社会各界的指责,大大降低了该组织及其活动的合法性基础。下面3个事例具体显示了工潮所引发的法律纠纷。

第一,工会非法逮捕和殴打工人的问题。1928年12月8日晚,北平总工会得悉电灯工会有准备罢工的行为,立即派人去该工会索要李有光等3人,打伤仆役10余人,强将刘沛然捕送市党部,并将该工会会牌摘下带走。9日上午10时,该工会全体工友200余人齐集市党部大门前交涉,刘沛然方被释放。[3]此事件发生之后,总工会非法逮捕刘沛然的行为受到舆论的谴责。舆论对此抨击道:"张寅卿不过一自任之工会主席,并非由各工会正式选举者,有何权力可以不守法律而私自捕人,此种犯法行为,居然在青天白日旗下出现,尚自称

1 钟德钧:《1928年11月丹华火柴厂工人总工的前前后后》,《北京工运史料》(2),第254页。
2 马超俊:《训政时期的工人运动》,《中央周刊》(新年增刊),1930年1月,第34—35页。
3 《前夜拘索电灯工人原因》,《顺天时报》,1928年12月10日,第7版。

为市党部所指导者，不知市党部又得何机关赋与逮捕人民之权力也。"[1]

第二，工会非法霸占寺庙财产的问题。1929 年 9 月 21 日，北平电车工会呈请市社会局，将东珠市口古刹铁山寺院改作校舍。[2] 次日，未接到社会局复文，该会就占领铁山寺，驱逐寺僧，毁坏佛像。此举引起佛教会的抵制，佛教会通过召开新闻招待会和游行请愿，向政府据理请求依法惩办滋事暴徒，交还铁山寺，并赔偿损失。[3] 电车工会则以铁山寺僧众吸食鸦片为由，反驳佛教会的诉求。[4] 市政府调查认为，电车工会借用铁山寺为工人子弟学校校址，虽已呈明主管机关，但应静候批示，方为合法。在未得到政府正式命令前，擅自率众占领，并诡称奉政府命令办理，应依法惩办。[5] 28 日，外一区署长会同公安、社会两局及军警等人协同到铁山寺接收寺内物品，将学校所有物品归还原处，将庙内物件搬移封存，寺内所有地契文件一概封藏。[6] 这并非故事的终点，铁山寺庙产的归属拖延了很久。本文以此为例旨在说明工会占据铁山寺的行为侵犯了寺庙的财产权，引发了社会对工会的非议。

第三，工会非法没收他人财产的问题。北平水行工会在西茶食胡同地方正式成立后，有会员五六十人。工会经费由会员公摊，以水车辆数为计算标准，每月每辆水车缴纳会费 1 角，每月可征收 70 多元会费。盖青云拒

1《电灯工会会员与不受非法逮捕之权利》，《顺天时报》，1928 年 12 月 20 日，第 2 版。
2《北平电车工会工人子弟学校关于拨给铁山寺庙宇作为校舍的呈文及市政府给社会局的训令》(1929 年 9 月 21 日)，北平市档案馆藏，社会局档案，J002/008/01258。
3《电车工会占领铁山寺佛教会之请求声援》，《顺天时报》，1929 年 10 月 3 日，第 7 版；《北平佛教会请求报界援助》，《顺天时报》，1929 年 10 月 5 日，第 7 版；《北平全市僧众两千余人昨日冒雨之大请愿》，《顺天时报》，1929 年 10 月 6 日，第 7 版。
4《电车工人学校又发宣言》，《顺天时报》，1929 年 10 月 6 日，第 7 版。
5《市府已有办法》，《顺天时报》，1929 年 10 月 6 日，第 7 版。
6《市府令接收铁山寺》，《顺天时报》，1929 年 10 月 29 日，第 7 版。

绝缴纳，几次三番催缴后，工会议决将盖青云的水车推交工会没收，以示惩戒。1929 年 4 月 19 日，田春茂率众工友到铺中将水车推走 2 辆，送交工会没收。盖青云当时不敢抵抗，遂隐忍不言，但仍拒不缴纳会费，10 日后众工友又相率到其铺中，推走水车 2 辆。盖青云"以其所有水车几被彼等推走殆尽，生计行将断绝"为由，在地方法院控告水行工会常务委员、执行委员 3 人。该院简易庭按妨碍自由罪判处 3 人各罚洋 20 元。*1*

65

上述 3 个例子表明工会的行为已触及法律底线，或限制他人人身自由，或殴打他人，或非法占领他者财产，或非法剥夺他人财物。这些行为或受到舆论的谴责，或受到政府的制止，或受到法院的制裁，造成了非常恶劣的社会影响，无疑给工会打上了违法乱纪、扰乱社会的烙印，也为工潮的消退埋下了引线。

由于总工会为小集团所控制，为达到控制各工会之目的，任其各自为政，以免形成合力。此外，总工会往往偏袒亲信把持的工会，"以致各友会离心离德，互不相谅"，工会间时常发生冲突，总工会处理起来非常困难。工会间的矛盾不久后就以一种暴力的形式爆发了。这场看似各工会反抗张寅卿、韩世元等人把持工会权力的斗争，更深层的原因则是市党部当权派张竹溪消除异己李乐三和张寅卿的影响。1928 年 12 月，李乐三和张寅卿淡出市党部，离开了领导工会的职位，但他们仍通过旧有的手下韩世元、徐澍全等人控制着总工会。这引起市党部民训会工会负责人张竹溪的不满，在其支持下，不满总工会的各工会起而要求改选，双方争执不下，直接以暴力相见。

1《水阀的纠纷》，《顺天时报》，1929 年 8 月 9 日，第 7 版。

1929 年 10 月 18 日，电车、电报、电话、邮务、大车夫等工会具呈北平市党部，指出总工会不能为一人把持，要求总工会迅速召集全市工人代表大会，进行改选。19 日，市党部召集总工会和各分会人员，征求意见。20 日下午 2 时，市党部召集各工会代表，在总工会召开谈话会，讨论改进事宜。张寅卿唆使表弟陈子修煽动工程队工会少数工人，捣乱会场，并殴打代表。[1] 各工会对张寅卿、陈子修更加愤恨，乃自动集合商讨对策。当晚 8 时，17 个工会代表自发召开联席会，议决由出席各工会组织总工会会务维持委员会，成为维持队保护出席代表。从电车、电话、邮务、人力车 4 工会维持队各调 10 名队员，每人领饭费 3 毛；雇人力车夫，发给每人饭费 5 毛。[2]

22 日下午 6 时许，陈子修、韩质生等以电车影响人力车夫生计的说辞煽动人力车夫，将目标转移到电车工会。[3] 此外，铁山寺和尚因受电车工会压迫，鼓动人力车夫天桥支部、花市支部参加，捣毁电车及电车工会。人力车夫领袖贾春山率车夫 2000 余人，到处打砸电车，形成有组织的大规模暴动。这一行动捣毁了电车公司 60 辆机车中的 52 辆，以及 43 辆托车。共计损失约 40 万元。[4]

市党部先后多次请求派警保护，但军政当局借口"工会在党部指导之下"置身度外。直到人力车夫击毁电车形成暴动，才严加制止。22 日夜，卫戍部宣布戒严，并逮捕肇事人力车夫。23 日，党警军召开联席会议，决定停止人力车夫工会工作，通缉张寅卿、陈国本、

1 《市党部告同胞书》，《顺天时报》，1929 年 10 月 25 日，第 7 版。
2 《总工会发生纷扰后昨日召集各工会代表会》，《顺天时报》，
   1929 年 10 月 22 日，第 7 版。
3 《被拘车夫之肺腑谈》，《顺天时报》，1929 年 10 月 25 日，
   第 7 版。
4 《市政府报告行政院滋事原因及处置》，《顺天时报》，1929
   年 10 月 24 日，第 7 版。

66

韩质生 3 人，关闭清道队、沟工队和工程队工会。[1]

人力车夫暴动受到军警当局的镇压，为北平工潮画上了句号。不过，除参与暴动的若干工会外，其他工会并未被取缔。[2] 在事后处理过程中，北平市党部同意了各工会要求推翻旧总工会的要求，将过错都归咎于张寅卿等人的操纵把持，并选举成立了新的总工会。[3] 与张寅卿交恶已久的北平《民国日报》指出："非工会之不善也，以指导未得其人，每利用无知工友，为一己争斗之工具。"[4]

67

《工会法》与党政角色的转化

在工会失控发生暴乱后不久，1929 年 11 月，立法院颁布《工会法》，将国民党中央确立的工人运动纲领在法律层面落实下来，就工会的若干重要问题确立了新的法律原则。在管辖权问题上，该法第 4 条规定"工会之主管监督机关，为其所在地之省市县政府"。这一法条间接否定了市党部对工会的管理，而是要求工会必须到政府机构登记方能获得合法资格。在工会功能上，该法规定工会应以增进智识技能，发达生产，改善同一职业或同一产业工人之生活及劳动条件为目的，确定了工会的主要职能是提高工人的素质，促进生产。在罢工问题上，虽然承认工人有罢工的权利，但条件非常严苛。《工会法》第 23 条规定："劳资间的纠纷，非经过调解仲裁程序后，于会员大会以无记名投票，得全体会员三分之二以上之同意，不得宣言罢工。"如此复杂而苛

[1]《平车夫风潮之善后》，《申报》，1929 年 10 月 24 日，第 2 张第 6 版。
[2] 1929 年 11 月总工会改组后，仍有 32 个工会，会员 67000 余人。《总工会改组后平市现有工会之调查》，北平《民国日报》，1929 年 11 月 21 日，第 3 版。
[3]《总工会代表大会之决议》，《顺天时报》，1929 年 10 月 29 日，第 7 版。
[4]《张寅卿也有今日》，北平《民国日报》，1929 年 10 月 25 日，第 6 版。

刻的要求实际上间接地否决了工会罢工的权利，体现出该法有明显遏制工会活动的意图。此外，《工会法》还明确规定工会职员或会员不能从事的行为，实际上扼杀了工会罢工的可能性。《工会法》为政府提供了限制工会活动的法律依据，给工会戴上了必须依法行事的枷锁，实际宣告了工潮合法性的终结。

事实上，北平市政府一直以来都试图对工会活动加以控制，《工会法》的颁布执行恰逢其时地为它提供了法律依据和契机。在市党部的支持下，工会为维护它所代表的劳动者权益，以罢工形式与工商业者、资本家发生冲突，给北平地方社会治安和经济带来了相当大的困扰。尤其是此起彼伏的工潮给本已因迁都而衰颓的北平经济带来更多负面影响，政府为维护正常经济运作，采取了保护资方利益的措施。市政府与市党部在劳资问题上意见相左，工会不得不卷入党政争斗的旋涡之中。随着《工会法》赋予政府取得管理工会的权力，市党部对工会的影响日渐边缘化。在工会事务上，市政府和市党部逐步进行角色转化，政府成为主导者，市党部成为旁观者。

北平市党部与市政府之间关系紧张，主要源于对待总商会旧领导人问题上。在 1928 年 11 月 13 日总商会召开的全体商民大会上，民训会代表听到会场有"打倒市党部"的口号后退席。[1]随后，北平市党部一再声称，北平市总商会冷家骥、孙学仕公然在集会上高呼"打倒国民党""打倒北平市党部"的口号，要求市政府严惩。[2]此事纠缠颇久，次年市党部不仅直接呈请中央派来北平视察的向道查明严办[3]，而且将其告

1《总商会昨召开全体商民大会》，《北京益世报》，1928 年 11 月 14 日，第 2 张第 7 版。
2 齐春风在《党政商在民众运动中的博弈》一文已揭示北平市党部与市政府围绕总商会的分歧与交涉。
3《向道来平》，《华北日报》，1929 年 2 月 15 日，第 7 版。

到中央民训会。何其巩则一再表示此乃市党部的误会。为此，《北平民众》公开发文质疑北平市市长何其巩为何要纵容反动分子。[1] 双方在工潮问题上的不同看法无疑加剧了彼此紧张的关系。

北平工潮给地方经济造成困扰，受到社会各界抵触。北平总工会成立后，每遇有纪念集会，市党部都要命令各厂工人全体休业加入，并由厂方照给工资。各厂既要牺牲生产，又要支付工资，因此承受了很大的直接和间接经济损失。在这种压力下，各个工厂联合起来呈请北平政分会取消工会行动。[2] 这项请求并未被市党部接受，此后仍召集工人全体参加各项活动。舆论界对此则表示，工潮可能摧残国民经济。[3]

国民革命胜利后，北平特别市政府成立，取代了旧有的市政机关。北平特别市社会局是当时管理工商和劳动事务的政府机构，兼具管理劳资双方的职能。第二科负责管理全市工商农事务；第三科负责劳工事务；第四科负责慈善和救济事务。[4] 该局对迭起的工潮非常关注，担心工人争谋片面利益会致使资本家受压迫而起恐慌，"将其资储存外国银行，不敢再向本国经管实业"。[5]

1928 年 11 月初，该局遵照《劳资争议处理法》，与公安局、总商会组织劳资协调机关，并邀请市党部、总工会参与调解毯业各工厂的劳资纠纷。[6] 同时，北平市政府担心北平经济深受工潮影响，要求社会局、公安局剀切劝导，使劳资团体"各得其平，遇事相维，共安生业"。[7] 政府意识到要

1 今：《质何其巩同志》，《北平民众》第 15 期，1928 年 12 月 10 日，第 1—2 页。
2《工人参加运动厂主方面损失太大》，《顺天时报》，1928 年 12 月 20 日，第 7 版。
3《劳资宜须协调》，《顺天时报》，1928 年 12 月 30 日，第 2 版。
4《北平特别市社会局办事细则》，《市政公报》第 4 期，1928 年 10 月，第 66—69 页。
5《北平市社会局新局长施政之新猷》，《顺天时报》，1929 年 6 月 22 日，第 7 版。
6《社会局已组织劳资协调机关》，《顺天时报》，1928 年 11 月 2 日，第 7 版。
7《市政府昨日训令保护工厂》，《顺天时报》，1928 年 11 月 3 日，第 7 版。

解决此问题必须得到市党部、工会方面的配合，因此市政会议议决，市政府所属各机关随时与市党部及工会方面接洽劳资事务。[1]

社会局虽不得不参加劳资调解工作，但其对工潮是非常反感的。该局在处理直属平民习艺工厂工潮时，采取措施果断压制工人活动。1928 年 11 月 20 日，平民习艺工厂 200 余名工人前往社会局请愿，要求撤销厂长职务和开除工头。[2] 社会局局长赵正平表面答应工人要求，将该厂厂长撤职。实际上，他派员到该厂强制将音乐股工徒 40 余名拨往贫民教养院收容，打带股工徒 70 余名拨往感化院内，厂内仅剩 60 余名工徒。[3] 通过打散分化工人，社会局将罢工镇压于无形。

此外，政府站在资方立场，劝导工人应劳资合作，而非片面谋求自身利益。1928 年 11 月 2 日，社会局局长赵正平发布布告，要求工人不要扩张片面利益，须顾全资本家生计，以谋实业发展，均衡劳资两方利益，使北平市面渐臻繁荣。[4] 市长何其巩训令社会局局长赵正平，务须多方劝导，期使劳资合作，不可畸重畸轻。[5] 此外，他还训令教育、社会、公用、工务四局，按照国民政府行政院工商部拟定的工人教育大纲，提倡三民主义教育。[6]

1929 年 2 月，北平工商联合研究会、工厂联合会电请国民政府，北平所有民众运动都应参照南京成案，非经当地政府核准不准举行。获准后，国府文官处致电北平政

1《第十三次市政会议处理本市劳资争议案》，《顺天时报》，1928 年 11 月 9 日，第 7 版。
2《习艺工人请另委厂长》，《顺天时报》，1928 年 11 月 23 日，第 7 版。
3《平民习艺工厂风潮平息》，《顺天时报》，1928 年 12 月 17 日，第 7 版。
4《社会局将设法取缔压迫资本家之恶风潮》，《顺天时报》，1928 年 11 月 3 日，第 7 版。
5《劳资应当合作》，《华北日报》，1929 年 1 月 30 日，第 6 版。
6《改良劳工教育》，《华北日报》，1929 年 2 月 17 日，第 6 版。

分会，民众运动非经当地政府核准者，不得举行，并通饬所属各省市政府一体知照。[1] 2月底，北平市政府与警备司令部要求民众团体必须在地方政府立案。经与市党部民训会商议后确定：各民众团体先向市党部民训会请求认可后，一面由该团体呈请社会局立案，一面由民训会函知社会局，社会局批准后，再函复民训会，此外该团体须附具负责人履历书，向警备司令部立案。[2] 据此令，北平市总工会于4月6日在社会局备案，由社会局发给许可证。其他各工会"将分别呈请社会局正式立案"。[3] 此后，工会必须在政府登记，取得合法证明，才能公开活动。

国民党所谓的"以党治国"，主要在中央层面有效，就北平党务而言，"其所论与其所为者，多属小事，而未涉国家大事"。[4] 北平市党部权力有限，基本处于被军政当局压迫的状态，在市党部庇护下的工会处境更为尴尬，不得不仰仗政治力量的支持才能获得生机。国民党党政分开的"双轨制"权力架构无力解决党政之间的不对等问题，陷入谁有实力谁是老大的境况，权力旁落到握有资源的政府手中，党的组织形同虚设。在北平工潮中，随着形势的发展，出现大量工人失业的状况，无钱无权的市党部束手无策，只能求助于政府。因此，市党部在工会问题上日渐丧失发言权，不得不听从社会局的安排，按照劳资调和的思路指导工会的行动，以免无法得到政府部门的协助。《工会法》颁布后，虽然不一定得到及时执行，但它的确推进了既有发展趋势，社会局在劳工管理中的作用日渐凸显，市党部的影响日渐式

1《社会局关于预防工业危险调查工会组织、工人工资等问题的函及市政府的训令》（1929年2月16日），北京市档案馆藏，社会局档案，J002/004/00016。
2《民众团体分向市府、警备部立案》，《北京益世报》，1929年2月28日，第1张第2版。
3《总工会立案批准》，《华北日报》，1929年4月7日，第6版。
4《党务与人民之利益须完全一致》，《顺天时报》，1929年1月11日，第2版。

微。这主要体现为总工会的取消。作为市党部与各工会之间的组织，总工会事实上起到了团结各工会集体行动的作用。1930年2月，北平市公安局发布训令废除总工会。[1] 直到1931年1月21日，北平市党部才取消了总工会等五个民众团体。[2] 总工会的取消使市党部失去了管理工会事务的重要帮手，工会成为社会局管辖下的社会组织，是为后话，暂此不叙。

　　1928年6月到1929年10月间的北平工潮，是在国民党北平市党部创建的工会领导下进行的，试图为劳工谋取社会地位和经济权益。在北方复杂的政治环境中，工会并未因市党部的领导就获得了天然的合法性。工人们谋求权益的斗争冲击了北平旧有的秩序，引发了市党部之外其他机关的不满，试图取之而后快。因此，工会谨遵合法性机制避免被取缔的命运，在政治争斗的旋涡中积极争取市党部的庇护，严守军警当局的"反共"和维护社会治安的底线，采取罢工、请愿等合法的斗争形式。这些斗争基本都是破坏性的，不能帮助执政者达到劳资调和及经济发展的目的。从另一个角度来看，北平工潮实际上是伴随着市党部逐步失去工会领导权，政府取而代之，这隐含着国民党在地方从革命党向执政党的蜕变。

　　那么，工会领导权是如何在北平市党部与政府之间转化的呢？首先，劳工事务复杂，不是简单的罢工和请愿所能解决的问题，市党部缺乏足够的资源帮助工人，只能代工会与各方交涉来谋求权益。市党部成立伊始，无权介入其他政务，只能参与民众运动这样的工作。通过建立工会，市党部将工人

1 《北平特别市公安局关于废除原有总工会之规定的训令》（1930年2月22日），北京市档案馆藏，警察局档案，J181/020/02603。
2 《北平特别市公安局关于市政府、市党整委会、总工会等五团体议决取销的训令》（1931年1月21日），北京市档案馆藏，警察局档案，J181/020/05005。

事务的管理权抓在自己手中，但在实际运作过程中，由于缺乏必要的资源，很难为工人提供帮助，只能开展诸如罢工、集会、请愿等破坏性的工作，但对其所造成的失业和社会混乱却束手无策，引发了其他部门以及工人的不满。也就是说，市党部无力管理复杂且多样的劳工事务，它事实上扮演的是革命党的角色，时常组织集会，与政府唱唱反调。在工会领导下，的确帮助工人提高了待遇，但也给部分工人带来了失业。随着工潮的深入，市党部无能的一面日渐显现出来，加之工人失业的例子，工人们开始认识到市党部和工会的弊端，已经表现出反抗工会的情绪。这样就造成市党部和工会在工人中的威信下降。

其次，市党部组织脆弱，他们发动民众运动，却无力控制和指导民众，权力往往落入到党部具体管理者手中，成为他们谋取利益的工具，这为工潮的结束埋下了伏笔。总工会为便于操控，严控各个工会之间的联合，指导它们各自根据不同行业状况，采取不同策略展开斗争。除采取操控政治策略外，管理者们还组建维持队，以暴力形式维护自身在工人中的权威。他们的擅权造成诸多法律纠纷，引起社会各界对工会合法性的质疑。最终，市党部无力控制因内部权力斗争引发的工会内讧，致使爆发危害社会治安的打砸电车的暴乱，工会受到军警镇压，北平工潮亦因此而消寂。

与市党部的无能为力相对比，北平市社会局具有较强管理能力。二次北伐成功后，北平市政当局完成了从传统向现代政府的转型，成立具有较为完全行政职能的特别市政府，改变了北平仅有警察厅和市政公所的状况。按照政府的制度设计，新设的社会局兼具了管理和救济劳工的职能，以往作为无名者的劳工阶层开始进入城市政治范畴，成为国家管理和扶助的对象。政府试图扮演劳资调和的角色，一边打压工潮，一边施压资方，力争在两者中起到平衡和调解的作用。最关键的是，社会局拥有市党部所无法比拟的行政资源，可以实实在在地帮助劳工，如开设工人学校，建立失业救济基金，设立济贫工厂以及职业介绍所等。

与此同时，国民党中央对执政以来的工会活动进行了总结，将处理劳工问题的诸多想法落实到《工会法》中，明确限制工会以罢工的形式进行斗争，规定工会管理权属于各级政府。该法事实上从法律的角度淡化了市党部与工会的关系，为市党部失去工会管理权提供了一个重要的注脚。这实际上体现了国民党以党治国的理念，即所有的具体事务都交由政府去做，党只负责以党义指导政府和人民。按照国民党中央的设计，劳工事务不再是党领导下的民众运动，而是政府管理的日常事务，并建立起一套日渐完善的制度规范，劳工和工会都成为被治理者而非对抗者。由于北平特殊的政治氛围，国民党中央党部的政策和法令得到市党部的认可需要较长的时间，但不可否认的是，中央的意图已成不可逆转的趋势，迟早会得到落实，成效如何则是后话。

简而言之，北平工潮实际隐含着国民党地方党部从革命党到执政党的蜕变，即党不再以民众运动的方式来谋求工人利益，而是将权力交给政府，以治理方式来管理工人事务。这一蜕变造成了北平城市政治的重构：从国家组织层面来看，国家在北平已形成了一套党政军体系,但市党部处于非常边缘化的位置,成为一个无权无事的部门, 以党治国的理念流于形式 ; 从国家与社会关系来看, 劳工被纳入政府管理和救济的范畴, 不再是化外之民, 工会则成为劳工与政府之间沟通的桥梁。

原刊《近代史研究》2016 年第 5 期

空间维度

民国北京
研究精粹
第二辑

地方政治

城市书写与记忆

抗战时期的北平

新华街：民国北京城改造个案述评

唐晓峰　张龙凤

　　民国初年，在北京城的改造中，南、北新华街的开辟是一个重要案例，具有重要的政治、社会意义。新华街与一些配套工程尤其是新的南城香厂"模范区"的结合，形成了一个崭新的城市街区系统，这个街区系统的出现打破了传统王朝时代城市空间的格局，几近成为北京城市现代化的先驱。不过，由于时代的动荡不定，特别是首都的南迁，新华街—香厂街区的发展未能持久，而最终衰落。新华街计划的实践，为认识近代北京城市形态及空间结构的变局，提供了重要的观察点。在这一经验中，既可以看到城市改造的方向，也可以看到北京城传统空间特征在近代化过程中所表现出来的保守性。

　　在众多关于清末至民国时期的北京城市历史研究中[1]，没有不提到南、北新华街的，但大多只是将其认作众多街道改造中的一条而已，未作考察。也应该注意到，新华街的开辟，并不是孤立的一条马路的改造，它的规划与贯通，牵连出了一个新的街区体系。这个新的街区体系体现了新生民国的京师管理群体对于北京城的新的追求目标。由于多种原因，这一街区并没有持续发展下去，以至消失在今天的城市记忆中。但其

---

1 史明正：《近代化的北京城——城市建设与社会变革》，王业龙等译，北京：北京大学出版社，1995 年；王亚男：《1900—1949 年北京的城市规划与建设研究》，南京：东南大学出版社，2008 年；袁熹：《北京城市发展史》（近代卷），北京：北京燕山出版社，2008 年；董玥：《民国北京城：历史与怀旧》，北京：生活·读书·新知三联书店，2014 年。

实践在北京城市史中仍具有重要意义，故本文拟对这一民国北京城改造的个案进行一次初步的考察与阐述。

新华街的开辟

清朝末年，朝廷执政力全面衰微，京城管理弛懈，城市环境脏乱破败。庚子（1900）年八国联军入侵北京城，城市遭受进一步破坏。"庚子之乱"过后，朝廷推行"新政"，整顿北京城市环境是一项重要内容。但清末对京城的整顿不可能根本改变北京城的空间属性，近代北京城的巨变，是随着清室退位与民国的建立开始的。

由于帝制退出历史，北京城的皇权主题霎时失去支撑而消解，在城市结构中，皇城紫禁城虽然居于中央，但已经黯然失色。面对这样一个突然出现"精神真空"的城市，民国北京城的管理者，急于要在古城中树立新时代的"共和"精神。

总统府自然是京城新的核心（中南海取代紫禁城）。1912年3月10日，袁世凯在铁狮子胡同的陆军总部宣誓就职"中华民国"大总统，随后决定将总统府设在中南海的海晏堂，更名为居仁堂1，并将南海南缘的宝月楼改造为门楼，对外开门，取名新华门，新华门前街道更名为府前街（长安街）。"新华"这个词犹如新生民国的宣言，表达着中国的一个新时代的开启。因为新华门是总统府的大门，所以，它不仅在名称上宣告一个新的时代

1 关于北洋总统府地点的设立，熟悉其详情的陈宗蕃有简明的记述："民国初元，袁项城任总统，即由铁狮子胡同陆军部署迁居西苑，于是而有总统府之称。时项城办公之室，在居仁堂，而以怀仁堂为延见外宾，举行典礼之所。秘书长办公室，则在丰泽园之崇雅堂。黎黄陂卸湖北督军职入京，就副总统任，项城饰瀛台以居之，是为总统府最盛时代。民国八年，徐东海入任总统，以曾为清室重臣，不敢僭居宫禁，乃与国务院互易其地，于是以春耦斋为总理之办公室，崇雅殿各处，均为院属各局办公之所。黄陂再起，乃复迁回。十二年国民军入京，曹总统被幽于延庆楼。段合肥执政，仍于陆军部旧署治事，于是而新华门以内，气象稍稍衰矣。十五年，班禅来京，居于瀛台。十六年，张作霖就大元帅之职，复居西苑。十七年，国军入都，乃改为公园。"参见陈宗蕃：《燕都丛考》，北京：北京古籍出版社，1991年版，第110页。

的开启，在城区位置上，也成为感知新的北京城空间结构乃至空间性的起点。在总统府的西北近邻设立国务院 1，在总统府的西南方不远处设立议会大楼 2。这个地带在几年内便成为民国北京城的政治核心区，而新华门正是这个核心区的一个亮点，或者说，一个基点。

当时北京城的规划者们不会满足于仅仅把宝月楼改成新华门而已，它不应该只是一个孤立的门楼，在它的四面，应该进行延伸性规划，使这座共和时代的标志性建筑具有更大的空间统率力。新华门的北面（里面）是总统府，是新华门的背景。新华门的东、西两面已经打开了长安街，它正逐渐成为横贯京城中心区的新兴大道。问题是南面，南面原有回回营、清真寺（1915 年拆毁）和一片贫穷不整的居民区，另有一条肮脏的排水沟，称为化石桥大沟。在景观中，这与总统府壮观的大门很不协调。

于是在民国初年，便提出了这样一系列计划：在新华门的南部，拆除清真寺，修建临街高墙，盖平排水沟，开辟新的城门洞，改造南城区，并以一条新辟的宽阔街道贯穿这一改造区。这条新开辟的街道就是新华街。

在民国八年（1919）三月编纂的《京都市政汇览》（以下简称《汇览》）中记录了这件事：

> 京师面积宽广，街路延长，兼之历朝建都，禁城环拱，陛栀森严，地本辽远，有此格禁，动须绕道，尤致不便也。矧值兹交通发展，户口增繁

---

1 在中南海西北部，原为摄政王府。
2 1912 年 4 月开始，北京临时政府即开始筹建国会建筑，选定清末作为资政院使用的法律学堂作参议院，基本上是利用旧建筑。当时，法律学堂东侧（即南沟沿路东、象房桥北的旧皇宫象房址）为度支部于宣统元年奏办、同年九月开学的财政学堂，被选定为众议院基址。后来，众议院东侧的胡同原因此改名为"众议院夹道"，两院前的街道改名为"国会街"，沿用至今。参见张复合：《北京近代建筑史》，北京：清华大学出版社，2004 年版，第 186 页。

之际，又岂能不亟图便利公所。于是遴派测绘专科人员从事勘
测，由西长安牌楼之南，经板桥簾子胡同后细瓦厂半壁街等处，
通过化石桥城墙及护城河，再南经琉璃厂砂土园臧家桥等处，
直达骡马市大街之虎坊桥，拟定辟为交通城南北之干路，并为
将来电车路线。城以内一段名北新华街，城以南一段名南新华
街。其化石桥城垣拟即拆通，并造铁筋混凝土天桥跨于京汉路
及护城河之上。*1*

这段文字写于 1918 年，介绍了修建新华街的缘起、方案。
但这一计划是在 1914 年提出的。1914 年 6 月 23 日，朱启钤
向袁世凯提交《修改京师前三门城垣工程呈》，提到拆除前门
月城，"另于西城根化石桥附近，添辟城洞一处，加造桥梁
以缩短城内外之交通"。开辟城洞，自然要接着修建街道。查
1913 年《实测北京内、外城地图》（"中华民国"二年内务部
职方司测绘处制）所规划的南北新华街一线，即"由西长安牌
楼之南，经板桥簾子胡同后细瓦厂半壁街等处，通过化石桥城
墙及护城河，再南经琉璃厂砂土园臧家桥等处，直达骡马市大
街之虎坊桥"，大多为胡同居民区，开辟干道，需要拆除不少
街巷。由此可见，此项规划有很大的开创性，在当时来说，实
在是一项重大举措。

按在化石桥南北，本有一条南北向穿城墙而过的沟渠，称
化石桥大沟。在这幅地图上，化石桥以北尚有沟渠，而化石桥
以南，即城墙南面的琉璃厂一带，残存的沟渠已然消失，据胡
金兆在《百年琉璃厂》一书中的回忆："琉璃厂的这条河沟的
改明为暗成为路却比较早，

*1 京都市政公所编：《京都市政汇览》第 5 章第 3 节"开辟
西城南北新华街及城洞"，北京：京华印书局，1919 年版，
第 102—103 页。*

大概清末就进行了。东、西琉璃厂之间的那座小桥也早已失存，有记载说被埋入了地下。从虎坊桥到琉璃厂再往北成为一条道路，为修这条道路并尽量取直，还削减了原来依河道而建凸出到河边的一些建筑。但这条路只通到护城河边戛然而止，因为有河与城墙拦路。"[1]

大致在 1918 年，新华街告竣，南新华街的线路大体依照规划，而北新华街则为省工，避免过多对街巷的拆迁，是完全沿着旧有沟渠的线路，填沟而成，并未裁弯取直，所以在北端形成曲线。南、北新华街尽管竣工，但因此时城门洞并没有如期打开，南、北新华街还不能贯通。关于门洞为何没有按计划开通，陈宗蕃是这样记的："正阳门与宣武门之间，辟一门曰和平。民国二、三年间，当事者即献斯议于袁项城，以为苟辟此门，北则与总统府新华门相值，南则直达香厂，可以谋市廛之繁盛，宜名曰新华，项城韪之。兴工有日，而前门外诸富商，惧斯门果辟，则行人出于他途，市廛必且南徙，乃浼有力者以风水之说进，谓斯门苟辟，将不利于国家，且亦不利于总统。项城惑之，乃寝其议。于是南新华街、北新华街之名虽定，而城垣内外，相距七八里，不能相联。"[2]

新华街的特殊地位以及与香厂模范区的关系

虽然城门洞（即后来的和平门）没有如期开通，不过，这条新华街的出现已具有一些不同寻常之处，主要有下列几点：

1. 名称。将此新街道命名为新华街，显然是要与新华门相呼应，或者说，从名称上

1 胡金兆：《百年琉璃厂》，北京：当代中国出版社，2006 年版，第 8 页。
2 陈宗蕃：《燕都丛考》，第 18—19 页。

建立与总统府的联系性，以彰显这条新街的与众不同。它像
总统府的大门一样，宣告着一个新时代的开启。"新华"这个
名字，除用于新华门、新华街，还一度拟用于新开的城门洞。
1926—1927 年间，南、北新华街之间的城墙终于被打开豁口，
建拱券门洞，成为一座新城门。此门虽在规划时拟称"新华
门"，但在开辟之际，为避免与总统府的新华门重名，便改称"和
平门"。值得注意的是，"新华"一名在这个区域大范围使用，
显然是要彰显这一片街区的新气象 *1*。

2. 新华街除了靠近总统府，还接近在新华门对面偏东一
些的京师市政公所，市政公所正是新的城市管理中心。在上引
《汇览》的说明中，有"便利公所"一语。查"公所"一词在
《汇览》中均指京师市政公所。新华街的开辟的确靠近市政公
所，这一个便利，既有实际意义，也有象征意义，在两个层面
上，都加强了新华街的地位。新华街虽然不似全城中轴线上的
前门大街那样拥有深厚的传统，也不够繁华，但由于政治上的
空间关系(在新华街北口一带，北面是新华门，南面是市政公所，
在路口的西部不远处，还有财政部和交通部，均在长安街路北)，
其起点之高，不言自明。何况，新的"配套"规划也在进行。《汇
览》里说，它将成为一条"干路"。北京城里有"干路"多条，
且在古城中历史悠久，但新华街这一条干路却是新规划出来的。

3. "配套"规划工程之
一，在新华街的南口地带，
设计了全新的"香厂示范
区"。关于香厂地区，《汇览》

1 关于和平门在规划初期的命名，在陈宗蕃的《燕都丛考》
中有所披露："民国二、三年间，当事者即献斯议于袁项
城，以为苟辟此门，北则与总统府新华门相值，南则直达
香厂，可以谋市廛之繁盛，宜名曰新华。"(北京古籍出版
社，1991 年版，第 18 页) 注意最后"宜名曰新华"一语，
说的就是最初设想的城门洞的名字。关于此事，大多著述
中未曾留意。我怀疑，南、北新华街的名字正是根据规划
的城门洞的名字得来的。在 1925—1926 年间，即城门洞开
辟之际，为避免与已有的总统府新华门重名，已改称和平门。
后来，张作霖入京，将和平门改为兴华门，北伐之后，又
恢复和平门的名称。参见《燕都丛考》第一编第二章"城池"。

里面是这样说的：

> 旧日都市沿袭既久，阛阓骈繁，多历年所。而欲开辟市区
> 以为全市模范，改作匪易，整理亦难。则惟有选择相当之地，
> 以资拓展。使马路错综，若何建筑市房，建造若何规定，以及
> 市肆物品、公共卫生，无不力求完备。垂示模型，俾市民观感，
> 仿是程式，渐次推行，不数年间，得使首都气象有整齐划一之
> 观。市阛规模具振刷日新之象，亦觇国之要务，岂仅昭美观瞻
> 已也。矧京师市面，当元、二年间，日渐衰敝，公所因之亦觉
> 模范市区难置缓图。当查香厂地面，虽偏处西南，而自前朝之季，
> 已为新正游观之区。一时士女骈集，较之厂甸或且过之。是可
> 验位置之适宜，人心之趋向。遂于民国三年，悉心计划，着手
> 进行。计南抵先农坛，北至虎坊桥大街，西达虎坊路，东尽留
> 学路。区为十四路，经纬纵横，各建马路，络绎兴修，以利交
> 通。其区内旧有街道尚未整理者，则分年庚继行之。路旁基地，
> 编列号次，招商租领。凡有建筑，规定年限，限制程式，以示
> 美观。[1]

对于将要规划建设的香厂地区，市政公所有着很高的期
待，如"全市模范"，"力求完备"，"垂示模型"，"有整齐划一
之观"，"具振刷日新之象"等等。

香厂规划与新华街规划大体同时推出，很可能有相互呼应
的主观意图。而客观上两者地理接近，待建成之后，在城市实
践活动中，也会使人产生整体交联的感觉。例如陈宗蕃在十余
年后回顾和平门时，便称："正阳门与宣武门之间，辟一门曰
和平。民国二、三年间，当事者即献斯议于袁项城，以为苟辟

1 京都市政公所编：《京都市政汇览》，第104页。

此门，北则与总统府新华门相值，南则直达香厂，可以谋市廛之繁盛，宜名曰新华，项城韪之。"[1] 穿越和平门的正是新华街。陈宗蕃言中之意，打开和平门洞，以新华街沟通总统新华门与香厂地区，是"当事者"脑中便有的计划。是否果然如此，尚待考核。但不管当时有没有这样的统一规划，在陈宗蕃这里，新华街已然被认作"北则与总统府新华门相值，南则直达香厂"了。此处陈宗蕃的感觉代表了实际生活中新华街的地位以及人们对它的认知，感受到了总统府、新华街、香厂三者的联系。本文欲论证"新华街牵连出了一个新的街区体系"，这是一条重要材料。这个新的街区，不是行政街区，而是感知与行为的街区。

85

街道的基本功能是通道，但某些街道，或因位置关系，或因街道内机构特点，而具有一种空间引导轴心的意义。新华街当然不是全城的轴心，但无疑是当时城市西部的重要轴心，它连接着两个最重要的具有全新功能的城市区位，一个是最高行政区，一个是全市模范区。

香厂的重要性不容小觑。香厂地区是民国初年京师改造的一个重点，"悉心计划，着手进行"，经过 5 年时间，至 1918 年便初步建成（值得注意的是，新华街也是在这一年告竣，两个计划是同时提出，同时告竣，在市政公所的桌案上，这两项计划不可能完全隔离）。其建设工程包括改建道路，疏浚沟渠，招租土地，振兴商业，加设现代设施如安装电话、设立交通警亭，特别是在中心区修建了东方饭店和新世界两座新式大厦，最终将一个肮脏、衰败的旧街区打造成一个充满现代气息的新市区。

[1] 陈宗蕃：《燕都丛考》，第 18—19 页。

从当时的报刊的报道上可以感受到香厂地区当时的繁荣热闹。

1918年4月，新世界商场开业之初，便邀请外国杂技艺人前来演出。《晨钟报》1918年4月5日刊登《新世界演新艺术》一文，报道曰："新世界请欧洲独一无二艺术大家克浪配君与美丽夫人合演惊人绝技，如平步刀梯、巧过刀桥、长针刺身。最新之催眠术、身上发火吸烟、玻璃屑上裸体柔术、三双台上大献身手、小犬演戏、离奇幻术等技艺。诚游戏场中特别异彩，自星期二起演一星期（即由旧历三月初六日起）每日四点起五点止，夜九点起十点止，门票照常不另加。"

"新世界刻特聘外洋新到美女、著名大跳舞家来华。闻美女在欧美各大剧场献技时，每一登台彩声雷动。该场特聘起献技三天，门票照常，不另加价（自礼拜五即阳历五月三日、阴历三月二十二日至礼拜日止，日夜准演，日六时起七时止，夜十一时起十二时止）。"这是《晨钟报》1918年5月2日的报道。

外国艺人接连来这里演出，足见这个新市区的"摩登"程度。当然香厂也有中国的艺术家到这里"添演新剧"。

在服务业方面，餐厅、茶馆众多，新式"番菜"（西餐）、咖啡厅也接连开业。东方饭店为新式大型饭店，其广告称："京都番菜馆、旅馆、饭店林立，而求其可以适口，可以宴宾，可以栖息者甚少。故本饭店莫不精益求精，以免贻外人嘲本主人瑕隙于此。不惜巨资自建洋楼改良一番，陈设完备亦可宴会，亦宜小酌。现将大菜一部先行开幕矣。旅客造就再行通告。非敢谓挽回权利，不过藉补我华商之憾耳！价目：晨八点至十点，早茶菜五碟外加面包、咖啡，每客大洋七角五分。十一点半至二点钟，午餐菜大小九种，外加面包、咖啡、鲜果，每客大洋一元正。晚六点至十点钟，大餐菜大小十九种，外加面包、咖啡、鲜果，每客大洋一元五角。晚十点后，特备便菜四色，外加面包，每客大洋七角五分。宴会菜面议，酒价格外从廉。电话南局楼上二九八八，楼下二九八九，公事房二九九六。"[1] 如此经营方式在古老的京城里面可谓是新天新地。追求新颖，跟随时代潮流，正是新的民国城市的改造、规划者们所期望的。

香厂之繁荣和影响力增长之快，以至被陈独秀选为向北京民众散发革命传单的地方。1919 年 6 月 11 日，陈独秀登上新世界大楼，向民众抛撒《北京市民宣言》，因此被捕，被营救出狱后，由李大钊护送离开北京。这件事是中共党史上的大事[2]。

香厂新区的繁华，必然调动起四方大街小巷的人流与活力。而在这些街巷中，新华街是北面最重要的干道。香厂地位的提升，无疑增强了南新华街的地位，二者的关联性也愈加明显，所以陈宗蕃说新华街"南则直达香厂"。如果孤立地看香厂，它只是一个新型商业区，但因为与新华街的衔接关系，又成为带活新华街的一个重量级的城市单元。街道与城市单元相连接，形成高一级的城市单元。对于新华街来说，"北则与总统府新华门相值，南则直达香厂"，足够显赫了。

在 20 世纪 20 年代初编纂的《北京便览》中，也表达出香厂发展与新华街的连带关系。当时和平门未辟，但南

1《北京香厂东方饭店广告》,《晨钟报》1918 年 3 月 1 日，第五版。《晨钟报》资料均转引自鱼跃：《北京城市近代化过程中的香厂新市区研究》，首都师范大学硕士学位论文，2009 年。
2 参见周子信：《关于李大钊护送陈独秀脱险的几种说法》,《党史文汇》2006 年第 3 期。

城已有新气象，"惟新世界与城南游艺场，特在香厂一带，是
处系新辟马路，起琉璃厂、厂甸，而达虎坊桥。南北干路为万
明路，东西干路为香厂路。道路纵横，车马便捷。将来与府右
街直接贯通，商市必更蒸蒸日上也。"[1] 所谓"将来与府右街直
接贯通"，说的就是将来城门洞开辟，南、北新华街贯通，而
直达府右街一带。如此向内城的大幅度贯通，香厂的商市就会
"更蒸蒸日上也"。关于新华街与府右街的关系，《北京便览》
也有交代："若新辟之府右街，北起皇城内西安门大街，南越
西长安街，直接北新华街。将来化石桥畔新门既辟，使皇城与
内外城，衔接一气，其便利当何如也。"[2] 府右街乃皇城西部新
开道路，其与新华街连接，又将使原皇城区域与内外城"衔接
一气"，这一前景令人充满期待。"化石桥畔新门"，指的就是
和平门。和平门最终在 1926 年被开出建成，周作人记道："两
三年来大家所等待的和平门终于完工了……从厂甸往府右街，
不须由宣武门去绕，的确是很便利了。"[3]

4. "配套"规划之二，即在南新华街修建有轨电车线路。
这一配套计划在《汇览》中已经说明，是在初期规划时就已经
想好的事情，并果然于 1930 年实现通车。值得注意的是，传
统的前三门内外大街本是沟通内外城的最重要的干道，均匀地
分布在东、中、西三个方位。但在有轨电车规划时，西边的宣
武门外大街却没有计划铺设电车线路，它的有轨电车"待遇"
被刚刚打通的新华街拿走了。可见，以新华街取代宣武门大
街成为西部的南北干道是规
划者们早有的打算，说明规

1、2 姚祝萱：《北京便览》上编卷 2，张研、孙燕京主编：《民
国史料丛刊》（第 793 辑），郑州：大象出版社，2009 年版，
第 37 页。
3 周作人：《和平门》，姜德明编：《如梦令：名人笔下的旧京》，
北京：北京出版社，1997 年版，第 7 页。

划者们对于新华街的定位之高。新华街有如此高的定位，能够想到的理由只有它对应新华门，且"便利公所"。

1917 年，在南新华街东侧还修建了海王村公园，这是京城第一个街头公园，所谓"厂甸"即泛指海王村公园一带，是琉璃厂文化区的核心。若不是 1928 年首都南迁，在新华街上势必还会有新的东西出现。

5. 新华街在理念中的特别地位。新华街的定位很高，是以一种规划思想为基础的。把思想变为现实，是规划者们急切的愿望。这一愿望先一步被表达在了地图上。在京师市政公所主持的一项用科学新法绘制的准确的北京城市地图上，我们看到了对新华街的先于事实的一种"存在"。

在《汇览》后面附有《京都市内外城重要街市及水平石标地点图》，在这份 1918 年或很可能更早绘制的地图上，可以看到，虽然"新华街与门洞计划"在事实上并没有完工（门洞是1926 年才开通的），但图上居然画出了计划完成的样子：门洞已经打开，新华街已经畅通，不但畅通，南北新华街还是一条正南正北的直线。如果说，新华街在这个时候已经修好，但它绝不是正南正北的。至少，把和平门画成打通的样子，是完全不符合事实的。看来，在新华街这个地方，这份地图画的不是事实，而是计划，是期待。或者说，不是客观的事实，而是理念的事实。这幅地图暴露出规划者们对于新华街的强烈期待，也宣示了新华街计划的不容置疑。

另一个值得注意的细节是北新华街与长安街交汇的路口，以及南新华街与虎坊路交汇的路口，都被画为折角状，这是整幅图中其他十字路口所未见的，这个特别形状显示出这两个交点的特殊性，即新华街的独特性（在香厂规划中，有在街角建设小型公园绿地的设计，图上所画的路口折角，或许与此有关）。

短暂繁荣后的衰落

不难看出，新华街在民国初年的城市改造中具有十分重要的地位。民国之初，"共和""市政"意识流行社会，作为首都的北京，城市建设主要从两方面展开，一方面，继承清末新政，整修城区的脏乱面貌，主要是整修街道、疏浚沟渠。另一方面，改造旧皇都格局的弊端，建设具有近代气息的建筑物、街区，开辟公共空间，工作包括打开城墙豁口、拆除瓮城、建立模范新区、开辟市民公园等。

在当时的情况下，面对庞大严谨的旧城格局，不可能有整体性的城市改造规划，新意只能在某些局部街区出现 1。民国初期的北京城，主要有两个突破区，即具有明显新气象的发展街区，一个是王府井与东长安街，另一个就是新华街南北，但两区的性质又有所不同。王府井与东长安街的发展，受到使馆区的直接影响、带动，外国人员、资本、商品起到关键作用 2，

90

1 1914年，京都市政公所在内、外城各划定一个区域作为市区试点，作为模范区。"1. 内城自宣武门起，往东循城垣折至户部街，逶东至御河桥一带保卫界止，又由宣武门大街往北至西单牌楼，复逶东沿西长安街至西长安门，逶南循皇城达正阳门止。2. 外城由西殊市口起，往西至虎坊桥，往南循龙须沟，往东由铺陈市南口至北口止。"（《京都市政汇览》，第246页），北京城内城，既有紫禁城，又有众多王府，且市廛稠密，不宜作为改造试点区，而城市南部，特别是外城，较为空旷，便于规划新的街区。可以看出，第一个试点区包括了北新华街，第二个试点区就是香厂一带。第一个区，仅为计划，实际建设不多。第二个区，即香厂区，初步建设成型。

2 "王府井商区由于毗邻使馆区，本身又是西方和日本势力在北京的副产物，所以很多店主都是外国人，几乎所有的店面都卖洋货。1907年法国人在王府井大街南口建成北京饭店，原本规模不大，到1917年扩建成了一座七层楼高的法式建筑。1915年，洛克菲勒家族买下了位于北京饭店街北的豫王府，建成协和医院。在20世纪二三十年代进入王府井的外国商家中，有7家英国公司、3家美国公司，还有德国、法国、俄国和日本的公司。"转引自董玥：《民国北京城：历史与怀旧》，第151页。当年一位中国游客对于王府井的印象是："一下车，也许会使你吃一惊，以为刚出了东交民巷，怎么又来到租借地。不然何以这么多的洋大人？商店楼房，南北耸立，有的广告招牌上，竟全是些ＡＢＣ。来往的行人自然是些大摩登、小摩登、男摩登、女摩登之类，到夏天她们都是袒胸露背，在马路上挤来挤去，实在有点那个。"参见孟起：《蹓跶》，《宇宙风》23（1936年8月16日），转引自董玥：《民国北京城：历史与怀旧》，第161页。

且其发展具有很强的自发性，具有较多的经验价值。而新华街
南北地区的规划建设，尽管有明显的学习西方的内容，有些建
筑也是洋人所设计[1]，但几乎完全是中国人自己主持的规划，是
市政府有计划、有目的地努力的结果，具有较多的探索意义。

不过，正是因为新华街南北的发展是政府努力的结果，当
这种努力丧失之后，其发展便遇到了巨大的困难以致停滞，甚
至衰退。1928 年，国民政府迁都南京，北京失去了首都的地位，
并改名北平。这个改变，令北平没有了中央政府的政治支撑，
城市人口成分发生变动，消费形式出现转变，新华街北面不再
是总统府，南面的香厂示范区迅速衰落，新华街的重要地位随
之下跌。十来年后，有轨电车在南新华街停驶，线路自虎坊桥
改道菜市口，宣武门大街重新成为外城西区的首位南北干道。
南城交通格局又出现以前三门大道为主干的局面。

关于香厂地区的衰落，鱼跃在专门研究香厂新市区的论文
中提出这样的认识：在 1928 年政府南迁之后，大量的公务人
员也随之离开北京。洋行和商会的办事机构也迁往南京，城市
中产阶层亦随之减少，市民大众的消费能力总体减弱，影响北
京商业和娱乐业的发展。尤其以西洋货品和娱乐为特色的香厂
新市区逐渐萧条，以致新世界商场歇业。香厂新世界商场是新
市区发展的风向标，新世界商场的歇业也反映了香厂地区商业
发展的走势。[2]董玥认为，香厂娱乐形式的社会对位，是要带
动北京市民的现代绅士化，这种现代绅士化与传统文人的品茶
吟诗不同，"而是要提供新鲜刺激的娱乐。甘博描述它们是'西
方引进的全新娱乐……是北

1 例如新世界商场便是由英商通和洋行承建，由建筑师麦凯
设计的。
2 鱼跃：《北京城市近代化过程中的香厂新市区研究》，首都
师范大学硕士学位论文，2009 年版，第 45 页。

91

京的科尼岛……高度商业化的企业提供的中西合璧的典型的中等娱乐'。"*1* 这样的"中等娱乐",在低下阶层人口日增的南城,越来越失去社会基础。

至于新华街的最后结局,南、北两段新华街的情形有所不同。南新华街因为曾有电车线路,成了大马路。而北新华街因南边的城墙堵塞,一直没有机会发展,虽然1926年城门正式开辟,但一年多后首都即南迁,新华门政治地位跌落,北新华街的发展随之停滞,仅遗为一条小马路。南新华街虽出现大马路的格局,但1928年首都南迁后,也无新的发展。

几点认识

总结新华街的开辟以及香厂地区的改造,可以获得以下认识。

民国初期北京城的发展,主要受到三种力量的推动,一是新成立的民国政府,二是乘庚子余威的洋人势力,三是新兴的民间资本。本文所讨论的是第一种力量推动城市发展的计划案例。这一计划所反映的城市改造的重要目标之一是要改变内城、外城的不平衡状况。北京内、外城的不平衡,主要是清朝旗民分治政策造成的。旗人住内城,其他人住外城,两城区的居民成分、机构设置、社会特征均有所不同,总的来说,内城建设优于外城。可以看出,民国初期欲改变外城落后的局面,令内外城平衡发展,加强城市的整体性,这些都是城市改造的重要目标。而打通贯穿内外城的新华街,发展南城示范区,正是达

到这一目标的途径 *1*。

京都市政公所下设附属机关若干，包括：一、工巡捐局，二、测绘专科，三、京都市仁民医院，四、京师传染病医院，五、京都市营造局，六、城南公园事务所，七、海王村公园事务所，八、京都市工商业改进会事务所，九、材料厂，十、工程队 *2*。在这十个附属机关中，除全城市政一般性工作外，值得注意的是，京都市仁民医院、城南公园事务所、海王村公园事务所这三个部门都是专署南城新建设施，这也反映出市政公所对南城发展工作的特殊重视 *3*。在民国初年，发展南城的想法已然广入人心，例如《北京便览》就是这样展望的："城之南半，旷土居多……迩来市政发达，实业振兴，工厂农场，将集注南半城一带，苍莽平原，当为利源发展地矣。"*4*

93

不过，新华街的开辟，其意义不仅仅在于开发南城，还有在结构上改造北京城、建立新的空间秩序的设想。新华街被定为一条新的"干道"，干道具有空间结构统率功能。新华街乃是与新生政治权威相结合的设计，是新的北京城权力空间的重要延伸部分，在其延伸的南端开发香厂模范区，也是新权力树立威望的手段。总统府、新华门、府右街、新华街、和平门、香厂，在人们的感知中，连接而成为一个区域性的城市空间系统。这一空间系统在原北京城空间结构中是完全不存在的。我们说新华街的开辟具有创意，理由也在这里。

民国初年，北京城区有

1 为加强内、外城之间的联系，市政公所也改造了正阳门。喜仁龙评价说：正阳门的改造"在于疏通内、外城之间的交通，由于在城楼两旁修建了两条直贯南北的平行街道，并使之从城门两侧新辟的两个通道穿过，无疑使这一目的卓有成效地实现了"。参见奥斯伍尔德·喜仁龙著，许永全译：《北京的城墙和城门》，北京：北京燕山出版社，1985年版，第149页。
2 参见王亚男：《1900—1949年北京的城市规划与建设研究》，2008年版，第61页。
3 清朝时，因内城专属旗人，地位特别，自成一区，故曾有不少所谓"内城"地图。而民国之后，城市回复整体性，再无内城地图。
4 姚祝萱：《北京便览》上编卷2，第37—38页。

四个地方的商业活动已然相当活跃、繁荣，即前门外、王府井、西单、鼓楼南大街，它们的分布也算均衡。那么，市政公所为何还要开辟自长安街通向虎坊桥一带的新华街，并在虎坊桥规划建设香厂新区？新华街与香厂的规划，主要不是商业上的考量，而是新时代、新市政的展现，具有政治性和社会性的意义。

如果就平衡内外城、开辟新的城市空间这两大目标来评价新华街计划的实践，却基本上是失败的。开发南城这件事沦于失败的主要原因，已略见上文。而在创立城市新空间结构这一项上，则另有一个巨大的难题。这个难题就是，北京城原有的空间结构太完美、太严谨，不是轻易可以撼动的。新华街计划挑战的直接对象是城市街道系统，而北京城原有的街道系统几乎没有留下可以再辟新线路的空间。城市结构的对称性，更是一种限定，任何试图打破这种对称性的努力都将受到一种"对称性认同"的行为习惯的排斥，即人们习惯于将对称结构的节点理解为一个个的重心，它们在客观上也是最方便的地点，因此具有行为上的聚集力。例如北京主要的传统市场有鼓楼、东四、西四、东单、西单、前门大街1，它们无一例外都分布在对称结构的节点上。而传统政治中心，以中轴线为代表，更是居于城市空间结构的中央。

民国初年在北京建设的政治中心偏于西部，没有获取城市传统空间结构的支持，凭借的只是人为的硬性安置，这在短期内不可能扭转全体市民对于城市结构的根深蒂固的理解，更何况，新华门一带并没有足够的空间来从景观上体现最高政治空间的形象。所以1919年五四运动的集结场所还是传统的中

1 高松凡：《历史上北京城市场变迁及其区位研究》，《地理学报》，1989年第2期，第129—139页。

轴线上的天安门广场。对比之下，1949 年以后的北京城改造，合理地继承利用了原有的城市空间结构，在不打破对称性结构的前提下，仍以天安门广场为核心建设政治中心，同时延长原有的长安街，继续发展东西向的对称格局，这一改造是成功的。

不过，在总结 1949 年以后的经验中，也看到另外一个问题，由于东西向沟通与流动的强化，使北京城南北向的关系出现了失衡，长期以来南城得不到足够的发展，这又让我们回想到当年新华街与香厂的案例。要发展北京的南城，有必要加强南北城的充分交流，而怎样才能真正地推动这个交流，新华街的经验告诉我们，仅仅修建了"干道"是不够的，还要有社会职能设施的改善、居民成分的协调、服务水平的提升等等。当南北交流充分发展起来的时候，北京南城的空间潜力将进一步发挥，城市将出现更加高效与繁荣的局面。

原刊《中国历史地理论丛》第 31 卷第 3 辑

民初北京公园理念与
传统公共空间转型

以 1914—1915 年
北京城市改造为例

鞠 熙

民国初年，官僚精英们将创设公园视为新政府改造北京的重要举措，为此研究者有两种不同的解释，争论的焦点在于公园"公共性"的程度。实际上，旧日北京并不缺少消暇娱乐的场所，自 19 世纪到 20 世纪初，北京市民们的进香、游赏、节会三大类活动，都带有休闲与欣赏的性质，地点往往在寺庙中或在其附近,时间上全年不绝。这些以寺庙为地标的公共空间，总与特定时间相系，因其喧嚣繁华或亲近山水的品质而获得美学价值。但锐意创建新公园的官僚与知识分子"遗忘"了它们的存在，深层原因是他们头脑中的西方时间体系、工业革命时代的城市理想，以及现代社会中身体控制的理念。新的星期工作制冲击传统岁时体系，因岁时而获得意义的传统公共空间于是被遗忘。《清明上河图》中繁华喧闹的城市审美观被规则化、技术化的现代城市观所取代，休暇不是为了亲近自然，而是为了促进健康、管理身体，所以旧日休暇场所都不再具有审美价值。而破除迷信的思潮,更使得寺庙作为景观被去神圣化而"死亡"。传统民俗发生断裂，社会主体与知识精英脱节、底层生活方式与国家理想脱节，禁苑成为公园，实质上反映了现代城市观念与几乎全部的传统生活方式的对立，公园因而未能真正成为底层民众的公共空间。

民初公园的"公共性"：从民俗学的视角进入

民国初年，在北京城市空间史上是极重要的转折期。明清以来保存完好的城市格局此时开始崩溃，西方城市规划与建设理论逐渐影响北京，现代化的北京城从此时打下基业。城市转型的一系列变化中，公园的出现是颇有象征意味的事件，但近来学者们对这一事件的解读却有截然不同的取向。认为公园乃民主政治之先声者大多沿用时人说法，认为公园乃是现代社会中帮助市民休息、强健国民体魄、健康国民精神的重要场所，而旧时北京的普通民众缺少消闲之地，故公园之创势在必行 *1*。城市规划学者王亚男直接指出，公园不同于仅为皇室官僚服务的园林，乃是市民共享的公共空间，"民初公园的出现，是城市公共空间倾向平民化的主要表现" *2*。但也有学者提出，公园创设与其他公共空间（如商场）的开辟一样，是国家将民众置于自身监视之下和强行现代化的举措，事实上侵害了底层民众的利益，也没有得到民众的认同 *3*。这造成了北京社会的割裂，例如，在抗战爆发以前的民国文人的笔下，公园是"新北京"的象征，只属于"新知识分子"的认同空间，并与普通人的北京完全区隔开来 *4*。

1 公园的确促成北京公共空间的形成，这一观点可参见史明正：《走向近代化的北京城——城市建设与社会变革》，北京：北京大学出版社，1995 年版，第 130—162 页。史明正、谢继华：《从御花园到公园——20 世纪初北京城市空间的变迁》，《城市史研究》，2005 年版，第 159—188 页。陈平原：《城阙、街景与风情——晚清画报中的帝京想象》，《北京社会科学》，2007 年第 2 期，第 3—37 页。卞炜：《近代北京公园开放与公共空间的拓展》，《北京社会科学》，2008 年第 2 期，第 52—58 页。
2 王亚男：《1900—1949 年北京的城市规划与建设研究》，南京：东南大学出版社，2008 年版，第 95 页。
3 例如董玥（Madeleine Yue Dong）指出，民国初年市政当局的一系列措施，包括道路规划、铺设有轨电车、胡同改名等，都在不同程度上侵害了居民旧有生活方式而遭到抵制。[美]Madeleine Yue Dong，Republican Beijing：The city and its histories, University of california press, 2003.
4 董玥：《国家视角与本土文化——民国文学中的北京》，收入陈平原、王德威编《北京：都市想象与文化记忆》，北京：北京大学出版社，2005 年版，第 239—268 页

双方意见争论的焦点，是公园之"公共性"的程度，或者说，公园真如其创设者而言，是完全面向平民服务的吗？从客观效果来看，底层民众能否享受公园是个问题。史明正承认，虽然公园的创建初衷是提供普通居民使用，但20分的票价对于底层民众而言仍然难以承受，"中国公园运动未能成功地为各阶层的人民服务"[1]。另外，也不能忽视理念或观念的层面：对民国初年努力改造北京的新官僚而言，"公园"到底意味着什么？只是供公众游览消闲的"平民消闲之地"？或者是"新北京"的"新形象"符号，即殖民主义与民族主义语境下的意识形态空间，而平民利益并非其核心考虑[2]？抑或是，政府虽有心为民谋福利，但新官僚不懂老北京，现代性的城市理念并没有兼容普通民众的生活方式，名为"公"园，实则却将底层民众排除在外？

本文试图分析民国初年北京市政官僚们的公园理念，但重点是从民俗学的视角出发，讨论底层民众生活方式在现代城市理念中的命运，即民初官僚的公园概念与传统中国公共空间的关系问题。中国自古有"公园"，但它既不面向公众开放，也不存在于民间话语之中，但是这并不意味着中国底层民众没有自己的"公共空间"。19世纪末，西方的公园概念经由日本传入中国[3]，但在北京，公园并不是由传统的公共空间转型而来，却是通过改造皇家园林而开辟，很多学者指出，这主要是有政治价值和经济

---

1 史明正：《走向近代化的北京城——城市建设与社会变革》，第158页。

2 关于公园作为民族主义与意识形态符号的问题，可参见陈蕴茜的系列论文，包括《论清末民国旅游娱乐空间的变化——以公园为中心的考察》，《史林》，2004年第5期，第93—100页。《日常生活中殖民主义与民族主义的冲突——以中国近代公园为中心的考察》，《南京大学学报（哲社版）》，2005年第5期，第82—95页。《空间重组与孙中山崇拜——以民国时期中山公园为中心的考察》，《史林》，2006年第1期，第1—18页。

3 "公园"这一概念源于中国古汉语，而又在日本重新解释为西方的公园体制，并传回中国，关于这一问题，参见刘禾：《跨语际实践——文学，民族文化与被译介的现代性》，宋伟杰等译，北京：生活·读书·新知三联书店，2002年版，第421页。

价值两方面的原因 *1*。然而本文希望证明，更深层的原因是传统的民众公共空间无法被纳入到新官僚们的城市理念之中，民俗断裂造成了空间转型——传统公共空间萎缩，新的公园空间由皇家禁苑改造而来——后者反过来又加剧了前者的程度。

无论是民俗断裂还是空间转型，都不是一日之功。但是具体到北京而言，1914 年到 1915 年可谓一个尤为特殊的时期。

1914 年，京都市政公所成立，其正式出版物《市政通告》成为创设公园最重要的思想阵地，在 1914 年到 1915 年间，《市政通告》通过大量的文字：对外国城市公园的介绍、日本公园理论的译介，以及社论、公告等，为北京创设公园之举摇旗呐喊。在宣传的同时，由朱启钤首倡，社稷坛于是年的 10 月 10 日改名"中央公园"向公众开放，朱启钤本人的一系列言论，如《申报》所载《朱总长请开放京畿名胜》《中央公园建置记》等，也鲜明地反映出当时北京新官僚心目中的公园理念。可以说，1914 年到 1915 年，是北京城市公园的真正首创期，这期间市政官僚的系列言论，上承留日学生与清末改革派的"公共花园论" *2*，下启 20 世纪 20 年代以后出现的《市政新论》《都市与公园论》等现代城市管理与公园理论 *3*，具有开创和奠基的意义，也是本文主要讨论的对象。

在《市政通告》和朱启钤本人的论述中，为了论证

---

1 绝大多数研究北京公园史的学者都认为，民初北京政府将皇家苑囿改为公园主要出于政治与经济上的原因，如前引史明正、谢继华：《从御花园到公园——20 世纪初北京城市空间的变迁》，另见戴海斌：《中央公园与民初北京社会》，《北京社会科学》，2005 年第 2 期，第 45—53 页。

2 20 世纪初留日学生将"公园"概念介绍到中国后，设立公园的倡议便在北京常有耳闻。1906 年，内城市政公议会提议在什刹海建造公园，但遭到内务府奉宸苑的拒绝。1910 年，美国传教士、中国"万国改良会"会长丁义华在《大公报》上连载《公共花园论》一文，详细介绍西方公园的设施，建议在北京的东南西北各修建一个公园。但总的来说，此时的公园理念尚未成型，也没有对北京城市空间产生实际影响，尚处于乌托邦式的状态。

3 这类市政论著中，比较著名的如董修甲的《市政新论》（商务印书馆，1924）、杨哲明的《现代市政新论》（民智书局，1929）、江康黎的《大学丛书·市行政学》（商务印书馆，1938）、陈植的《都市与公园论》（1939）等。参见崔志海：《近代公园理论与中国近代公园研究——读〈都市与公园论〉》，《史林》，2009 年第 2 期，第 165—172 页。

开创公园的必要性,传统公共空间基本都是以负面形象出现的,这包括两种情况:第一种, 直接否认北京旧有公共空间的存在。朱启钤认为,京都"向无公共之园林,堪备四民之游息"[1],《市政通告》中更直截了当:"但是通都大邑,没有个正当的游玩地处,因而闹得多数男子,都趋于吃喝嫖赌的道儿上去"[2]。第二种,认为旧日北京虽有公共空间,但不能满足民众需求。民初的市政官僚也生活在北京,对京中风俗不可能完全一无所知,他们其实也承认旧日北京游玩休息之地甚多,《今昔消夏之比较》便是此中代表。这篇发于 1914 年《市政通告》中的社论文章,列举了十余处京中消夏胜地,但一一指出其不足。例如认为天宁寺等寺庙消夏为富人所专享,什刹海荷花有没落之势,陶然亭地方太小,其余二闸、南河泡子、菱角坑等处,均为城外,交通不便,大众难以前往。唯一值得赞美的是十余年前开设的农事试验场,因为其中蕴含着现代化的气息[3]。无论是视而不见还是一一否定,当时市政官员们的反传统心态是明显的。但是,仅仅一句轻描淡写的"反传统",事实上是将问题简单化了,本文希望探讨:"传统"究竟在什么意义上站到了"现代"的对立面?现代公园所要打破的传统生活方式是什么?从传统公共空间到现代公园的空间转型,反映了近代中国怎样的时空观、宇宙观与知识论的变化?总之,本文希望对现代公园与传统公共空间的关系作出深描,因此,我们得依次考虑如下三个层次的情况:

1. 帝制北京下,民众究竟有无消闲的公共空间?它

1 见 1914 年朱启钤建议辟社稷坛为公园的募捐启示,收入《中央公园廿五周年纪念刊》,1939 年版,第 2 页。
2 《社稷坛公园预备之过去与未来》,京都市政公所编《市政通告》,1914 年 1 月至 1915 年 10 月,"论说"类,第 9 页。
3 《今昔消夏之比较》,京都市政公所编《市政通告》,1914 年 1 月至 1915 年 10 月,"论说"类,第 105—108 页。

们呈现何种特点？

2. 如果传统北京民俗中不缺少公共空间，那么为何民初
市政官僚们不在其基础上发扬扩大，而非要改造禁苑甚至新建
公园？

3. 新兴公园的出现对社会造成什么影响？城市空间是公众
平民化了，还是区隔化了？

以下，本文将从北京传统的公共休闲空间、创设公园的观
念原因，以及空间转型与社会区隔三方面，依次讨论上述三个
问题。

北京传统的公共休闲空间

游乐消闲，历来是北京市民所钟爱之事。从乾隆《帝京岁
时纪胜》《宸垣识略》到光绪《燕京岁时记》《朝市丛载》《天
咫偶闻》等地方风土文献中，无不记载大量京中游赏之地。到
了民国建立前夕，陆费逵还曾在游记中记录道："北人无论男女，
无不外出嬉游。"[1] 这些"外出嬉游"的娱乐项目中，游戏类有
赛马、纸鸢、驯狗、养鸟、玩鹰、冰嬉等，体育类有摔跤、杂
技、武术等，购物活动除了"西单东四鼓楼前"、前门外等处
著名商业区外，每月七日、八日护国寺庙会，九日、十日隆福
寺庙会，初三、十三、二十三土地庙庙会，初四、十四、二十
四花儿市庙会，朔望药王庙庙会，都吸引大批市民。集市上除
了百戏杂陈、货物琳琅，还有花厂、鸽市、说唱杂耍等，殊为
可观。仅就公园所提供的基本消暇娱乐而言，清代北京供市民
赏花、消夏、饮宴、游观欣赏的地方也为数不少。从本文目前

---

1 陆费逵：《京津两月记》，《小说月报》，1911 年第 8 期，第 3 页。

掌握的资料来看，自 19 世纪到 20 世纪初，北京市民们的进香、游赏、节会三大类活动，都带有休闲与欣赏的性质，与公园消暇非常相似 *1*。为了说明传统北京的公共休闲空间，有必要先说明这些休闲活动的基本情况与性质。

进香

进香虽然是宗教活动，但崇神拜佛绝不是人们的唯一目的，和中国其他地方的人们一样，北京的进香也往往是交友、出行、踏青、宴乐、游戏的大好时机。例如三月初一至初三，东便门路南蟠桃宫庙会，"车马喧阗，人烟杂沓，有清明上河风景"。*2* 四月初一至十五，西直门外万寿寺庙会，"绿女红男，联蹁道路。柳风麦浪，涤荡襟怀，殊有天朗气清、惠风和畅之致"。六月初一右安门外草桥中顶庙会，"市中花木甚繁、灿如列锦，南城士女多往观焉"*3*。与此同时，每年除了十月至十二月天寒地冻之时，进香的时间几乎全年不休，进香的地点遍布城内、城外、近郊、远郊，其活动也丰富多彩。仅据光绪年间成书的《燕京岁时记》统计，19 世纪末 20 世纪初，北京市民带有休暇性质的进香活动从正月初一大钟寺赛马开始，到十月一日江南城隍庙庙市结束，共约有 21 次不同的进香节俗，而地点也遍布北京内外的大约 20 座寺庙。*4*

游赏

游赏是更纯粹的消暇休闲活动，它与宗教的关系不

---

1 三类之间彼此有重合之处，例如进香与节会常在一起，而进香之地也往往是游赏胜地，此处仅是大致区分。
2 [清] 崇彝：《道咸以来朝野杂记》，北京：北京古籍出版社，1982 年版，据石继昌点校钞本刊印，第 88 页。
3 [清] 富察敦崇：《燕京岁时记》，北京：北京古籍出版社，1981 年版，据清光绪三十二年（1906）刻本排印，第 61、72 页。
4 包括正月初一至初十大钟寺，正月初一至十九白云观，正月初一至十五曹老公观，三月初一至初三蟠桃宫，三月初一至十五潭柘寺，三月十五至月底东岳庙，三月十八日天台山，四月初一至十五万寿寺，四月初一至十五东顶、南顶、西顶、北顶、妙峰山、丫髻山、清明江南城隍庙，五月初一至初十都城隍庙、南顶，五月十一至十三三十里河关帝庙，六月初一中顶，七月十五江南城隍庙，八月初一至三灶君庙，九月十七至十七财神庙，十月一日江南城隍庙。参见 [清] 富察敦崇：《燕京岁时记》，第 50、52、59-60、61、62-63、72 页。

甚密切，但有强烈的季节性。19 世纪到 20 世纪之间，北京的游赏之处不少，除什刹海、水关、通惠河、高粱河等自然景观外，城内城外许多人工园林也开放供人游览。依欣赏对象不同，可大致分为临眺、赏花、观水这三类，地点主要有极乐寺、崇效寺、什刹海、陶然亭等约 17 处。京中赏花极盛，《郎潜纪闻》中载："都门花事，以极乐寺之海棠，枣花寺之牡丹，丰台之芍药，什刹海之荷花，宝藏寺之桂花，天宁寺之菊花为最盛。春秋佳日，挈榼携宾，游骑不绝于道。"[1] 临眺胜地如正阳门外黑窑厂瑶台，五月间搭凉棚、设茶肆、游人登眺。[2] 观水如六七月德胜门内水关"放棹花间，明月清风，如游仙境，忘其为在人海中也"。[3] 某些游赏胜地三者兼备，为极佳的公共娱乐场所，如右安门外尺五庄，是"都人士夏日游玩之所也。有亭沼荷池、竹林花圃，可借以酌酒娱宾。其西北为柏家花园，有长河可以泛舟，有高楼可以远眺，茂林修竹，曲榭亭台，都中一胜境也"[4]。

节会

与进香和游赏一样，节会也有很强的季节性，是节日时间中的集体性游乐活动。它有时也有宗教性，但并不以进香拜神为主要目的，而主要是为了观看表演，这是它与进香活动的不同。灯节观灯，妇女儿童"喧笑游赏"；喇嘛庙打鬼，"都人观者甚众"；城隍出巡，观者万人空巷；宣武门外洗象，"观者如堵"[5]，都是属于节会性质的群众性消暇活动。仅以《燕京岁时记》为例统计，

[1] [清] 陈康祺：《郎潜纪闻》，北京：中华书局，1984 年版，以光绪年间初刻本为底本点校，第 258 页。类似记载在《梦园丛谈》《鸿雪因缘图记》中都有出现，可见是 19 世纪京人公认的说法。
[2] [清] 富察敦崇：《燕京岁时记》，第 68 页。
[3] 李家瑞编纂：《北平风俗类征》，北京：商务印书馆，1937 年版，第 338 页。
[4] [清] 姚元之：《竹叶亭杂识》，北京：中华书局，1982 年版，以光绪十九年（1893）刊本为底本点校，卷 3，第 67 页。嘉庆六年（1801），尺五庄曾被大水冲毁，其后屡经转手而未曾复其旧观。但到清末时，此处尚仍"饶有野趣，都人称'小有余坊'焉"，仍为游览之境。
[5] [清] 富察敦崇：《燕京岁时记》，第 48、49、67、71 页。

北京这类活动全年不下十次，地点分布在东四、西四、地安门、雍和宫、城隍庙、大钟寺、钓鱼台等城内外各处。

以上简短总结了晚清时期北京的休闲活动。晚清正处在巨变之前，与民国初年在时间上首尾相接，但在社会形态上却还保持"传统"。上述情形向我们显示，旧日北京的公共休闲空间至少有如下三方面特征。

1. 空间与时间不是抽象的二维系统，前者是后者在大地上的投影。在传统中国文化中，空间总与时间相联形成整体而获得意义，《管子·四时》篇中将"四时"与"四方"相对应，《山海经》乃历书的平面图像化[1]等，这类现象几乎俯拾皆是。事实上，"中国古代的空间观与时间观密不可分，传统时间体系的建立事实上是通过对空间的测定完成的"[2]。割裂二者是现代思维方式的结果。清末北京的休闲空间也同样遵循这一原则。真正不分岁时能前去游玩的地方很少，大多数情况下，人们会在特定的时间去特定的地方，进行特定的活动。正如《燕京岁时记》中所说，"各处游览多有定期，亦与岁时相表里"[3]。

2. 休闲空间的价值来自两者：一方面是城市特有的繁华，另一方面是对"自然"和"山水"的模拟。以往中国城市的景观审美标准，是在与乡村的对比中建立起来的，《清明上河图》就是这种审美观的最佳代表与后世榜样，当乡村以其清雅朴素恬淡为美时，城市却多样、喧闹与辐辏，能成为节庆空间的地点就是这种特质的最佳承载者。而城市中的休暇游赏胜地，无论是私人园林也好，还是面向公众开放的寺庙或亭台也

1 参见刘宗迪：《失落的天书：〈山海经〉与古代华夏世界观》，北京：商务印书馆，2006年。
2 冯时：《中国古代的天文与人文》，北京：中国社会科学出版社，2006年版，第9页。
3 [清] 富察敦崇：《燕京岁时记·跋》，第94页。

罢，都因其模拟自然山水，虽地处闹市却有"出尘"之意而获
得审美价值。记录休闲活动时，传统文人多用"涤荡襟怀""明
月清风，如游仙境"等形容词，就证明这类空间的"美"一般
在于它们与自然的联系，在于其"世外桃源"的性质。

3. 休闲空间以寺庙为主要地标。传统北京市民的绝大多数
公共娱乐都与寺庙有关，甚至就连什刹海这种看似与宗教无关
的水体湖泊，也以其周围梵刹之盛而名动天下。寺庙不仅是城
市居民的信仰空间，也是他们休闲娱乐与消费的公共空间。北
京的寺庙常常富于园林之美，这从各名刹的赏花观木活动兴旺
一点就能看出，然而它们又不是私人园林，而是总在特定时间
内向公众免费开放。正如霍姆斯·维兹（Holme Welch）所说，
在西方由世俗机构提供的公园、旅社和休闲场所三种公益功能，
在中国都是由寺庙提供的[1]。因此，不能说 20 世纪以前的北京
城中没有"公共空间"，只是它们没有"公园"之名而已。

空间转型背后的观念变迁

总之，传统北京并不像 20 世纪初的改革官僚们所言，缺
少休闲娱乐的场所，这些公共空间形态丰富，提供了普通市民
多样选择。有了上述认识，1914 年北京开辟皇家禁苑为公园
的举动更显得意味深长。市政当局为何不将北京居民数百年来
自发选择的公共休闲空间作为公园之首选，却宁愿改造社稷坛
等皇家禁苑呢？也许的确有什刹海荷花寥落、陶然亭建筑较少、
城外地方交通不便等原因，但重植荷花、增设游人设施、修缮
道路等工程，应该不比改造社稷坛更费时费钱。明明声称要为

[1] Holme Welch, The Buddhist Revival in China, Cambridge,
Mass, Havard University Press, 1986, p.151.

民众开辟休息之处，却为何不尊重民众长期形成的休闲方式？最重要的原因当然是政治上的考虑：禁苑变为公园而非博物馆，方能宣告与旧日帝都的等级制彻底告别。但事实上，市政当局所告别的不仅是皇权与等级制，同时也是占人口绝大多数的底层民众所持有的传统——他们的日常生活方式。北京公园所折射的，不仅仅是平民化、公众化的城市理念，更是全面"现代性"的知识系统：新的时空观、美学观与神圣观。

仔细分析 1914—1915 年关于开辟公园的系列言论，我们能看出，20 世纪初北京知识分子阶层的时间概念与空间概念都发生了极大的变化，他们开始用现代性的思维方式去重新设计北京，而与过往中国的城市概念断然决绝。新的现代性的时空体系中，旧有休闲方式无法被标上坐标，于是被有意地忽视了。这包括以下四个方面：

1. 时间观念的嬗变：从岁时到星期

民国三年的《市政通告》中，有《社稷坛公园预备之过去与未来》一则，面向广大市民，以口语白话详细论述了开设社稷坛公园的必要性，集中反映了当时市政官员创设公园的核心理念，有必要将其全文引用如下：

人与人相聚而成家，家与家相聚而成市。一市之中，无论士农工商，老少男女，孳孳终日，大概都离不开劳心劳力两途。既然这一群人常处在勤苦之中，若没有一点藏休息游的工夫，必生出种种流弊。所以各国通例，每七天要休息一天，为休息的定期。每一市村，大小必有一两处公园，为休息的定所，以此来活泼精神、操练身体。我们中国人，从前不得这个诀窍，把藏休息游四个字，丢在一边，及至较起真儿来，虽然没有一天不作正事，实在没有一天真作正事，没有一处敢寻那正大光明的娱乐，实在没有一处不寻那有损无益的娱乐。现在星期休息，中国已然通行，但是通都大邑，没有个正当的游玩地处，因而闹得多数男子，都趋于吃喝嫖赌的道儿上去。¹

中国传统历来是依照岁时与季节来休息，其工作与休息的节律与天时、物候、人事有密切联系，虽士大夫有几日休沐之制，却不是通行的民俗。通商以后，信仰基督教的西方人带来了七日一休的习俗，由此最初影响到与外商有关的华人商家活动，而在受西方影响最深的上海，19 世纪 70 年代以后，礼拜休息已成为商业活动和人们休闲娱乐的主要节奏。至于星期休息制在全国范围内的普及推广并体制化，是从 20 世纪初清廷新政期间，由改革教育、兴办学堂而开始的。自 1902 年到 1911 年约十年时间内，学堂、官署相继实行了星期休息制度，而学界、政界、报界等"公务"体系成员，也随之以星期为周期。²随着时间度量体系的变化，原有的节日时令失去了意义，一个新的特殊时间——星期天，却横空出世。

星期天不是工作日，对于不信基督不上教堂的中国人而言，这个特殊的时间需要新的空间去填充与承载。然而北京旧有的游憩之地都是应季节和节日而生，每一空间都有专属的时间与行为意义：什刹海、积水潭是消夏之所，二闸是端午至中元游船地方，寺庙里是去赏花进香的，天坛是去走马消夏的，陶然亭是临风吟诗的，名刹高塔是去登临遣怀的。它们不能每七天就去一次，因为它们的

107

1《社稷坛公园预备之过去与未来》，京都市政公所编《市政通告》，1914 年 1 月至 1915 年 10 月，"论说"类，第 9 页。
2 参见李长莉：《清末民初城市的"公共休闲"与"公共时间"》，《史学月刊》，2007 年 11 期，第 82—89 页。

意义多样而独特，不能被固定为"工作之后的休息场所"。只有新开辟的公园——这种消解历史且无特定活动与意义的空间，才能满足星期天的需要 *1*。

不过，在 20 世纪初，星期休息制只在社会某些成员中推行，占北京人口大多数的体力劳动者、小手工业者、小本经营者与学徒等，仍然按照自己的既有时间轨道生活。与星期天这一特定时间相关的特定空间——公园，也就大多为国家公务系统中的群体：教师、知识分子、学生、官僚等人群所享用。因此，公园未能服务于底层民众，这不仅是因为票价太高，同时也因为它与民俗节律和生活方式不符，当城市新兴阶层选择中山公园、北海公园时，他们还是宁愿选择旧有的什刹海、陶然亭。所以师陀才说，什刹海是专为小市民准备的，但要问"'北京'市民北平地方那里顶好玩，他的回答一定是什刹海而决非'中央公园'"*2*。

2.城市规划理念的变迁：从帝都到美丽新世界

毫无疑问，古都北京的根本设计理念是等级制，城市的空间格局体现的是政治权力及与之相联的宗教权力，这正是民国初年北京官僚们希望建设的"新北京"首先要打破的。但是，仅仅是从皇权等级到公众化、平民化的规划理念转变，不足以说明时人对公园的各种期待。在论及中央公园之创设时，朱启钤有一段很有名的论述，他说：

> 民国肇兴与天下更始，中央政府既于西苑辟新华门，为敷布政令之地。两阙三殿，观光阗溢，而皇城宅中，宫墙

1 诚然，中央公园的前身——社稷坛有悠久的历史，但它一旦作为公园面向公众开放，以往的历史事实上是被有意消解了。
2 师陀：《师陀作品新编》，北京：人民文学出版社，2011 年版，第 223 页。原载 1935 年 4 月《漫画漫话》创刊号，署名"芦焚"。

障塞。乃开通南、北长街，南、北池子，为东、西两长衢。禁御既除，熙攘弥便，遂不得不亟营公园，为都人士女游息之所。*1*

从这里我们能读出，朱启钤眼中的皇城还不仅是为等级制所囿，它最大的问题是"宫墙障塞"而交通不便，创建公园不仅是修建公路、开辟交通的伴生物，也是它的必然结果。一个新的现代都会，首先应该交通方便且整齐划一，用这个标准去看以往北京市民的休憩之地，自然觉得它们都不够公园资格。对此，1915 年的《市政通告》做了很好的注脚。其"论说"类中说："偌大的一个京城，虽然有甚么什刹海、陶然亭等，但不是局面太小，就是人力不到，况且又都是地处一偏，交通不便，全都不够一个公园资格。可叹皇皇国都，这么些年，就连个公园都没有，岂非是大大的憾事吗？"*2*将毗邻皇城正北的什刹海认为"地处一偏"，"人力不到"，将空旷的陶然亭看作"局面太小"，这似乎很难被接受。但细读整份《市政通告》，我们能理解，在当时官僚的新式城市规划理念背景下，有这种想法并不奇怪。

《市政通告》"译述"类中，全文翻译了日本人安部楚雄的著作《公园论》，同时翻译登出的，还有同为安部楚雄的《应用市政论》，这也是《市政通告》中集中介绍城市规划理念的文章，可以读出当时北京官僚所推崇的城市概念。在《应用市政论》中，安部楚雄开篇明义指出，要向拿破仑三世时的火斯满（即豪斯曼）和德国柏林学习，投入巨资彻底改造城市面貌。"要把围京的空地，都镕成一片，规划出来的道路，一要整齐，二要宽广，借此把都会地方，

1 朱启钤：《中央公园建置记》，见汤用彬等编著《旧都文物略》，
北京：书目文献出版社，1986 年，"园囿略"，第 57—58 页。
2《市政通告》，1914 年 11 月至 1915 年 10 月，"论说"类第
11 页。

整理的完完全全，不遗余憾。"在《公园论》中，他也不无欣赏地提及柏林、巴黎两市拆除城墙，修建通衢大道，以利交通的做法。[1] 也许正是受他的影响，《市政通告》中凡是提及现代城市，无不以柏林和巴黎为楷模——将原有形状不规则的小巷、阻碍交通的城墙统统拆除，改造成空间整齐统一的豪斯曼式巴黎，成了当时北京的理想。

110　　　这样的城市理想不是第一天为中国知识分子所知，他们心目中的新城市，可能比安部矶雄所描绘的更为整齐划一。1902年，留日回国学生在上海出版的《大陆报》，是介绍进步思想的代表之一，其首期开篇是一则题为《新社会》的小说。小说第一节从"公园之邂逅"写起，先描绘了一个"美丽新世界"，世界的中心是一座广大壮丽的公园，而整个世界就是一座不可思议的城市。这座城市"街衢四通五达，道路清洁，不待誉矣。各处屋宇，皆壮丽炫目，如他邦大小高低、参差交异者无有也"。不仅房屋整齐划一，甚至连商店之间的距离都完全相等，"布帛谷粟、蔬果诸商店，规模之大，比东京豪商大贾之屋舍，不啻倍蓰。诸商店散居各处，距离相均。买者无远行之劳。路侧之车，陈列如一"。[2] 虽然也是市肆，然而《清明上河图》中那繁华喧闹的城市审美观，至此已被规则化、科学化、技术化的现代审美观所取代。宽阔的道路、干净的公园、高大的建筑，就是这种审美观的直接表现，它正是北京开通南北长街、南北池子，以致皇城内熙来攘往，并认为什刹海、陶然亭地偏一隅的知识论背景。然

---

[1]《市政通告》，1914 年 11 月至 1915 年 10 月，"译述"类，第 38 页。

[2]《新社会》，载《大陆报》1902 年第 1 期，第 1—2 页。一般认为，"公园"概念最早传入中国，是 1903 年留日学生在《浙江潮》中介绍日本的公园。（参见闵杰：《近代中国社会文化变迁录》第 2 卷，浙江人民出版社，1998 年版，第 531—535 页。）但《大陆报》中《新社会》一篇，将留日学生介绍公园概念的时间提前了。

而从今天的眼光来看，这样的城市却也正符合福柯（Michel
Foucault）对现代社会的描述：规则（norm）内化于人心与社会，
从而形成无处不在的控制与惩罚。

3.审美观念的转变：从出尘山水到身体健康

正如前所说，传统中国城市中的休暇胜地，意在喧闹红尘
中营造自然山水之美，这是它们获得审美价值的直接原因。但
在新的城市规划理念中，公园的价值不再是在城市中营造山水
之美，而在于促进市民健康，提供市民休息、受教育与体育锻
炼的空间。正如《社稷坛公园预备之过去与未来》中所说：

> 公园通例，并不用画栋雕梁、亭台楼阁，怎么样的踵事增
> 华；也不要春鸟秋虫千红万紫，怎么样的赏心悦目。只要找一
> 块清净宽敞的所在，开辟出来，再能有天然的丘壑、多年的林
> 木，加以人工设备，专在有益人群的事情上讲求讲求。只要使
> 有了公园之后，市民的精神，日见活泼；市民的身体，日见健
> 康，便算达到完全目的了。*1*

也正是出于同样的逻辑与价值体系，20世纪初的北京市
政府和其他现代政府一样，力图将人的身体也纳入政府管理的
对象。应该说，旧日北京的确缺乏以身体管理为目的的空间，
也就是一般意义上所说的"锻炼场所"。北京市民非常热爱"体
育活动"，无论是朝山进香、踏青赏花、戏水冰嬉、赛马跑车，
客观上都有锻炼身体的作用，但这并不是这些活动的直接目的。
例如，踏青的目的是宗教与审美的，赛马跑车也有宗教性的成
分，同时与满洲人好勇而善战的民族传统有关，不完全是展现
强健的体魄与体育技巧。但在现代官僚们的心目中，以"健康

111

1《市政通告》，1914年11月至1915年10月，"论说"类第
10页。

身体"和"健康精神"为目的的卫生、体育、休息，才是值得关心的事，宗教、传统气质与审美都不足挂怀，于是我们看到，时人理想中的公园，有时甚至已经完全成了教育场所，而不再是一般意义上的休闲空间。对此，陈蕴茜有很好的论述，她指出，中国的公园强调"游学"一体化，因此，最初传教士引进植物园与动物园时多附属于博物馆，但后来都转到公园内，以便让人们在游玩中获得自然知识。而一般由政府建造或改造的公园都或多或少地成为政府宣传国家观念、培养民族主义、教化民众的教育场所。"民国时许多公园既是民众旅游休憩的场所，又都在潜移默化地发挥教育大众的作用，有的更直接是教育机构所在地。""正是由于旅游娱乐空间与教育空间的交错，而产生了民国时期特殊的现象，即将教育场所当作旅游景点推介给大众。"[1]

在中国传统的审美观中，由于自然山水具有神圣性，因此城市中的丘壑、树木、水源，都具有形而上的美，《帝京景物略》就是这种审美观下的作品。然而，在 20 世纪初的市政官僚们眼中看来，以雕梁画栋、亭台楼阁、春鸟秋虫、千红万紫所代表的"美"都不重要，公园应该提供的是干净的空气、宽阔的场地，以及有益于人们身心健康的娱乐设施。自然被"去魅"，代之以功能性、实用性的价值体系。马克思·韦伯（Max Webber）所说的，西方资本主义兴起时由新教伦理所完成的"去魅"过程，在中国由审美观的改变完成了。

4.传统城市景观的死亡：寺庙从神圣到肮脏

除了时间与空间观念的变迁之外，还有一个重要因素也影

---

[1] 陈蕴茜：《论清末民国旅游娱乐空间的变化——以公园为中心的考察》，《史林》，2004 年第 5 期，第 93—100 页。

响了公园的出现过程，这就是自 19 世纪末以来的"破除迷信"的思潮。随着西方现代科学思想的传入，以清末报刊为代表的公共话语空间中，出现了强烈的反宗教、反寺庙的潮流。仅用《点石斋画报》和《清代报刊图画集成》中收录的图画新闻为例统计，凡涉及寺庙之北京新闻共有 14 则，半数以上是表现寺僧伤风败俗之事，有的甚至达到耸人听闻的地步。如《点石斋画报》中"瞽秃争财"[1]、"看戏轧伤"[2]《新闻画报》中的"劣僧罪状"[3]、《神州画报》的"老人堂乎，穷人堂乎"[4]《图画新闻》中的"老和尚可羡"[5]、"小沙弥被伤"[6]等，不是和尚冶游纳妓、贪骗钱财，就是相互倾轧、偷窃庙产。在这些新闻的渲染下，寺庙仿佛成了藏污纳垢之处，原有的神圣属性消失殆尽，以往进庙烧香赏花曾是风流名士们的雅集之举，热闹喧嚷的庙会也是城市美景的组成部分，而如今都成了"落后"的代名词。最典型的就是清末《神州画报》中刊载的这则"老人堂乎，穷人堂乎"。

113

燕九节遇神仙，本为北京历代相传的民俗活动，是日，人们争赴白云观，途中向老人和乞丐广施钱财。历代文人骚客歌咏者无数，以孔尚任为首的诗社曾作竹枝词一百余首，专为歌颂白云观遇神仙之会。但近代画报作者却对这一传统很不以为然，称"老而不死，变为神仙，仍爱铜元，此所谓穷神仙耶？"讽刺之意，溢于言表。从中我们能读出的，是急欲变革中国社会、颠覆旧有传统的心理。

在这样的舆论背景下，北京市民原有的审美、娱乐

[1]《点石斋画报》，光绪十年（1884）十月，第 23 号，第 89 页。
[2]《点石斋画报》，光绪十年（1884）五月，第 6 号，第 49 页。
[3]《新闻画报》，光绪三十四年（1908）二月十六日，收入《清代报刊图画集成》，北京：全国图书馆文献缩微复制中心，2001 年版，第 3 册第 250 页。以下所引此书，均同此版本。
[4]《神州画报》，宣统二年（1910）正月二十九日，收入《清代报刊图画集成》第 5 册第 162 页。
[5]《图画新闻》，光绪三十四年（1908）九月初一日，收入《清代报刊图画集成》第 7 册第 420 页。
[6]《图画新闻》，光绪三十四年（1908）五月二十八日，收入《清代报刊图画集成》第 7 册第 299 页。

与游赏的主要公共空间——寺庙，此时作为景观的作用已经死亡，它不再具有审美意义，因而也就不再能担负起传递正面价值的功能。于是突然之间，人们觉得偌大的北京城，居然没有个"正当的游玩地处"，一种替代寺庙的，新兴的、"干净的"、"正当的"的公共休闲空间——公园应运而生，也就自然而然。

114

民俗断裂与社会脱节

将上述变化描述为从"传统"到"现代"的过渡也许过于简单，但是这二者的对立框架便于我们更加明确地分析问题：在1914—1915年的北京，现代化的对立面并不仅仅是帝制时代的"遗老遗少"，它要反对的其实是中国传统文化的基本概念：时间、空间、神圣与美，因此它的敌人几乎是全部的传统生活方式。这种生活方式不仅是帝王将相的精英文化，更是普通民众的日常民俗，当新官僚大力推进社会改造时，他们虽有心实现城市空间的平民化与民主化，但却因其信守的现代性概念与民俗概念泾渭分明，而不由自主地站在了底层民众的对立面。在传统社会中，民俗本来是全社会共享的生活方式与日常文化，此时成为被改造甚至被禁止的对象，于是产生某种"民俗断裂"。不是民俗传承自发产生的结果，而是外力作用下从两方面发生断裂：在时间上与传统断裂，在阶层上官僚精英与下层民众断裂。

民俗断裂带来的直接后果就是社会脱节。当满怀热忱与良好愿景的新官僚们一心要去除社会弊病时,因与下层民俗断裂,他们遭遇的阻力极为巨大，于是新的和旧的、"落后的"和"现代的"都在北京交织错叠。20 世纪 30 年代在北京进行社会调查的悉尼·甘博（Sidney Gamble）发现，"那些数百年流传下来的、传统的娱乐方式……仍然占据着显著的位置"，与之相应，"体育运动基本上只局限于学生中"[1]。"出入公园的大多数是学生、商人和办事员。劳动大众来得很少，主要原因是门票太贵。"而新政府大力推进的新世界和南城娱乐园，结果都成了妓女寻找嫖客的地方[2]。20 世纪初北京社会的这种脱节状态，带来了一系列后果，已为很多学者所注意。例如传统行会仍在发挥功能，即使在普遍贫困的北京，小手工业者与学徒们也安于现状，社会结构稳定而革命不易。李大钊、邓中夏等早期无产阶级革命家在发动电车工人运动的同时，谴责这类城市平民的"封建性"[3]。

就城市空间的转型而言，这种社会脱节直接造成了空间的区隔。一方面，北京底层社会的成员：手工业者、体力劳动者、小资本经营者等，仍然保留着原有的生活时间秩序与审美观，直至 20 世纪 50 年代，进香、庙会、什刹海纳凉等民俗活动仍有相当程度的活力；另一方面，"逛公园"成为特定阶层的身份标识与阶级趣味。代表不同社会形态的两种阶层，发展出两种几乎截然不同的生活方式，并形成本阶层专属的生活空间。更糟糕的是，这种语境下产生的知识分子，有意将自己与当地人区别开来，将北京本土文化视为西方城市的反面、现代国家的对立面，认为它们过时且寒酸，乃至徐志摩直接

1《神州画报》，宣统二年（1910）正月二十九日，收入《清代报刊图画集成》第 5 册第 162 页。

2 [美] 悉尼·甘博（Sidney Gamble）：《北京的社会调查》，邢文军等译，北京：中国书店出版社，2010 年版，第 231 页。

3 [美] 悉尼·甘博（Sidney Gamble）：《北京的社会调查》，第 250、272 页。

把"又穷又老"的北京称作"死城"[1]。随着现代化进程的推进，底层社会的民俗空间被不断挤压，现代国家所控制的空间又因为缺乏根基而容易变型（例如前面所说的新世界与南城娱乐园的例子），精英阶层与底层民众间的距离拉大，城市公共空间的发展不可避免地陷入泥潭。这正是北京城市空间转型过程中所面临的重要问题。

原刊《北京师范大学学报》2016 年第 4 期

---

1 David Strand, *Rickshaw Beijing : city people and politics in the 1920s*, University of California Press, 1989, pp.142-147.

2 参见董玥关于 20 世纪 20 年代中期到 30 年代中期"新知识分子"笔下的北京的论述，《国家视角与本土文化——民国文学中的北京》，第 242—247 页。

王府井与天桥：
民国北京的双面叙事

王建伟

作为民国北京两处重要的城市空间与商品交易场所，王府井大街与天桥地区代表不同的商业形态，同时也是城市风貌与社会生活的典型展示。不同的空间内部，分布着类型不同、等级不同的商品经营者以及面目不同、阶层不同的各种消费人群。如果说，王府井大街已经成为现代资本主义商业体系在北京的集中展示地，而距此不远的天桥则仍容纳着众多传统社会的流动性摊商，回收旧货的二手市场，经营劣质食品的饭铺、茶楼，以及形形色色的卖艺者与手艺人。王府井与天桥既代表着民国北京，又都不是民国北京的全部，如果只关注一点而忽视其余，犹如盲人摸象，只有将双方平等置放在同一个观察平台，兼顾两者的显著区别，才能对民国北京的时代面相有一个更加全面而深刻的体认。*1*

作为都市新景观的王府井

清代前中期的北京内城是一个政治之城、军事之城，政治属性压倒一切。由于受到政治制度、城市布局以及

1 董玥在《民国北京城·历史与怀旧》中专门设有一章，探讨了民国北京不同消费空间与市场等级的对应关系，以及由消费行为所构建的社会阶层划分等问题，重点涉及王府井与天桥（生活·读书·新知三联书店，2014）。岳永逸在《空间、自我与社会：天桥街头艺人的生成与系谱》中，多次触及天桥作为城市边缘地带所具有的"贱""脏""穷""乱"等典型的社会特征(中央编译出版社，2006)。陈平原曾提出，以胡同为代表的老北京与以大院为代表的新北京，存在着裂缝；紫禁城的皇家政治与宣南的士大夫文化之间，也有巨大的差异，王公贵族与平民百姓并不分享共同的城市记忆（《北京记忆与记忆北京》，《北京社会科学》，2005 年第1 期）。相关研究还可参见王均《现象与意象：近现代时期北京城市的文学感知》，《中国历史地理论丛》，2002 年第 2 期；王升远《"文明"的耻部——侵华时期日本文化人的北京天桥体验》，《外国文学评论》，2014 年第 2 期。

交通条件的限制，呈现出绝对封闭性的特点。内城中形成了诸
多禁令，如不准经营商业、不准有娱乐场所等，绝大多数普通
居民只能居住在外城，商业区也多集中于南城，尤其是前三门
（即崇文门、正阳门和宣武门）地区，由于地处北京内外城的
连接带，地理位置适中，沟通内外城居民的往来，周边地区聚
集大量工匠作坊、茶楼和戏园等，形成专门街市，商贸十分繁盛。

民国时期是近几百年间北京城市政治性色彩相对淡化的
阶段，是政治性因素不断从中心向边缘退却的过程。从空间维
度考察，以往以帝王宫殿为中心的空间结构逐步转向以商业为
中心，城市布局的主导因素从权力转向经济。曾经作为帝都象
征的帝王宫殿、皇家园林、坛庙，或丧失原有功能而退居幕后，
或转换相关用途，成为凭吊或游赏之处。而一些新兴商业场所
借助于资本的力量，开始跃居城市的中心位置。

王府井大街作为近代北京一处新式商业空间的兴起，既是
一个官方主导、规划的过程，也是一个符合市场规律的自发过
程。该街本为旗人驻扎之地，原名王福晋大街，位于紫禁城东
华门外南北走向，南达东长安街，北达东四西大街。清代中期
之后，随着旗、民分城而居制度的日渐松弛，京师内城不得经商、
娱乐的禁令逐渐名存实亡，东四、西单、地安门、鼓楼、北新
桥等地出现了一批地点相对固定、时间上具有连续性的商品集
市。由于地处出入皇城的重要通道，内务府采购物资也多经过
于此，至清后期，王府井地区商业属性开始凸显，不仅有流动
性摊商，也有一些固定商铺、饭庄出现，一些昔日王府临街房
屋开始经营商业。

东安市场的建成是王府井大街兴起的标志性事件。庚子事
件之后，清政府开始在京师地区推进近代市政，王府井所处的
东安门外区域成为北京最早进行道路建设的地方之一，"迨光
绪末季，值肃王善耆司警政，始以其地改建市场。最初因陋就
简，仅具雏形而已"[1]。由于庚子之前，这一带已经形成了一定
规模的街市，因此，在整修道路过程中官方拆除了商贩沿街搭
建的一些棚障，选中位于王府井大街北端的原八旗神机营操场，
划出部分区域，将东安门外两旁的铺户迁至此地继续营业，逐
渐形成了一处每日营业的固定商业场所，得名东安市场。

东安市场是北京城最早的由官方所设的综合性定期集市，
采取官商合办的经营模式。《东安市场现办章程》规定，商人
任庆泰"禀请工巡总局准其租领立案，发给凭单，官不出款，
该商自筹资本建房招商"，"自行筹款先行开沟筑路，次第建造
房屋，既建之后，永为己业，不准拆去"，待房屋建成之后，"招
至各商在彼营业，既遵警察章程办理。其该商应受保护之利益，
工巡局均可承认"[2]。东安市场经营范围覆盖到日用百货、饮食、
娱乐等与民众日常生活相关的各个方面。在这个固定的商业空
间中，商户的经营者不再像以往在街道上随意，开始遵循既定
的社会秩序，服从市场的统一规划和管理。1906 年，东安市
场北部建立了吉祥茶园，园内每晚有京戏演出，这是北京内城
的第一家。内城的人们不用再绕道至前门就可以在此购物、娱
乐。随后，东安电影院、会贤球社等娱乐设施在此纷纷开办，
进一步增加了王府井地区的客流。宣统年间竹枝词形容："新
开各处市场宽，买物随心不

1 马芷庠编著、张恨水审定：《北平旅行指南》，北平：经济
新闻社，1937 年版，第 331 页。
2《东安市场现办章程》，中国第一历史档案馆编：《光绪三十
二年创办东安市场史料》，《历史档案》，2000 年第 1 期。

费难。若论繁华首一指，请君城内赴东安。"[1]民初《京师街巷记》记载："其地址广袤宽敞，初为空场，蓬蒿没人，倾圮渣土，凸凹不平，自前清光绪三十年，改建市场，始惟有百般杂技戏场各浮摊商业等，旋经建筑铺面房屋，其内之街市为十字形，两旁商肆相对峙，曾经壬子兵燹所及，市肆墟煅，不数月，从事建筑，规模较前尤宏阔矣，商肆栉比，货无不备。"[2]东安

市场的出现具有开创性意义，预示着北京城市化进程中消费革命的兴起。

东安市场建成之后几次失火，屡次重建，每次规模都有所扩大，商业益见发达。至20世纪20年代初期，茶楼、酒馆、饭店、戏园、电影、球房以及各种技场、商店无不具备，"比年蒸蒸日上，几为全城之精华所萃矣"：

东安市场为京师市场之冠，开辟最先，在王府井大街路东，地址宽广，街衢纵横，商肆栉比，百货杂陈。……该场屡经失火，建筑数四，近皆添筑楼房，大加扩充，其中街市共计有四。南北一，东西三。商廛对列，街中麝以货摊，食品用器，莫不具备。四街市外，又有广春园商场、中华商场、同义商场、丹桂商场，及东安楼、畅观楼、青莲阁等，其中亦系各种商店、茶楼、饭馆，又各成一小市场矣。场中东部为杂技场，弹唱歌舞，医卜星象，皆在其中。南部为花园，罗列奇花异葩，供人购取。园之南舍，为球房、棋社，幽雅宜人，洵热闹场中之清静处所也。[3]

至20世纪30年代初期，东安市场摊商总计已达350余家，其中以书籍、玩具、杂货、糕点、糖果为最多，以社会

1 兰陵忧患生：《京华百二竹枝词》，路工编选：《清代北京竹枝词（十三种）》，北京：北京古籍出版社，1982年版，第129页。
2 郭海：《东安市场记》，林传甲编纂《京师街巷记》，"内左一区卷三"，武学书馆，1919年版，第1—2页。
3 徐珂：《增订实用北京指南》，第一编：地理，第5页；第八编：食宿游览，第22—23页，上海：商务印书馆，1923年。

中上层为主要服务对象,"就是那些水果摊、香烟铺,都带有华丽气派"[1]。铺商共计 240 余家,其中以布店、鞋铺、西装服、洋广杂货商店为最多,"各该铺商之内外一切布置,均极美丽,游人顾客亦均中上级人士,故每日营业尚属发达"[2]。由北平市社会局组织编写的《北平市工商业概况》称东安市场在全市所有官办及商办商城中"规模最大,商业亦最为发达"[3]。一直致力于收集旧京故闻的瞿宣颖在上海的《申报月刊》上介绍这一时期东安市场的日常状态:

> 东安市场,当王府大街之中段,距东交民巷甚近,庚子以后所开,其法长街列肆,租以营业,百货无不具备,旁及球场、饭店、茶馆、饮食、游艺之所,乃至命相奇门堪舆奏技之流,皆可按图以索。街之中复列浮摊,以售零星食物花果书籍文玩者为最多,以其排比稠密,人烟繁杂,屡屡失慎重修,最后一次迄今亦逾十年矣。其包罗宏富,位置适宜,有似港沪之大百货商店,而能供日用价廉之物,则又过之。居旧都者,莫不称便。浮薄少年,涉足其中,可以流连竟日,因为猎艳之游,目挑心招,辄复遇之。[4]

以东安市场的兴起为发端,王府井逐渐发展成为北京城内最重要的商业中心。由于地处皇城主要进出口的东安门外,靠近东交民巷使馆区,这里成为北京最早开启市政建设的区域之一,1914 年京都市政公所成立之后,首先选择了以王府井大街所在的内城左一区为示范区域,开始道路改造工程,包括拓宽道路、房屋基准线

1《平市人心渐趋安定,将重觅享乐生活》,《世界日报》,1933 年 6 月 2 日。
2 马芷庠编著、张恨水审定:《北平旅行指南》,第 331—332 页。
3 娄学熙:《北平市工商业概况》,北平市社会局编印,1932 年版,第 684 页。
4 铢庵(瞿宣颖):《东安市场》,《申报月刊》第 2 卷第 10 号,1933 年。

测量、整修明沟、铺装工事，修筑沥青道路等。1915年，美国石油大王洛克菲勒在豫王府旧址上建起协和医院，1917年，中法实业银行在王府井南口建成七层楼高的北京饭店，"道中宽阔清洁，车马行人，络绎不绝。……车马云集，人声喧填，为京师最繁华之区也"[1]。20世纪20年代之后，王府井地区开始设立有轨电车车站，1928年，王府井大街修建柏油马路，交通条件进一步改善。

在东安市场的示范作用下，原本繁盛的正阳门外一批店铺纷纷迁入王府井大街。即使在1928年国都南迁，北平消费市场陷入低迷之时，王府井借助于独一无二的区位优势仍能保持相当水准，"东单崇文门一带地方，距东交民巷甚近，外商林立，各国侨民杂居是处，东城繁荣，乃集于斯。加之东安市场，午来扩充，王府井大街，遂成东城荟萃之地。其富庶情况，不减于昔日之前门大街"[2]。1936年，上海《申报》特派记者在北平观察到，"前门外商铺以资厚牌老胜、所谓北京老住户之购货（尤其衣料），恒以该处购获者为讲究。近年世事推移，此辈老住户大半衰落，前门外之商业已大呈颓势"。而王府井大街则"富丽堂皇"，"其在平市观瞻上几可媲美上海之南京路，东安市场以小巧玲珑胜，摊肆夹道，百货杂陈，诱惑性且较王府井为甚。故一般顾客，尤其摩登男女，多喜出入其间，外国人之来北平观光者，亦必以市场巡礼为必要之游程"[3]。这一时期，王府井所在的东城已经取代南城，成为北京商贸最为繁盛的区域，《北平旅行指南》对此载："目前王府井大街、东安市场、

1 崇普：《王府井大街记》，林传甲编纂：《京师街巷记》，"内左一区卷三"，北京：京师武学书馆，1919年版，第5—6页。
2 《北平市况：南城的繁荣已被东西城所夺》，《大公报》，1933年3月2日。
3 庶雅：《北上观感·自治风云中之惨象》，《申报》，1936年2月9日。

西单北大街、西单牌楼，西单商场一带，商业似有蒸蒸日上之势，崇内大街之光陆影院，灯市口之飞仙影院，西长安街新建之新新，长安，两戏院，均见活泼气象，较诸前外大街、大栅栏、观音寺渐有起色。各银行并在东四西四西单及王府井大街，设办事处二十三所，以资吸收储户欵项，而便商民，平市繁华重心，又由南城转移至东西城矣。"[1]

123

由于地处北京传统的达官显贵聚居地，且靠近东交民巷使馆区与西交民巷银行区，周边富户集中，还有一批外交使节及在京侨民，为王府井的商业发展提供了重要的目标客户与消费支撑，这一群体的消费品位与消费习惯对王府井的商业业态具有重要影响，呈现出高端、洋气的特点，与北京传统的商业面貌形成了明显差异。此地高档洋行众多，如英商邓禄普、力古洋行，德商西门子洋行，美商美丰、德士古洋行，法商利威洋行等。经营范围涵盖汽车、钟表、电器、钻石、西装等西洋色彩浓厚的商品，在经营模式上亦不断探索，商铺内外装潢高档，商品陈列炫目、考究。外资金融机构如美国花旗银行、法英东方汇理银行、华俄道胜银行等在此开设代理处。在一段相当长的时期内，王府井大街都是北京城内最为知名的商业中心之一，引领时尚消费潮流，承担着古都"摩登代言人"的特殊身份。

作为平民社会缩影的天桥

"天桥"最初确是一座高拱的石桥，建于明代，位于正阳门外北京城市中轴线南段，为明清帝王祭告天坛时的必经之路，

---

[1] 马芷庠编著、张恨水审定：《北平旅行指南》，第 10—11 页。

故名"天桥"。[1]从其所居地理位置及名称可见,明清时期的天桥是连接紫禁城与天坛、沟通世俗权力与上天权力的特殊通道,普通人被禁止在桥上通行。从这个意义上说,天桥也是明清北京城整体空间秩序中的一个重要的部件,这与后来它被赋予的底层民俗特征大异其趣。

自建成之后,天桥周边一带视野空旷,环境清幽,是京城士大夫重要的郊野游玩之地。清朝定都北京之后,限令内城汉人及商贩迁往城外,正阳门外商业日益繁华,成为全城重要的商业、娱乐中心。受此影响,至道咸年间,天桥地区陆续出现茶馆、鸟市,一些梨园行人士在此喊嗓、练把式,但尚未形成很大规模。此时,天桥仍是一派田园风光。据曾亲历天桥变迁的齐如山描述:"当光绪十余年间,桥之南,因旷无屋舍,官道之旁,惟树木荷塘而已。即桥北大街两侧,亦仅有广大之空场各一,场北酒楼茶肆在焉。登楼南望,绿波涟漪,杂以芰荷芦苇,杨柳梢头,烟云笼罩,飞鸟起灭。"[2]这种乡野景观很符合久居京城文人们的审美趣味,他们经常在此诗酒雅集,吟风弄月。附近虽有估衣摊、饭市及说书、杂耍等,但为数不多。

天桥商业的日渐兴起与清末民初北京城市空间结构变动与市场体系的兴衰密切相关。当地安门、东四、崇文门、花市等曾一度繁盛的商业区域相继衰退之时,天桥则借助于靠近正阳门的区位优势,逐渐吸引一批摊贩以及曲艺、杂技卖艺者,"天桥南北,地最宏敞,贾人趁墟之货,每日云集"[3]。"正阳门街衢窄狭,浮摊杂耍场莫能容纳。而南抵天桥,酒楼茶楼林立,

1 见张次溪:《天桥丛谈》,北京:中国人民大学出版社,2006年版,第1页。关于"天桥"名称起源,还有一种说法是源自附近的天坛。两种说法其实差异不大,实际指向都赋予了"天桥"一层特殊的权力背景与象征。
2 张次溪编:《天桥一览·齐序》,北京:中华印书局,1936年版,第1页。
3 震钧:《天咫偶闻》,北京:北京古籍出版社,1982年版,第135页。

又有映日荷花，拂风杨柳，点缀其间。旷然空场，尤为浮摊杂耍适当之地。于是正阳门大街，应有而未能有之浮摊杂耍，遂咸集于此，此天桥初有杂耍之原因。"天桥市场初具雏形，但"未至十分发达"，"又以京津车站设于马家铺，京汉车站设于卢沟桥，往来旅客，出入永定门，均以天桥为缩毂。而居民往游马家铺者甚多，亦于此要约期会，此天桥发达最早之因"[1]。庚子年间，天桥地区的商业受到一定冲击，但旋即恢复。

民国建立之后，天桥地区的商业功能更加丰富，除众多摊商之外，新增了戏园、落子馆等娱乐场所。"民国元年一月，厂甸改建街道，工程未竣，堆积砖瓦，无隙设摊，当局为谋维持摊贩利益，曾将厂甸年例集会，暂移香厂。时伶人俞振庭者，乘闲于厂北支一棚，演奏成班大戏，并约女伶孙一清串演，原定一月为期。期满，有人援例，移至金鱼池南岸上，赓续其业，未几，再由金鱼池迁至天桥，此实天桥有戏园之始，而同时继起者，亦比比矣"[2]。

1914 年京都市政公所建立之后对正阳门实施改造，督修工程处把围绕正阳门月墙的东西荷包巷各商铺房屋以及公私民房约 60 多处作价收购拆毁，这些工作至 1915 年基本完成。"而瓮城内两荷包巷商民，则合议将所拆存之木石砖瓦，移天桥西，建立天桥巷，凡七开，设酒饭镶牙各馆，并清唱茶社，暨各色商肆，以售百货，居百工，此又天桥渐成正式商场之始。"[3]

不过，天桥在日渐繁盛的同时，区域内环境也在恶化，"地势略洼，夏季积水，雨后敷以炉灰秽土，北隅又有明沟，

---

1 张次溪编：《天桥一览·齐序》，北京：中华印书局，1936 年版，第 3 页。
2 张次溪编著：《天桥丛谈》，北京：中国人民大学出版社，2006 年版，第 8 页。
3 张次溪：《人民首都的天桥》，北京：修绠堂书店，1951 年版，第 12 页。

秽水常溢，臭气冲天，货摊杂陈，游人拥挤。……由彼往西，地名香厂，夏季芦苇甚多。常年不断秽臭之气，所有商业者皆为臭皮局、臭胶厂，天桥臭沟泄其臭水，与香厂之名实决不相符"[1]。与前文齐如山所述之光绪年代景色已截然不同。

京都市政公所建立之后，平垫香厂，修成经纬六条大街，如华仁路、万明路等，开启了香厂新市区建设，很大程度上改善了天桥周边区域的环境：

六年，高尔禄长外右五区。督清道队削平其地，筑土路，析以经纬。同时是区居民卜荷泉诸人，复捐资于先农坛之东坛根下，凿池引水，种稻栽莲，辟水心亭商场，招商营业。茶社如环翠轩、香园；杂耍馆如天外天、藕香榭；饭馆如厚德福，皆美善。沿河筑长堤，夹岸植杨柳。其西南，各启一门，皆跨有木桥。河置小艇，每届炎夏，则红莲碧稻，四望无涯。一舸嬉游，有足乐者。[2]

新世界商场、城南游艺园在香厂地区先后建成，也为天桥带来了大量客流，天桥的经营面积大大扩张，"香厂由草昧慢慢的开化，连带着天桥的面目也渐渐改变起来"。香厂与天桥地区原有的市场连成一片，和平门外马路的拓展也是一个积极因素。1924年电车开通后，天桥成为通往东西城的第一、二路电车总站，"东自北新桥，西自西直门，东西亘十余里，瞬息可至"，"交通既便，游人愈夥，而天桥遂极一时之盛矣"[3]。

天桥地区基本可以分为娱乐场和市场两部分，一般以一、二路电车总站为标志。"在东则率多布摊及旧货摊、估

1 秋生：《天桥商场社会调查》，《北平日报》，1930 年 2 月 16 日、17 日。
2 张次溪编著：《天桥丛谈》，北京：修绠堂书店，1951 年版，第 11 页。
3 张次溪编：《天桥一览·齐序》，北京：中华印书局，1936 年版，第 1、3、4 页。

衣棚，北连草市，东至金鱼池。善于谋生之经济家，每年多取材于此。至其西面，则较东为繁盛，戏棚、落子馆为多，售卖货物者殊少。""其北建有天桥市场，内多酒饭店、茶馆之属，其他营业总难持久，颇呈寥落状况。惟此处收买当票及占算星命者异常之多，亦殊为市场中之特色。""天桥迤西，先农坛以东，近日成为最繁盛之区域，且自电车路兴修以后，天桥之电车站，更为东西两路之汇总，交通便利，游人益繁"，"即现在该处所有戏棚，已有五六处之多，落子馆亦称是，茶肆酒馆尤所在多有"。"由此迤西，沿途均为市肆，茶馆为最多，饭铺次之，杂耍场与售卖货摊亦排列而下，洵为繁多之市廛。"[1]

对于北京城里的大多数普通百姓而言，他们在这里能够欣赏廉价的表演，甚至享受免费的娱乐，购买辗转多手的旧货。与此同时，北平正因国都南迁而伤了元气，市面空虚、百业萧条。天桥地区则因定位低端、消费廉价而迎合了特定的消费群体，不仅未受影响，反而日渐兴旺，"近两年平市繁荣顿减，惟天桥依然繁荣异常，各地商业不振，惟天桥商业发达"[2]。《北平旅行指南》也描述道："艺人如蚁，游人如鲫，虽在此平市百业萧条、市面空虚中，而天桥之荣华反日见繁盛。"[3]

当天桥地区的商业逐渐发达之时，曾经的"天子之桥"的命运也几经波折。清末铺筑正阳门至永定门之间的碎石子马路时，天桥已经丧失原有功能，桥身也为适应马车、汽车通行而降低变成矮桥。1929年，正阳门外大街开始修建有轨电车，天桥变成平桥，但桥栏板仍存。至1934年，为展宽正阳门至永定门道路，天桥作为一座

1 陈宗蕃：《燕都丛考》，北京：北京古籍出版社，1991年版，第641页。
2 秋生：《天桥商场社会调查》，《北平日报》，1930年2月16日。
3 马芷庠编著、张恨水审定：《北平旅行指南》，第260—261页。

石桥彻底被拆除，此地再无帝制时代的皇权遗迹，其后一直以地名的方式存留至今。

如果说，王府井大街代表了民国北京新兴的商业形态，天桥地区则是另外一种传统模式。此地虽号称繁盛，商家众多，但都为临时性摊贩，设施简陋。民国初年的《天桥临时市场暂行简明章程》规定，天桥市场以维持小本经营为宗旨，"在本市场租地营业者，只准支搭棚屋、板棚，不得建盖房屋"[1]。区域内的所谓"建筑"低矮而杂乱无章，小贩遍地铺陈。在众多来源不同的材料中，对天桥日常形态的描述多有雷同：

> 站在天桥西头，朝东望，一片高低不平，处处掺杂着碎砖烂瓦的地上，黑丛丛摆着无数荒似的一堆垛一堆垛的地摊，破铜烂铁，零碎家具，古董玩器，以及一切叫不出名目的东西，可是这里的东西虽多，但能够卖上一元的东西，却是凤毛麟角了，在这儿，有许多摆摊的，一见到警察的影子，便眼疾手快，溜之大吉，当然啰，这么着，便可免掏两大枚的摊捐啊。在有摆花生摊的先农市场门前两边，搭着许多补着补丁的破布棚，里面是满塞着现成的衣服，男的，女的，大人的孩子的，以及单的棉的，买估衣的伙计们，不嫌麻烦的，一件件提抖着。[2]

这种观察很具有普遍性，天桥是专属中下层社会的消费空间与娱乐空间，"正阳门外天桥，向为游人麇集之处，一般小商业，及低级生涯，均在该处辟地为业，故有平民市场之称"[3]。那里"游人如蚁"，但"婆人居多"[4]。"很少有绅士气度的大人先生，在此高瞻阔步，到这里来玩的人，多半是以体力

1 黄宗汉主编：《天桥往事录》，北京：北京出版社，1995年版，第43—44页。
2 慈：《天桥素描》，《市政评论》，第3卷第16期。
3 马芷庠编著、张恨水审定：《北平旅行指南》，第10页。
4 易顺鼎：《天桥曲》，转引自张次溪编著《天桥丛谈》，中国人民大学出版社，1936年版，第35页。

和血汗换得食料的劳苦的人们。他们在每天疲倦以后，因为这里不需要高贵的费用，便可以到这里来，做一个暂时的有闲阶级，听听玩艺儿，看看杂耍，忘却了终日的疲劳，精神上得受了无限的慰藉。"[1] 各种对天桥那些黑压压的人群的描述也呈现出基本一致的面部特征与精神状态：

> 天桥是个贫民窟，同时也像一个各种人型的容受湖。四下的人行道上黑压压的头，潮浪般的向这里流，流来的并不静止下来，仍是打这湖的此岸流向彼岸。真的，如果你能在天桥蹓跶一个下午，保管你会遇到这样的情形，同一张脸，刚打你跟前溜走了，一会儿又流了来。在这形形色色的一叶中，看出了有的是因了家庭破产，而失了学的流浪青年，有的是因为受不了官家的横征暴敛，纳不起苛捐杂税，缴不起租价，被生活迫害着不得不放下锄头，打穷乡僻野里跑到繁华的都市来找活作，而又失望的庄稼人。有的是曾在没落途中用过死劲，想还有那些逃灾逃难，无家可归，已沦落成叫花子的男人女人，更有不少的受了掌柜的嘱附，出来取送货物，而偷着来玩会的小伙计们，那些腰间系着条皮带，毫没杀气的武夫们，……在这群各具其面，异声异气的人的脸上，都是深深的刻画着一个在饥饿线上挣扎的创痕，并且表现着无聊，枯寂，不安，忧愁的姿态。[2]

对于众多卖艺者而言，天桥是他们重要的谋生之所，"三教九流无奇不有，百业杂陈无所不备，凡欲维持临时生活者，苟有一技特长，能博观者之欢乐，亦可借此糊口"[3]。但是，穷人的消费者仍然是穷人，非常有限的铜板基本上仍在这个封闭的空间中实现着内循环，"自

1 张次溪编：《天桥一览》，北京：中华印书局，1936 年版，第 12 页。
2 慈：《天桥素描》，《市政评论》，第 3 卷第 16 期。
3 马芷庠编著、张恨水审定：《北平旅行指南》，第 260—261 页。

前清以来，京师穷民，生计日艰，游民亦日众，贫人鬻技营业之场，为富人所不至，而贫人鬻技营业以得者，仍皆贫人之财。余既睹惊鸿，复睹哀鸿，然惊鸿皆哀鸿也。余与游者，亦哀鸿也"[1]。那些贫困的卖艺者在这里赚取一家人一天的吃食，并在这里消费，然后所剩无几。对于他们而言，"天桥是一部活动电影，是一部沉痛人生的悲剧，虽然，你从他们的脸上，可以看到他们都有笑容。这笑容，是从他们铁压下的心上和身上榨出来的。为了生活，他们便把自己的悲剧来反串喜剧，把自己的眼泪滴成歌曲，自己的技术作为商品，自己的精力变成娱乐。……下层群众的集体，天桥写出了这社会穷苦者的真实面目，匍匐人生道上，流血出汗洒泪珠，是为了生活，是为了应付不断抽上身来的铁鞭，每个人，在这把生命渐渐支还上帝去，他不会知道自己一生是为着什么，也不知道自己为什么要这样生活。他承认命运，那人骗人的荒谬的语言，使他们不作声息过下这一生。"[2]

天桥既为人烟稠密之地，秩序混乱，往来人员复杂，多有作奸犯科者藏匿其中，"据说侦缉总队是派有很多人，天天化妆在这里采访、侦视，做办案的工作。他们自己说，这里是藏污纳秽的所在。一般下层社会的人，多要在闲暇的时候到这里来玩。凡是做案的人，多不是什么高尚有知识的人。在他们没见过多大世面的人，陡然的得了意外的财富，自然免不了挥霍和夸耀，因此在娼窑和天桥是很好的办案的处所。他们得着这妙诀，所以在这里很破过许多惊人的奇案。还有其他机关，也派有相当的密探"[3]。北京大

1 易顺鼎：《天桥曲》，转引自张次溪编著《天桥丛谈》，北京：中国人民大学出版社，1936年版，第35—36页。
2 裘若霞：《天桥》，《宇宙风》第21期，1936年7月16日。
3 张次溪编：《天桥一览》，北京：中华印书局，1936年版，第13页。

学社会学教授严景耀通过调查得出结论："北京四分之一以上的窃盗罪是在前门外（包括东西车站）及天桥犯的。"[1]

此外，天桥还一直被视为"有伤风化"之地，"顾往游者品类不齐，售技者为迎合观众心理，举动亦往往儇佻，益以脂粉为生之游娼，复假此地为勾引浮薄之所。职是之故，天桥乃不见齿于士林"。[2] 在众多知识群体的描述中，天桥代表着粗鄙、杂乱、底层，甚至污秽、肮脏，他们普遍表现出高高在上的俯视心态。

131

摩登与粗鄙：一座城市的两种书写

1918 年，李大钊根据他在北京的生活体验描述了当时社会的新旧并存：

中国今日生活现象矛盾的原因，全在新旧的性质相差太远，活动又相邻太近。换句话说，就是新旧之间，纵的距离太远，横的距离太近，时间的性质差的太多，空间的接触逼的太紧。同时同地不容并有的人物、事实、思想、议论，走来走去，竟不能不走在一路来碰头，呈出两两配映、两两对立的奇观。[3]

与此类似的是，瞿宣颖如此概括庚子之后三十年中的北京：

自庚子以至戊辰，这将近三十年中，北京是个新旧交争的时代。旧的一切还不肯完全降服，而对于新的也不能不酌量的接收。譬如拿些新衣服勉强装在旧骨骼之上，新衣服本不是上等的，而旧骨骼也不免失去原有的形状。[4]

1 严景耀：《北京犯罪之社会分析》，《社会学界》，1928 年第 2 期。
2 张次溪编：《天桥一览·王序》，北京：中华印书局，1936 年版，第 1 页。
3 李大钊：《新的！旧的！》，《新青年》第 4 卷第 5 号，1918 年 5 月 15 日。
4 铢庵（瞿宣颖）：《北游录话（七）》，《宇宙风》第 26 期，1936 年 11 月 1 日。

沈从文对民国北京的印象就是在不断变化，"正把附属于近八百年建都积累的一切，在加速处理过程中"[1]。正是在一段极短的时间内，社会发生剧变，由此在一个有限的城市空间中表现出诸多冲突与对峙，正如诗人钱歌川在 20 世纪 30 年代看到的那样，北平"真是一个怪地方，新的新到裸腿露臂，旧的旧到结幕而居"[2]。无独有偶，同时期的另一位观察者也注意于此："赤着大腿的姑娘，和缠着小脚的女人并排的立着走着，各行其是，谁也不妨碍谁。圣人一般的学者，和目不识丁的村氓可以在一块儿喝茶，而各不以为耻，如同电灯和菜油灯同在一个房间一样，各自放着各自的光。"以至于作者不得不感叹："北平有海一般的伟大，似乎没有空间与时间的划分。他能古今并容，新旧兼收，极冲突，极矛盾的现象，在他是受之泰然，半点不调和也没有。"[3]朱自清也曾对此总结："北平之所以大，因为它做了几百年的首都；它的怀抱里拥有各地各国的人，各色各样的人，更因为这些人合力创造或输入的文化。"[4]后来，作家林语堂也用写实的笔调，概括了民国北京的多元与包容：

满洲人来了，去了，老北京不在乎；欧洲的白种人来了，以优势的武力洗劫过北京城，老北京不在乎；现代穿西服的留学生，现代卷曲头发的女人来了，带着新式样，带着新的消遣娱乐，老北京也不在乎；现代十层高的大饭店和北京的平房并排而立，老北京也不在乎；壮丽的现代医院和几百年的中国老药铺兼存并列，现代的女学生和赤背的老拳术师同住一个院子，老北京也不在乎；

1 沈从文：《二十年代的中国新文学》，《沈从文全集》第 12 卷，太原：北岳文艺出版社，2002 年版，第 377 页。
2 味橄（钱歌川）：《游牧遗风》，收入其《北平夜话》，上海：中华书局，1936 年版，第 99 页。
3 老向：《难认识的北平》，《宇宙风》第 19 期，1936 年 6 月 16 日。
4 朱自清：《南行通信》，原载《骆驼草》第 12 期，1930 年 7 月 28 日。引自朱乔森编《朱自清散文全集》（下），江苏教育出版社，第 543 页。

和尚、道士、太监，都来承受老北京的阳光，老北京对他们一
律欢迎。*1*

　　作为长期的国都，北京一直是五方杂处之地，新旧、中西、
贫富、高低同时存在，从而也比其他城市能够容纳更多如此对
立的事物。以王府井与天桥为例，两者作为民国北京非常重要
的商品消费与大众娱乐空间，虽然相距不远，但呈现出完全不
同的城市样貌以及区域内人群典型的生命体群像。在王府井大 **133**
街，已经是一派现代都市气象，一位游客回忆他在 1933 年游
览的感受：

　　一下车，也许会使你吃一惊，以为刚出了东交民巷，怎么
又来到租界地。不然何以这么多的洋大人？商店楼房，南北耸
立，有的广告招牌上，竟全是些 ABC。来往的行人自然是些
大摩登、小摩登、男摩登、女摩登之类，到夏天她们都是袒胸
露臂，在马路上挤来挤去，实在有点那个。再向前走，到了东
安市场，一进大门，便有一种莫名其妙的香气，沁人心脾，会
使你陶醉，陶醉在这纸醉金迷的市场里。到晚上，电光争明，
游人拥挤，谁初次来临不感到头晕目眩、眼花缭乱呢？*2*

　　而夜色下的东安市场则呈现出另一种异常暧昧的情调：

　　街面给电灯光所反映出的树影是扶疏的，脚踏车、人力车、
汽车、混合在喧嚣的一团里。凌乱的排列着几家商店，流露出
了一点上海味，然而还摆脱不了北平固有的形态。市场的南口
是虚掩的，里面充满了热烈的情绪。一列列的新设的木架上排
满着货物，给灯光照得亮晶晶地。时断时续的游女，都在薄的
衣上加着短的毛线外衣，秋

1 林语堂：《京华烟云（下）》，《林语堂名著全集》，第 2 卷，
张振玉译，长春：东北师范大学出版社，1994 年版，第
420 页。
2 孟起：《蹓跶》，《宇宙风》第 23 期，1936 年 8 月 16 日。

是显明地证明着是深沉的。转入了另外的一条场面时，迎面荡来的几个全是娇媚的笑魇，浓馥的香气，洁丽平整的服饰的波纹，夏季的汗臭和初春的情热都早成为过时的货色了。[1]

被时尚、洋气氛围包围的王府井俨然已经成为北京都市景观与摩登生活的"代言人"。而反观离此并不太远的天桥，则呈现出像似另一个世界的粗鄙景象，飞扬的尘土与污浊的气味给天桥的不同游览者留下了共同的印记：

天桥的暴土永远是飞扬着，尤其是在游人拥挤的时候。虽然也有时，暴土会稍为灭迹，然而这也只是在黄昏的一刹那，是极短暂的时间。在午间，游人们是兴奋的来到这里。同时，暴土也飞扬起来。汗的臭味、薰人的气息、还有脏水被日光所蒸就兴奋的发的恶味，是一阵阵的随着风飘过来，送到每个人的鼻孔里。这气味的难闻，会使人呼吸都感觉着窒塞。[2]

同样，"一股葱蒜和油的气息"出现在了作家姚克对于天桥的描述文字中，他称天桥为"高等华人所不去""北平下层阶级的乐园"。[3] "除却了一般失业的工人、退伍的士兵、劳苦大众及小商人等，摩登男女是绝少往游的。"[4] 当时《世界日报》也介绍说天桥"地方虽然大，空气颇不好"。[5] 因此，这里很难发现"绅士的少爷小姐们"的足迹，"他们怕灰土的污染，怕臭气的难闻，怕嘈杂的侵扰，他们是不愿看这些贱民，这些低级的艺术，这些缺少甜蜜味的剧本"[6]。民国时期，天桥一直被视为北京城内贫贱、卑微与肮脏的符号，是"下

1 木易：《东安市场巡礼》，《老实话》第 10 期，1933 年。
2 张次溪编：《天桥一览》，中华印书局，1936 年版，第 12—13 页。
3 姚克：《天桥风景线》，姜德明编：《北京乎：现代作家笔下的北京（1919—1949）》，上，第 353—357 页。
4 程文藻：《北平社会经济的一瞥（续）》，《申报》，1933 年 7 月 24 日。
5《平市人心渐趋安定，将重觅享乐生活》，《世界日报》，1933 年 6 月 2 日。
6 袁若霞：《天桥》，《宇宙风》第 21 期，1936 年 7 月 16 日。

等人"的聚集之地，是自恃为"上等人"不愿去的地方，"天桥也就和伦敦的东区（East End）一样，是北平的贫民窟"1。那里的世界由许多散落着的布棚组合起来，那里的人群脸色多是"焦黑"或是"菜黄色"，他们从天桥中走出就像从"垃圾堆里""魔窟里"走出来一样。对于那些"美国绅士化的先生"和"擦巴黎香粉的小姐们"而言，天桥就像"谜一样"！2《大公报》则直接对比了东安市场与天桥：

> 市场是有钱人们的消闲地，和天桥正是分道扬镳，各不相犯。从平常你可以听到"天桥地方太脏""市场东西特贵"这一类的话就可以证明。东安市场，那里有西服装、咖啡馆、画片摊，台球社，说不出颜色的蒙头纱，不带中国字的样糖果。……"畅销洋货大本营"，真是实至而名归。3

东安市场确实处处弥漫着"洋味"和"贵族化"：

> 东安市场在东城，多异邦街房，所以处处都带出点洋味来，（素称东城洋化，西城学生化，南城娼寮化，北城旗人化）因为他处在一个洋化区域之地，所以就得受洋化的传染，市场里的买卖，有的是专为买卖外国人而设的（如古玩玉器等），商人们也都能说两名洋话，来来往往的洋主顾，可占全市场内三分之二，逛市场的中国人，也以西服哥儿，洋式的小姐太太为最多，看来东安市场真是有点洋味和贵族化。4

不过，在许多人的认知中，带有现代气息的王府井、东长安街并不能够代表北京的城市底色。1936 年，一位作者在《宇宙风》杂志上称："我总以为北平的地道精神不在东交

---

1 味橄（钱歌川）：《游牧遗风》，收入其《北平夜话》，中华书局，1936 年版，第 102—103 页。

2 文：《天桥印象记》，《老实话》第 6 期，1933 年。

3 卡员：《故都印象》，《大公报》，1932 年 10 月 15 日。

4 云：《东安与西单商场》，《市政评论》第 3 卷第 15 期。

民巷、东安市场、大学、电影院，这些在地道北平精神上讲起来只能算左道，摩登，北平容纳而不受其化，任你有跳舞场，她仍保存茶馆；任你有球场，她仍保存鸟市；任你有百货公司，她仍保存庙会。"[1] 社会学家李景汉在 1951 年为张次溪出版的《人民首都的天桥》所做的长序中也提及："真北京人不是住在皇宫里面的，不是住在六国饭店的，不是住在交民巷的，不是住在高楼大厦的，不是住在那些公馆的，也不是常到大栅栏买东西的士女，或常光顾八大胡同的大人先生们。"[2]

而天桥则深刻嵌入了北京百姓的日常生活，亦被视为底层社会百相的重要展示地。《北平旅行指南》称："天桥为一完全平民化之娱乐场所，亦即为北平社会之缩影。"[3] 更有称天桥为北平大众的"情人"：

天桥是大众的情人，虽然脸子丑，可动摇不了爱者心。……在大众的眼里，这情人是金子，是宝贝。丽颜解不开恋结，装帧治不饱饥饿。只要她小心儿公平，大众就安慰。被生活压扁了的人，满怀着需求温暖，这情人正不羞涩地张开手臂，让那些粗野的魂灵拥抱；这情人正不吝啬抛洒着爱露，使那些污秽的口齿芬馨。柔情惑住了一头头的豹，你说卑弱的大众，不爱她，又爱谁？天桥便是以圣处女博爱的姿态，给你一个烈火似的照面。不论春花或秋月，不计清晨与黄昏，无一日，这儿不是一对挤，无一时，这儿不是一片嚷！估衣摊、京戏园、坤书馆、把戏场，声的嘈杂与人的喧嚣，整个暴露小世界的混乱，也整个暴露了这民族依旧是一盘沙。[4]

1 张玄：《北平的庙会》，《宇宙风》第 19 期，1936 年 6 月 16 日。
2 张次溪：《人民首都的天桥》，修绠堂书店，1951 年版，第 2 页。
3 马芷庠编著、张恨水审定：《北平旅行指南》，第 260 页。
4 刘芳棣：《天桥：北平大众的情人》，《中央日报》，1936 年 7 月 7 日。

王伯龙在为张次溪《天桥一览》所作序言曾言："天桥者，固北平下级民众会合游息之所也。入其中，而北平之社会风俗，一斑可见。……四郊人民，遂以逛天桥为惟一快事。"齐如山在为此书所做的序言中也强调了这一点："今日之天桥，为北平下级社会聚集娱乐之所，以其可充分表现民间之风俗，于是外人游历，亦多注意于此，乃与宫殿园囿，等量齐观，其重要从可知矣。"为此，他建议，"有市政之责者，固应因势利导，推行改进。举凡卫生风化诸大端，若者取缔，若者改良，使下级民众，奔走终日。藉此乐园，得少游息，以调整其身心，节宣其劳苦，可为施政布化之助，毋为游情淫逸养成之所，以贻讥于外人。"[1]北平市社会局确也曾有在此设立民众乐园的计划，通过政治与教育双管齐下，以期改进区域秩序与市容观瞻。

不过，天桥地区的情况一直没有得到太多提升，日军占领北平之后，一些日本文人多次探访天桥一带，在他们的笔下，天桥区域仍然是"脏""穷""乱""俗"集中的地方，作家小田岳夫的《紫禁城与天桥》集中代表了这批日本文人对天桥的观察与体验：

> 与紫金城的庄严、华丽相比，这里是到处是污秽、卑俗，……其他地方随着文明的推移多少呈现出一些变迁，而与之相比，好像只有这里未被时代大潮所冲刷，保存着许多昔时的模样。事实上，这里处于没有电灯设备、开场只限于白天的状态，不论是杂耍的性质，还是胳膊纹着刺青、目光怪僻的无赖流氓之戏法、杂技演员仿佛从《三国志》中走出之感，都让人不由得产生一种地球虽在横向转动，我们却在纵向意义上逆

1 张次溪编：《天桥一览》，中华印书局，1936年版，第1、3—4页。

时而生的奇异之感。……北京内城区之美与民众实际生活水平
之低乃是大相径庭。说到如梦如诗般的北京城，有人也许会将
生活其中的人也加以诗化想象。诚然，北京民众与其他城市的
人比较起来，沉稳大方，但满街上来往的是破衣车夫，居民就
像所有中国人一样，是彻底的实利主义者。我又想到了杭州西
湖等巧妙利用了自然而造就的风景、上海租界等在社会生活的
基础上形成的城市，感觉北京城之美是与民众生活、自然毫无
关系的、尚未从古时王者之梦的遗迹中迈出一步的、幻影般虚
幻之美。我想，这里有着北京的巨大矛盾。*1*

138

小田岳夫与齐如山都同时提到了北京的宫殿与天桥，两者
的巨大对比呈现出的是北京城深刻的矛盾性，然而，这又是无
法否认的真实，在两个相距并不远的城市空间内部彼此独立而
鲜活地存在着，二者都是北京，城市内部的割裂性在王府井与
天桥的对比中表现得最为直观。

民国时期，基于较低的社会经济发展水平，北京的城市建
设在空间上存在着明显的不均衡性，不同区域之间的城市景观
形成鲜明对比。王府井周边的东长安街地区是北京最早开启城
市化进程的区域，也是最能体现民国初年北京都市繁华的典型
区域，"街道宽阔，清洁异常。若远立南端，遥望北瞻，则楼
房林立，高耸霄汉，树路花草，云错其间。夜晚电灯悉明，照
耀有如白昼，直有欧风美景。不若他处房屋矮小，街道污秽，
人声嘈杂，一种腐败现象也"*2*。与此邻近的崇文门一带"行人
拥挤，买卖发达，晚间电灯
悉明，照耀如同白昼，夏间

1 小田岳夫：《紫禁城与天桥》，竹山书房，1942年版，第
50—52页。引自王升远：《"文明"的耻部——侵华时期日
本文化人的北京天桥体验》，《外国文学评论》，2014年第2
期。
2 宋世斌：《东长安街记》，林传甲编纂：《京师街巷记》，"内
左一区卷二"，京师武学书馆，1919年版，第6—7页。

凉棚阴密，且多系楼房，一洗前清之旧观也"1。

到了 20 世纪 30 年代中期，随着都市的进化，"王府井大街及东西单牌楼一带则完全向于立体派与现代都市派的设备了"，"东长安街多少是带有几分外国风味的，因为在它的附近的环境完全是洋味的，像东交民巷使馆区的墙界，近代化建筑的北京饭店，中央，长安等大饭店，所以这里修建得很整齐的，将来要等东长安街的牌楼改建好了，怕是会更美观！"2 1927 年，北京大学政治学教授彭学沛在一个黄昏时分驱车经过东长安街所感受到是：

左边是一座摩天的高楼，无数的光明映照着满天的星斗。绿窗里，望得见金发的美人，想必是，坐对着盈盈的红樽。可是呀，千万别望到视平线以下！

右边是异邦人的管区，鳞列栉比的都是琼楼玉宇，青青的，廻环蔓延的藤萝，细细地，传出悠扬宛转的清歌。可是呀，仍然别望到视平线以下！3

在那些摩天高楼、金发美人、宛转清歌之外，仍有一处"视平线以下"的那个我们没有看到的世界，作者虽未明确言及，但想必与眼前呈现的景象存在着巨大反差。

民国北京是一个异常纷繁与复杂的城市个体，不同群体并不能够共同分享同一座城市的相同记忆。对于王府井与天桥而言，二者都是外人认知民国北京的重要载体与媒介，如果只以一点观察北京，必然影响人们对城市的基本感知。1924 年，林语堂就提醒那些"凡留美留欧新回国的人，特别那些有高尚理想者，不可不到哈德门外

1 崔扬名：《崇文门大街记》，林传甲编纂：《京师街巷记》，"内左一区卷二"，京师武学书馆，1919 年版，第 4 页。
2 张麦珈：《北平的新姿态与动向》，《市政评论》第 3 卷第 20 期。
3 彭学沛：《黄昏驱车过东长安街》，《现代评论》第 4 卷第 84 期。

走一走",因为一出哈德门外便可领略到"土气"。这种"土气"足可以"使他对于他在外国时想到的一切理想计划稍有戒心,不要把在中国做事看得太容易"。[1] 1927 年,从上海来的作家叶灵凤对北京发出感叹:"当我从东交民巷光泽平坦的柏油大道上走回了我们泥深三尺的中国地时,我又不知道那一个是该咒诅的了。"[2] 几年之后,另一位从南方来到北京的作家钱歌川也有如此感受:

140

> 惯在北平王府井大街或东交民巷一带走动的人,他们是不会知道人间有地狱的。一朝走到天桥,也许他们要惊讶那是另外一个世界。殊不知那正是我们这个世界的基础,我们这个人间组织的最大的成分呢。[3]

然而,情况似乎没有太大改善,十几年之后的 1948 年,当一位刚刚见识到王府井、东交民巷那样街道的游客来到天桥周边时,所见所感与钱歌川如出一辙:

> 我真是一个天大的傻瓜,我原先以为北京城只有像王府井东交民巷那样的街道,很替我们的文明感到荣耀,想到自己能生活在这样清洁高贵的城市里,不禁有些飘飘然了。现在却忽然从半空中跌下来;这算是什么都市!这样肮脏破烂的地方,连我们的乡下都不如呢。[4]

需要指出的是,王府井与天桥的区域环境差异巨大,但并非没有交集,商业场所的开放性与流动性仍然在这两个截然不同的消费空间中部分存在。在天桥,虽然少见所谓的上等阶级,但并非完全绝

1 林语堂:《论上气与思想界之关系》,《语丝》第 3 期,1924 年 12 月。
2 叶灵凤:《北游漫笔》,《天竹》,上海现代书局,1931 年版,第 49—61 页。
3 味橄(钱歌川):《游牧遗风》,《北平夜话》,第 105 页。
4 青苗:《陶然亭访墓记》(1948 年),《如梦令——文人笔下的旧京》,北京:北京出版社,1997 年版,第 589 页。

迹。进入 20 世纪 30 年代之后，天桥的规模不断扩大，经营环境也有改良，一些演出场所"渐趋文明"，"非复昔时之简陋矣"，"而往游者非完全下层市民，至中上级亦有涉足其间者"。*1*
张恨水小说《啼笑因缘》中很会游历的富家子弟樊家树，因为玩遍了北京的名胜古迹，于是"转而到下层人士常去的天桥游玩"，由此还发展出一段凄婉的爱情故事。*2* 同样，在消费主义大潮兴起的过程中，王府井地区经过不断发展，已经不仅仅是一个单一的消费场所，而逐渐演化为外人到京后争相浏览、参观的一处都市标志性新景观。以东安市场为例，虽然其以"高端"为定位，但来此游逛者也包含了其他阶层的人群，"上中下三等俱全，而其中尤以学生为最多，所以一到放假的日子，人便会多得拥挤不动。远道来京的人们，因为震于'市场'的大名，也一定要去观观光"*3*。作为不同类型、不同层次的商业街区，二者并非彼此排斥而是非竞争性并存。

141

余论

王府井与天桥两种城市景观的生成，实际上也是近代北京城市空间结构演变的一种历史表现。清代北京内城代表着权力、等级与秩序，外城则容纳了更多民间市井社会的生活内容，"内外城之间的城垣分辨出两个城区，造就两类城市社会，外城的存在，调整、缓和了京师的森严气氛，增加了京师城市社会的世俗性、丰富性"*4*。进入民国之后，皇权解体，北京内外城显性的地理边界逐

1 马芷庠编著、张恨水审定：《北平旅行指南》，第 260—261 页。
2 张恨水：《啼笑因缘》，合肥：安徽文艺出版社，1985 年版，第 1 页。
3 太白：《北平的市场》，《宇宙风》第 21 期，1936 年 7 月 16 日。
4 唐晓峰：《明代北京外城修建的社会意义》，复旦大学文史研究院编：《都市繁华——一千五百年来的东亚城市生活史》，北京：中华书局，2010 年版，第 138 页。

渐被打破，但自明清以来一直存在的隐性的城市空间的等级差异延袭了下来，内外城在社会结构意义上的等级区分仍未有根本性改变，官方的主导、资本的驱动以及财富的聚集效应仍然维持着内城在北京城市格局中的核心地位。王府井大街地处京城传统的达官显贵聚居之地，且毗邻东交民巷使馆区，集聚众多高档洋行与外资金融机构，诸多因素决定了其"高端""洋化"的商业形态。而天桥地区作为北京的外城，缺乏近代化的市政基础设施，地价与房租明显低于内城。这里三教九流、贩夫走卒、倡优皂隶，无所不包，成为城市贫民的主要聚居地。

近年来，"民国热"不断升温，"民国范"被不断提及，浓重的怀旧气息与个体化的私人叙述构筑了民国的"黄金时代"。实际上，这种现象主要是当代人对逝夫岁月的一种"记忆投射"，是借助历史资源对现实社会诸多现象进行的一种"柔性反抗"。他们通过选择性收集相关史料文字，构建了一个主观性很强的"想象世界"。以北京为例，当时大量文人、知识分子借助于文字表达方面的优势，他们的相关记忆与感性描述成为了构建"民国北京"的重要史料来源。但是，这类群体当时无论在经济地位还是在社会地位上，都属中上层群体，不仅在地域文化背景上与传统北京的普通平民有很大隔膜，在日常生活经验上也有诸多差异。他们那些带有浓重个人化色彩的散文性文字往往容易放大民国北京古朴、诗意的一面，对大部分底层群体的生存状态"视而不见"或"选择性失明"，这也反映出文学作品作为史料的使用限度，它们还不能代替当时官方以及一些社会学家所开展的各种社会调查数据。

并不存在一个统一的"民国北京"，任何建立在单一史料来源基础上的城市叙事模式如同盲人摸象，都需要进行系统反思。城市史研究有多重内容、多重路径，城市阅读、城市书写是城市史研究中一种非常重要的表现方式，因阶级、种族、性别、年龄及文化水准等方面的差异，不同的观察视野，呈现民国北京不同的城市面孔。从这个意义上说，只有真正进入城市内部，将那些被掩盖在统一表面之下的矛盾性与割裂性更多地表现出来，可能更加符合逝去时代的基本特征，亦是城市史研究的应有之义。正是不同叙述中的差异甚至矛盾构建了民国北京的多维面相，这几乎适用于所有城市。

原刊《学术月刊》2016 年第 12 期

城市书写
与记忆

民国北京
研究精粹
第二辑

地方政治

空间维度

抗战时期的北平

南社等革命党人的
北京想象与书写

季剑青

　　辛亥革命时期，南方革命党人基于政治和种族立场，对北京常常怀有一种负面印象，视其为受到"胡虏"和官僚政治污染的都城，同时又希望借助革命来改变这种面貌。尤其是在南社文人的作品和活动中，清晰地表现出面对北京的复杂心态。南社文人的北京想象和书写，折射出近代文人与政治之间的错位与纠葛。

　　在以推翻清朝统治为目标的革命党人看来，北京是专制的巢穴，是游牧民族盘踞的腥膻之地，也是有待恢复的"神京"。只有犁庭扫穴，直捣黄龙，革命才算真正成功。特别是那些以文字鼓吹为职志的南社文人，常在诗文中畅想攻取北京的功业。1911 年 10 月的武昌起义，似乎让他们看到了实现这一理想的曙光，然而由于革命党人与袁世凯集团的妥协，北伐终成泡影。北京虽然成为中华民国的首都，但由于没有经过革命的洗礼，并没有发生革命党人期待中脱胎换骨的变化。一部分南社文人带着一试身手的希冀，北上投身于政治舞台，结果却陷入官僚政治的泥潭。在他们对北京这座城市的想象与书写中，纠结着光荣与梦想、愤怒与失落、革新与怀旧等种种错综与矛盾，折射出的却是文人面对现实政治的窘迫。

"中央革命"与燕地侠风

清末革命党人从事武装起义等军事活动，主要是在南方，但也曾经考虑过直接在北京发动革命，即所谓"中央革命"。最早提出"中央革命"的是孙中山，1894年1月，孙中山草拟上直督李鸿章书稿。"之后赴香港，与陈少白斟酌书稿字句，谓'吾辈革命有二途径，一为中央革命，一为地方革命，如此项条陈得鸿章接纳，则借此进身，可以实行中央革命，较地方革命为事半功倍'，少白亦以为然。"此时所谓"中央革命"，仍是如戊戌维新党人那样采用和平方法，促使清廷改行立宪政体，因意见未被接纳，孙中山才转而实行武力的"地方革命"。[1] 此后鼓吹"中央革命"者则强调直接在京师发动武装革命。1903年，张继在《苏报》上撰文主张"中央革命"，他从欧洲革命经验得到启发，指出中央革命易，地方革命难，欧洲之革命，"由地方而起者，惟英伦三岛而已，全大陆诸国，则革命之主动力莫不在京城"。他听说京师大学堂学生有秘密结社从事革命之举，为之欢呼雀跃，"中央革命将于是起乎！"北京作为"黑暗区中之黑暗地狱"和"满洲游牧之巢穴"，而能发出"中央革命"之曙光，堪称奇迹。[2] 然而张继期待中的"中央革命"并没有出现，他本人倒是于次年夏天，与何海樵跑到北京视察至颐和园路线，策划用炸药暗杀慈禧和光绪，身体力行"中央革命"。后来由于经费和环境问题，未能付诸实践。[3] 据和张继熟识的章士钊回忆，张继"甚迷信中央革命"，即辛亥革命成功"犹不足以破溥泉之

---

1 张玉法：《民国初年的政党》，中国台北："中央研究院"近代史研究所，2002年版，第163页。孙derived对话原文见冯自由《中国革命运动二十六年组织史》，上海：商务印书馆，1948年版，第13页。

2 自然生（张继）：《祝北京大学堂学生》，《辛亥革命前十年间时论选集》第一卷下册，第682—683页。

3 张继：《张溥泉先生回忆录·日记》，沈云龙主编"近代中国史料丛刊三编"第3辑第24册，中国台北：文海出版社，1982年版，第6页。

执念", 民国成立后仍谋刺杀袁世凯。[1]

在革命党人军事实力并不占优的条件下, 要在北京发动"中央革命"几无可能。革命党人中一些成熟的政治家对此有较为清醒的认识。1906 年汪精卫在《民报》上发表文章, 讨论革命军"发难"的策略, 他指出革命军发难有三术, "一曰扼吭, 谓复其首都, 建瓴以临海内; 二曰负隅, 谓雄踞一方, 进战退守; 三曰蠭起, 谓分举响应, 使伪政府土崩瓦解, 权力委地。"欧洲之革命多用"扼吭"之策, 但"英法之革命, 所以能发难于首都者, 以其为市民革命故也", 而中国之革命"非市民的革命, 乃一班人民的革命", "故扼吭之策, 可以为革命军之结局, 而不适于革命军之发难, 由不能以为根据地也"。比较现实的策略是第二术和第三术合谋并进, 最终收取第二术之效。[2] 宋教仁也认真考虑过"中央革命"的可能性。1911 年4 月, 宋教仁参加黄花岗起义, 事败之后, 宋教仁鉴于起义屡遭失败, 提出"建三策"的军事方略, 上策为中央革命, 联络北方军队, 以东三省为后援, 一举而占北京, 然后号令全国。中策在长江流域, 各省同时大举, 设立政府, 然后北伐。下策在边隅之地, 设秘密机关与内地, 进据边隅以为根据地, 然后徐图进取。最后考虑到上策运动稍难, 下策已行之而败, 决采用中策, 遂设同盟会中部总部。宋教仁的战略收到了实效, 武昌起义的成功, 与同盟会中部总部的策划密不可分。[3]

政治家从现实形势出发, 对"中央革命"持谨慎态度, 但对于"欲凭文字播

1 章士钊:《疏〈黄帝魂〉》, 中国人民政治协商会议全国委员会文史资料研究委员会编《辛亥革命回忆录》第 1 集, 北京: 文史资料出版社, 1961 年版, 第 242 页。
2 扑满 (汪精卫):《发难篇》, 张枬、王忍之编《辛亥革命前十年间时论选集》第二卷上册, 北京: 生活·读书·新知三联书店, 第 384—390 页。
3 见吴相湘:《宋教仁: 中国民主宪政的先驱》, 中国台北: 传记文学出版社, 1969 年版, 第 97、100—102 页。

风潮"（柳亚子《岁暮述怀》）的文人来说，鼓吹"中央革命"
却能起到排满宣传的作用。宁调元在《仇满横议》中提出，面
对满清的残暴统治，"捣其巢穴"为"最急进的破坏之方法"，
因为北京是"满胡所窃据以号令天下者"，战略位置相当重要。[1]
陈去病则把北京地区描写为汉民族发祥之地，黄帝宅都之所，
如今却被北方游牧民族长期窃据。他在《江苏》第四期上，以
"革命之歌"呼吁"海内外英材杰士"奋起抵抗，恢复故土：

> 惟吾祖之雄伟兮，挥神斧而荡四隅：南登熊耳使三苗窜迹
> 兮，北征涿鹿而排强胡；爰建中而立极兮，宅幽冀以作都。夫
> 固将永永万世以自保兮，宁肯为胡人之所僭居。[2]

通过建构黄帝建都于幽冀的神话，革命党人从起源的意义
上强化了北京地区的神圣地位，于是北京被游牧民族占领就变
成一种难以忍受的耻辱。1906 年 12 月，《民报》第十号发行
时附以《天讨》增刊，汇集了各省革命党人的讨满檄文，其中
《直隶省宣告革命檄》也宣称："直隶为黄帝建都之地，昔之涿
鹿，今之怀来。以皇祖之上京，而为胡清所据，人心之痛，孰
过是者？说者谓燕赵遗民，久与胡人杂处；狼恬豕嬉，种界荡
没，故杀敌致果之气，不逮南方。然昔之所谓悲歌击剑者，今
竟无其人耶？"作者认为直隶毗邻京畿，如能动员民众围攻北
京，"则中央革命之事，一举手投足而成尔"[3]，意气之豪迈，正
符合檄文特有的煽动性特征。

值得注意的是，《直隶
省宣告革命檄》的作者除了
抒发"皇族之上京""为胡

1 屈魂（宁调元）：《仇满横议》，《洞庭波》第一期，丙午（1906）
九月，"中华民国史料丛编"《贰拾世纪之支那 洞庭波 汉帜》
合订影印本，中国台北：中国国民党中央委员会党史史料
编纂委员会，1968 年版，第 47 页。
2 季子（陈去病）：《革命其可免乎？》，《辛亥革命前十年间
时论选集》第一卷下册，第 564 页。
3 武灵：《直隶省宣告革命檄》，民报特刊编《天讨》，上海：
民智书局，1928 年版，第 96 页。

清所据"之痛外，还为燕地自古以来慷慨悲歌之侠风的衰落而感到悲哀，而失落的原因也要归咎于"胡人"的同化。这也是当时革命党人的北京想象的一个特点。1903年黄藻编辑出版的《黄帝魂》一书中，收入了作者自己所写的一篇《燕京游记》。作者发现，北京"每为异族结巢之所，无论声明文物，荡然靡存，即华胄堂前之燕，已沦落于氈裘异种之家，而胜地遗民，已无复前朝光景矣"。因而感慨，"燕地古称多慷慨悲歌之士，而豪杰辈出焉"，如今"乃今多觍颜俯首之人也"。他希望北京今日仍有田光、荆轲这样的"屠狗之辈击筑之徒"，奋然而兴。[1]

历史上燕地汉族优良的任侠传统和北京被"胡虏"窃据后堕落现状之间的对比，显然是一种典型的种族主义修辞，它也合乎革命党人对"革命"的某种理解：革命即是涤除游牧民族带来的污染，恢复到先前汉族的纯粹性。与此同时，对燕地侠风的追慕，也暗含了革命党人的一种自我想象。如果说通过武装暴动在北京发动"中央革命"难度太大的话，那么实行暗杀则不妨看作燕地侠风的复现与回归。1905年9月，吴樾在北京刺杀清政府出洋考察政治五大臣，汤增璧在《崇侠篇》中称赞他是在"神州无刺客风，大盗彰彰，二百余年为虑"的情形下异军突起的"侠者"，呼唤后来者的跟进。只要刺客前赴后继，满清统治者必将魂飞丧胆，"乘其仓皇，伸讨之师四方蜂起，迅雷不及掩耳，直捣幽燕，黄龙痛饮，可逆计而得也"。汤氏同时以凄美的文字复原当年易水送别的悲壮场景，以感发今日的"侠风"："且易水萧萧，落日荒凉，亲朋咽泪，至以

1《燕京游记》，载《黄帝魂》，上海：东大陆图书印刷局，1903年，"中华民国史料丛编"影印本，中国台北：中国国民党中央委员会党史史料编纂委员会，1979年版，第207—209页。据章士钊《疏〈黄帝魂〉》一文，此文作者及《黄帝魂》编者均为湖南人黄藻，见《辛亥革命回忆录》第1集，第257页。

白衣冠饯送，而旧醅拔剑，击筑高歌，怒发上指，气薄虹霓，大丈夫不稍短气，近儿女沾巾之态。此古之侠风，则有然矣，宁独不可再见于今日耶？"1 1906 年 8 月至 9 月，袁世凯在京津一带捕杀革命党人，柳亚子作《燕狱》一文，表彰革命党人敢于在京师重地图谋起事的勇气。他首先指出"燕赵古称多慷慨悲歌之士，屠狗椎埋皆专制国抱不平之义侠也"，由于"异族入寇"之蹂躏，此风已绝，燕地居民皆奄奄无生气；继而援引"欧洲各国，革命党之兴，无不以都城为着手点"之事例，指出"中央革命"之"形势便利"。柳亚子由此两方面肯定了北京革命党人的举动："今燕京所捕杀之革命党，虽不知其为燕之土著，抑他省人侨居于燕者，要之以京师辇毂之下而能抱不轨之志，著运动之迹，其智略能力必有大过人者。事虽败露，亦不可谓非民族之晋化也。燕市之月，易水之风，愿后死者勉之而已。"2

柳亚子从燕地侠风的角度来理解"中央革命"，固然有文人浪漫想象的成分，但也显示了历史记忆中的革命潜能。这一思路一直延续到辛亥革命时期。1912 年 2 月，南北议和处于胶着状态，革命党人在北京对袁世凯、良弼实行暗杀，柳亚子撰文给予高度评价。他指出"燕赵古称多游狭之士，椎埋屠狗以义烈为天下先"，由于清朝定都北京，压制之惨酷甚于他省，其实只要时机合适，"中央革命"可取事半功倍之效。如今义师已起，"则追荆聂之芳踪以扰彼机关，纾我义愤，亦大侠之本衷也"。3 此时南方革命军队已经开始策划挥师北伐。说到底，只有大师北上，"犁满酋之庭而扫其穴"，才能真

1 揆郑（汤增璧）：《崇侠篇》，《辛亥革命前十年间时论选集》第三卷，第 86、88 页。
2 柳亚子：《燕狱》，《磨剑室文录》上册，上海：上海人民出版社，1993 年版，第 164—165 页。
3 青兕（柳亚子）：《风萧萧兮易水寒》，《天铎报》1912 年 2 月 2 日，第 3 版。

正实现"中央革命"。*1* 革命党人看到了彻底收复北京的希望。

想象中的北伐

1909 年 11 月 13 日，陈去病、柳亚子、高旭等在苏州发起成立了南社。作为一个以诗文创作表达革命情绪的文人团体，南社中人往往喜欢以游侠剑客自命，抱有强烈的志士情怀。晚清文人在时局动荡王纲解纽之际，容易对历史传统中的游侠形象产生亲切感并受其熏染，这是一种普遍现象 *2*，在南社文人身上表现得尤其突出，甚至成为一种自我认知的方式。胡朴安分析南社诗文的特点时指出，"南社以诗文鼓吹革命，在文学上实有不容忽视者，其抑塞磊落之才，慷慨激昂之气，论者多以草泽目之"，他并且将南社诗文描述为"草泽文学"，与旧式士大夫的"缙绅文学"相对举，可见其对南社文人的身份定位。*3* 柳亚子亦曾强调，早期南社成员，"一时泽畔行吟，山陬仗剑，不少慷慨义侠之士" *4*。这当然不是指真正仗剑行侠的义士，而是指一种慷慨悲歌的情怀。从剑公（高旭）、侠少（吕志伊）、汾南渔侠（周斌）、剑门病侠（庞树柏）、钝剑（傅尃）等字号以及磨剑室（柳亚子）这类斋名上即可看出南社文人的游侠心态。

南社的命名本身就"暗示反抗北方清政府，含有'吾道其南'的意思"。*5* 南社文人以志士游侠自我期许，其

1 剑秋：《论亟宜会师北伐》，《民立报》1911 年 12 月 8 日，第 1 版。
2 参见陈平原：《晚清志士的游侠心态》，载氏著《中国现代学术之建立——以章太炎、胡适为中心》，北京：北京大学出版社，1998 年；龚鹏程《侠骨与柔情：近代知识分子的生命形态》，载氏著《中国文人阶层史论》，兰州：兰州大学出版社，2003 年。
3 胡朴安：《南社诗话》，《南社诗话两种》，北京：中国人民大学出版社，1997 年版，第 83 页。
4 柳亚子：《〈南社丛选〉序》，载胡朴安选录《南社丛选》，北京：解放军文艺出版社，2000 年，序第 5 页。
5 朱剑芒：《我所知道的南社》，中国人民政治协商会议江苏省常熟委员会文史资料研究委员会编《文史资料辑存》第 1 辑，内部发行，1961 年 12 月，第 56 页。据杨天石考证，"南社"一词最早由陈去病在《题忏慧诗集》(1908) 一诗中提出："为约同人扫南社"。1903 年夏秋间陈从日本回国后，不仅改字巢南，而且诗集也命名为《巢南集》，后来解释说："南者，对北而言，寓不向满清之意。"见杨天石：《陈去病评传》，《哲人与文士》，北京：中国人民大学出版社，2007 年版，第 325 页。

剑锋往往有明确而具体的指向，即收复被"胡虏"占据的北京。从诸如"忍教胡马终南牧，会复神京要北驰"[1]、"好待收京传露布，十三陵畔奠上皇"[2]、"问何时恢复旧中原，收京阙"[3]这类诗句中即可看出他们的心志。

武昌起义后不久，革命党人占据东南半壁江山，北伐的呼声日渐高涨，这一类诗文的创作也达到高潮。[4] 1911 年 11 月，上海光复后，沈昌直在欣喜之余，不忘提醒尚有北伐之任务："会须北定中原去，直捣黄龙始凯归"[5]当时南方革命军队已经着手策划北伐，一些南社文人也参与其中，为其撰写誓师文字。12 月，姚雨平率粤军北伐，担任秘书长的叶楚伧写下誓师文，激励士兵"捣幽燕之巢"，"涤荡胡氛"。[6]大约同时，庞树柏为沪军都督府起草了北伐宣言，公然指斥清廷："惟是虣兹小丑，犹据我神京，蠢尔巨奸，复助其残虐"，表达"痛饮黄龙"收复故地的决心。[7] 1912 年 1 月 1 日，中华民国临时政府在南京成立，北伐被正式提上议事日程。粤军抵达上海后，随即开赴苏皖北部，与控制该地区的清军张勋部和倪嗣冲部激战，叶楚伧亦随军前行。临行前，柳亚子作《送楚伧北伐》一诗，期待"伫看直捣黄龙日，拂袖归来再举杯"。叶楚伧则答诗曰："不斩胡奴誓不归"[8]，可以想见意气之豪迈。另一位参加江苏都督府北伐军的南社文人朱锡梁，也立下了雄壮的誓言："今由北国渡江去，待扫东胡浮海回。何物凶顽犹作梗，终须

1 傅尃（钝根）：《海上留别剑公》，《南社史长编》，第 70 页。
2 柳亚子：《四月二十五日》，《南社史长编》，第 112 页。
3 柳亚子：《满江红·题〈剑魂汉侠图〉》，《柳亚子诗词选》，第 202 页。
4 参见郭长海：《民元前后的北伐及其诗文》，《长春师范学院学报》，第 22 卷第 1 期，2003 年 3 月。
5 沈昌直：《光复志喜》，《南社史长编》，第 212 页。
6 见姚雨平：《武昌起义后粤军北伐始末》，《辛亥革命回忆录》第 1 辑，第 423 页。
7 庞檗子（庞树柏）：《拟沪军都督北伐誓师文》，《南社》第七集，《南社丛刻》第 2 册，扬州：广陵书社影印本，1996 年版，第 1138 页。
8 转引自郭长海：《民元前后的北伐及其诗文》。

试我宝刀来！"*1*

南社文人中像叶楚伧、朱锡梁这样亲身参与北伐战争的并不多，而且不久清帝逊位，和议告成，北伐也随之停止。期待中的直捣黄龙收复北京，始终只是停留在想象的层面。事实上，武昌起义刚刚过去不久，林庚白就开始畅想北京收复后的场景了："机与时逢，遂以某月某日略定京畿，擒元济之幼子，缚郅支之名王。行军枕席，万家无鸡犬之惊；画策庙堂，三辅有壶浆之献。始盟白马，而渡江欢声雷动；终抵黄龙，而痛饮盛势飚驰。"*2*这类想象性和虚拟性的文本，常常套用一些固定的表达模式，"黄龙""神京"等语汇也类似于符号化的修辞，它们与现实中的北京无涉，只是不断表达和强化作者固有的情感指向。有意思的是，也正是借助于这些文本而非实际的政治行动，南社文人才建构了自身的游侠志士的形象，姚光的《北征歌》就是一个典型的例证：

> 天寒气象肃，龙泉忽夜鸣。建虏尚未灭，男儿呼不平。投笔奋然起，仗剑请北征。辞别爹娘去，爱妻送我行。击楫渡北征，指挥百万兵。英雄有变化，莫谓我儒生。下马作露布，杀贼有令名。义师所到处，箪食壶浆迎。长驱向朔方，马萧车辚辚。日出过黄河，暮宿在天津。陈师燕云满，堂堂五色旌。下令我有众，明日功伪城。胡儿魂丧魄，求为城下盟。驱归胡部落，神州尽廓清。黄龙开大宴，痛饮四座倾。再拜奠我祖，光复功告成。功成身自退，本不为名声。优游林泉间，愿做共和民。

这同样是一首虚拟性的诗歌，作者想象挥师北伐光

1 朱锡梁（梁任）：《携子天乐从苏军先锋营北伐，之京口，宿故人郑敬仲军政使府中，感此留别》，转引自郭长海《民元前后的北伐及其诗文》。

2 林学衡（浚南）：《拟收复北京露布》，《南社丛选》，第137—138页。

复北京的情景，几乎塑造了一个理想和完美的志士形象，他是
集游侠与将帅为一身的英雄，一路北征凯歌高进，不费吹灰之
力就攻下"伪城"光复神京，随后便功成身退优游林下。诗中
所用的意象典故都是一些常见的熟语，诗格并不算高，却也因
此造成了一种平滑顺畅的阅读效果，给人以意气勃发酣畅淋漓
之感。浪漫的文学想象扫除了一切现实中可能存在的障碍，同
时也把文字的感染力发挥几近极致。

然而，现实政治的逻辑却往往与文人的想象背道而驰。
1911 年 12 月底，南北双方即达成停战协议，并开始在上海英
租界举行和平谈判。在此期间进行的北伐，更像是为谈判争取
筹码。1912 年 2 月初，随着清帝逊位优待条件的商定，南北
和平统一已成定局。一些先前坚决反对和议主张北伐的革命党
人态度也开始转变（如《民立报》主笔、南社社员徐血儿），
但南社的核心成员几乎都始终坚决反对和议，反对清帝逊位
优待条例，主张继续北伐，尤以柳亚子为最。[1] 他甚至提出取
消"议和辱国"的南京临时政府，"推翻优待虏族条件，破裂
和局，克日北征，先解秦、晋之危，继捣幽、燕之窟"[2]。针对
南社文人的愤激之辞，政论家章士钊不以为然，认为他们故作
激烈之语，"将事实上面面之现象剔除净尽，只求作一篇发扬
意气之文章，取悦于读者"[3]。现实感的欠缺也许是南社文人的
通病，但在他们激烈而彻底的言论中，却也包含着更接近"革
命"之本质的立场：放弃北
伐，就不可能真正光复"神
京"，涤除北京身上的污秽。

1 参见栾梅健：《民间的文人雅集——南社研究》，上海：东
方出版中心，2006 年版，第 102—104 页；孙之梅：《南社
研究》，北京：人民文学出版社，2003 年版，第 342—345 页；
柳亚子：《辛亥革命外史》，《怀旧集》，上海：耕耘出版社，
1947 年。
2 柳亚子：《取消临时政府问题》，《南社史长编》，第 249 页。
3 行严（章士钊）：《论反对清帝逊位条件事》，《民立报》
1912 年 2 月 11 日，第 1 版。

南社文人之北上

民国肇建，定都北京，"十余年前专制之根据地，而今为政团之活动区"。[1]为了适应新的政治体制，革命派和立宪派的各种政治团体都纷纷改组为政党，并将本部迁往北京，以便在即将选举产生的国会中占据一席之地。对于以"破坏"闻名的革命党来说，要走上"建设"之路，把自身改建为政党显得尤

为重要。[2]同盟会本部迁至北京后，为了实现政党内阁的理想，宋教仁联合其他小党组建了国民党。南社的许多成员作为国民党员，也卷入到政党政治中。

在南社三位元老中，柳亚子、陈去病虽然曾参与一些政治活动，但气质上更接近文人，高旭却有较大的政治抱负，在政坛上的名声也更大。他早年留学日本时学过法政，回国后担任过同盟会江苏分会会长，1912年6月中国同盟会金山分部成立时，高旭被选为司法部长。1913年1月，高旭被选为第一届国会众议院议员，3月赴北京参加众议院会议。[3]姚光赠诗云："破坏已终须建设，男儿未可息仔肩"，对高旭期待甚殷。[4]与此同时，南社社员周斌、邵瑞彭、马小进也被选为众议院议员，吕志伊被选为参议院议员，同在北京。此前南社在京社员已有二十余人，"内以参议院、报界同盟会、统一、共和党两本部为多"[5]，并在北京成立了南社北京事务所。高旭至京后，积极联络在京社友，仅1913年4月至6月间就召集举行了四次雅集，还宣布在北京设立南社总机关。高旭在南社

1 梁启超：《答礼茶话会演说辞》，《饮冰室合集·文集》二十九，北京：中华书局，2008年版，第44页。
2 参见杨天宏：《政党建置与民初政制走向——从"革命军起，革命党消"口号的提出论起》，《近代史研究》2007年第2期，第23—29页。
3 参见郭长海：《高旭年谱》，《高旭集》，北京：社会科学文献出版社，2003年版，第700—702页。
4 姚光：《送天梅北上》，《姚光全集》，北京：社会科学文献出版社，2007年版，第230页。
5 《北京之南社通讯处成立》，《太平洋报》1912年8月1日，转引自栾梅健《民间的文人雅集——南社研究》，第136页。

的北京活动中扮演着主导性角色，似乎有"重整南社、大干一场"的想法。[1]虽然不能判断这背后存在着某种政治动机，但显然与他此时高涨的政治热情互为表里。

1913年4月27日，在高旭的召集下，南社北京同人在畿辅先哲祠举行雅集。尽管宋教仁刚刚被刺身亡，给雅集笼罩上一层悲凉沉重的氛围，但仍能从高旭等人的诗作中感受到一股积极的政治热情。高旭诗云："儒生讵无用，椽笔扶大厦。登高发长啸，古之伤心者。阳春白雪音，未必和者寡。同倾古肝胆，浩浩如涛泻。"沉郁中自有郁勃不平之气。田桐的诗令人有逸兴遄飞之感："春风荡豪兴，联袂来仙苑。旷代集奇才，襟怀各悠远。"南社文人联袂北上，各怀高远之志，豪兴当然不浅。吕志伊诗则以追慕燕地侠风的方式表达出鲜明的政治责任感："卓荦眼千愁，昂藏七尺躯。相携湖海家，远作幽燕客。市骏轻黄金，驱蝇全白璧。风萧易水寒，慷慨希先哲。"[2]作者以慷慨悲歌的侠客和燕昭王重金延聘的俊才自况，希望能驱除那些玷污共和政体的奸佞小人。

然而，作为民国首都的北京虽然已不再被"胡虏"所盘踞，但仍是官僚政治的温床，澄清政治谈何容易。高旭不久就感受到了文人意气与官僚政治之间的冲突："谁知压骏弯强骨，缚作兰台老秘书。"[3]民国初年，北京政府大体上仍以清朝的旧官僚和军人为主体，与南方革命党人始终格格不入。[4]早在1912年3月，《神州日报》就注意到，自从袁世凯被举为总统，建都北京之议垂定，前

---

1 栾梅健：《民间的文人雅集——南社研究》，第140页。关于民国初年南社在北京的雅集活动及高旭在其中扮演的角色，参见本书第三章第四节"北京雅集及其他"。
2 见《南社》第十二集附录一"畿辅先哲祠分韵"，《南社丛刻》第3册，第2600、2601、2606页。
3 高旭：《秋日杂感》，《高旭集》第447页。
4 参见张玉法：《民国初年的政党》，第509页。

朝的"亡国大夫","忽又奋起奔走幽燕者已络绎不绝"[1]，旧官
僚很快卷土重来。瞿兑之后来总结道，北京尽管在辛亥年加入
了"革命色彩"，"然后不久还是屈服"，官僚化的程度并不逊
于前清。[2]北京成了一座大染缸，政治革命的目标不仅无法完成，
革命党人反而有被官僚政治同化的危险。

宋教仁被刺后，国民党本部缺少领袖主持，加上袁世凯施
行分化政策，国民党渐有分裂之势。[3]不久南方革命党人发动
二次革命，袁世凯下令解散国民党，取消国民党籍议员资格，
包括高旭在内的国民党人纷纷南下。社友冯平在给高旭的信中
劝他就此放弃政治生涯："法庭长吏，国会议员，暂承其乏，
偶一为之，固无不可，视为舍此无以建事业，公毋乃自待太薄
乎？燕都为万恶之区，沪渎为从垢之府，蹄迹遍地，浊尘蔽天，
居之适足以蔽聪塞明，败德丧行。"希望高旭"本当年结集南
社之初心，扩充而光大之"，以道德文章为己任。[4]这代表了另
一部分南社文人的看法，他们视北京为不适合居留的尘污之地。
1916年，陈去病诗云："长安居固大不易，缁尘污人尤难堪。"[5]
其时旧国会恢复，他担任参议院秘书长，常驻北京，此诗应是
有感而发。1917年，姚光北上游览北京，临行前作诗留别妻子，
其中云："殷勤赠我临歧语，莫沾京华冠盖尘。""京尘""缁尘"
虽是熟典，在这里却有其特定的意义。

对政治尽量避而远之，是为了避免"京尘"的污染，这其
中也隐含了某种清者自清的道德姿态，它与南社文人以
"草泽""义侠"自命的身份

1 重今:《时事小言》,《神州日报》1911年3月11日,第3版。
2 瞿兑之:《北游录话》,《铢庵文存》,沈阳:辽宁教育出版社,
　2003年版,第199页。
3 参见张玉法:《民国初年的政党》,第86—88页。
4 冯平:《与高天梅书》,《南社史长编》,第353页。
5 陈去病:《少年行四首,张绥道上作》之一,《陈去病诗文集》
　(上册),北京:社会科学文献出版社,2009年版,第113页。

定位有内在相通之处。当革命尚未成功时，柳亚子就给自己设计好了归宿："长揖功成归去日，便西湖好作逃名地。重料理，鸱夷计"[1]，姚光的《北征歌》也以类似的结局收束："功成身自退，本不为名声。优游林泉间，愿做共和民。"这种功成不居的潇洒风度可以在李白等人的诗作中找到模本，但其中也容纳了对共和国民的新想象。革命党人本来就以"民党"自居，以对立于所谓"官僚派"[2]。无论是"草泽""义侠"还是共和国民，其对立面都是"缙绅""官僚"。对前者的认同和对后者的拒绝，很容易通向某种以道德气节为标准的评判尺度。1911年，柳亚子在《胡寄尘诗序》一文中痛斥倡宋诗者"曲学阿世，迎合时宰"，评陟对象皆为道府京曹，"而韦布之士独阒然无闻焉"，于是提倡"布衣之诗"[3]，可谓这一思路在诗论中的延续。

民国成立后，柳亚子对时局极为失望，更不可能投身于政治活动了。由于一部分南社社员北上从政，讲求气节砥砺社风反而变得更加紧迫。1913年5月，当高旭宣布要把南社总机关设于北京时，上海南社本部发表启示，宣布此项决定仅为北京交通部决议，与上海南社本部无关。[4]不久，1914年3月，上海愚园南社第十次雅集上，柳亚子主持通过了《第六次修改条例》，明确表示："本社以研究文学，提倡气节为宗旨。"[5]这也许并非偶然，而是明显针对在北京从事政治活动的南社社员。1915年8月，袁世凯授意北京及各省

---

1 柳亚子：《金缕曲·三月朔日，南社同人会于武林，泛舟西湖，醉而有归》，《南社史长编》，第159页。
2 1910年，汪精卫在《论革命之趋势》一文中即云，"革命党者，民党也"，攻击立宪派以立宪为功名之阶，"由举子进而为政客"，"出没于京、津、上海之间，日以组织政党、发行机关报号于众"，可见其时革命党人对政党政治仍持否定态度，见《辛亥革命前十年间时论选集》第三卷，第525—526页。柳亚子则在《冯贾优劣谈》一文中宣称南北新旧之争即"民党与官僚派之奋争，共和主义与专制主义之激斗"，见《南社史长编》第332页。
3 柳亚子：《胡寄尘诗序》，《南社史长编》，第201页；柳亚子：《我与朱鸳雏的公案》，《柳亚子文集·南社纪略》第150页。
4 参见栾梅健：《民间的文人雅集——南社研究》，第143页。
5 柳亚子：《我和南社的关系》，《柳亚子文集·南社纪略》，第62页。

组织请愿团，为实行帝制做准备，南社中的景耀月、林獬、马小进、汪东等人参与其中。1 不久高旭亦重返北京，在议会政治中越陷越深，直至陷入贿选丑闻。柳亚子后来愤怒地指斥南社风气之堕落，"洪宪附逆，泾渭始淆，元凶天戮，小丑繁孳。安福、政学，靡不有吾社之败类。甚至贿选狱成，名列丹书者，赫然一十九辈。……此则吾社之大辱，虽倾西江之水，不足以洗之。"较之早年社中多"慷慨义侠之士"，不啻天壤之别。2

160

胡朴安后来感慨，南社自从 1912 年 2 月为周实丹殉义举行集会之后，"激昂慷慨之气，渐渐沉沦，至民国八年、九年，无复声矣"3。现实政治已将南社文人的游侠心态和志士情怀消磨殆尽，虽然柳亚子极力标举"气节"，但已经没有此前的进取气象，更像是一种面对政治浊流时被动的防御姿态。归根结底，南社的文人气质无法适应议会框架下的现代政党政治，况且这种政党政治又已被旧式官僚政治所腐化。那些北上从政的南社文人无法摆脱政治的羁绊，已不复当年"义侠"风采。1916 年，柳亚子为周斌的《燕游续草》题诗，其中一首云：

易水萧萧贯白虹，岂宜重问大王风。4 燕都游侠今何在，赢得胭脂北地红。

诗中再次引入燕地侠风的典故，语含反讽。周斌自号汾南渔侠，1913 年初被选为众议院议员，北上入京，公务之暇则与高旭、邵瑞彭等诗酒征逐，所作诗集为《燕游草》《燕游续草》，自称"惟此楚骚颀艳之辞，尚多燕赵悲歌之气"5。柳

---

1 参见《南社史长编》，第 399 页；栾梅健：《民间的文人雅集——南社研究》，第 108 页。
2 柳亚子：《〈南社丛选〉序》，《南社丛选》，序第 5 页。
3 胡朴安：《南社诗话》，《南社诗话两种》，第 169 页。关于周实丹殉义集会，见《柳亚子文集·南社纪略》，第 41 页。
4 大王风，见宋玉《风赋》："清清泠泠，愈病析酲。发明耳目，宁体便人。此所谓大王之雄风也。"周斌《游颐和园示天梅》诗云："歌筵已绝大王风，寂寂颐和剩别宫。"柳亚子诗当指此。
5 周斌：《燕游草自跋》，《南社》第十九集，《南社丛刻》第 7 册，第 4516—4517 页。另参见高旭：《〈汾南渔侠游草〉序》，《高旭集》，第 521 页。

亚子则反问道，辗转于京华冠盖红尘之中的周斌，还能保留"燕都游侠"的气节与风姿吗？历史上的幽燕侠客，已然不可复现，这对于以游侠志士自命的南社文人而言，不啻是一种讽刺。

1912 年 9 月，叶楚伧曾在北京短期逗留，行走流连于宫阙市井之间，他发现北京的贩夫走卒犹存"燕赵烈士之遗风"，"然此风独钟于市野间，彼高冠华盖之伦，虽曰唾其面，亦鲜有自省羞恶者"1，所谓"高冠华盖之伦"，当然指的是官场中人，或许也包括那些北上从政的革命党人和南社文人吧。在他后来创作的小说《如此京华》中，以游侠志士自命的文人的命运得到了更为鲜明的揭示。这部小说以辛辣的笔墨描写了袁世凯统治时期北京官场的黑暗现状，其中无非是官僚、名士和妓女的蝇营狗苟，只有荆渔阳、燕尾生等人物身上还透出一抹亮色。前者是椎埋屠狗的市井粗豪，后者是侘傺悲歌的书生侠少，显然都有幽燕侠客的影子。然而燕尾生却禁不住声色犬马的诱惑，做了方大将军（影射袁世凯）门下的清客，荆渔阳也不知所终。小说在"曲江春尽笙歌老，寂寞西山拥夕阳"的悲凉气氛中落幕。2 南社文人的游侠想象在腐败的官僚政治面前显得不堪一击，他们还无法想象出一种新的政治，北京这座他们曾经梦想光复的都城，最终在他们心中投下的只是混濛黯淡的阴影。

161

1 叶楚伧：《壬子宫驼记》，载章伯锋、顾亚主编《近代稗海》第 13 辑，成都：四川人民出版社，1989 年版，第 292 页。
2 见《如此京华》第二十五回至第二十九回，二集第七至第十回，见栾梅健编《海上文学百家文库 024 叶小凤恽铁樵卷》，上海：上海文艺出版社，2010 年。

从《旧京琐记》
到《城南旧事》

两代"遗/移民"的北京叙事

林　峥

　　对于林海音的前研究主要集中于文本分析，部分涉及其编辑出版事业。本文拟引入其尊翁夏仁虎，勾联二者的历史联系，借此考察两代（乃至两性）间的北京/北平书写，也有助于从另一个视角理解林海音的北京叙事。一方面，《旧京琐记》之"旧"指向时间，夏仁虎的"遗民"身份决定了他对时间尤为敏感；而《城南旧事》之"南"指向空间，林海音的"移民"背景导致她对空间特别关注。另一方面，北京是座特殊的城市，它既是"京"，又是"城"，既是城市，又不仅是城市。因此，对夏仁虎而言，它是旧"京"，是帝都，与时代背景、国族想象有关；而对林海音而言，它是"城"南，是城市，与日常生活、市民趣味有关。夏仁虎身为林海音尊翁，他的事迹，包括他的北京书写，作为一种真实的历史，是林海音北平想象的重要参照及叙述对象；而编撰其《旧京琐记》的经验又实实在在地作为契机，引发林海音一连串的北平记忆。从《旧京琐记》到《城南旧事》，本身就是一段鲜活的文学史。

《故事》引发的"故事"

1963 年 4 月 23 日，在主编"联副十年"的辉煌之后，*1* 林海音（1918—2001）因刊发一首有影射总统之嫌的诗歌《故事》而被迫引咎辞职。*2* 这是林海音人生中一大转折，在 1963 年 5 月 8 日致钟肇政（1925—2020）的私人信件中，她披露心扉：

> 这次的事情，使我真正体验到的是："吞下眼泪"是什么滋味！我是喜欢笑的女人，但是喜欢笑的人，大半也喜欢哭，我不例外，我像一只受了委屈的鸟，本应当大哭一场的，但是硬把眼泪吞下去了！*3*

163

就在此时，她偶然从友人郑再发（1932— ）、王雪真夫妇处得到尊翁夏仁虎（1874—1963）旧作《枝巢四述》和《旧京琐记》的影印本。林海音于 1963 年 6 月 27 日作的《重读〈旧京琐记〉》一文中道：

> 轻装来台，公公的书都没有带出来，我们却常常希望能再看到。只是此间故旧稀疏，无处去找罢了。上月郑再发、王雪真夫妇来访，偶然和他们谈及，他们回去后，一下子就找到了《枝巢四述》和《旧京琐记》两书影印寄来了。我们真是又高兴，又感激。我展读两书，不禁流下泪来。也许因为那时我心情欠佳，打开书，像看见亲人一样。*4*

在一个由政治事件直接引发的人生低谷期，与亲人文字的意外重逢给予林海音极大的精神抚慰。因此，她辞职后做的第一件事就是重

1 林海音自 1953 年至 1963 年十年间担任中国台湾《联合报》副刊主编之职。

2 1963 年 4 月 23 日，《联副》刊出一首题为《故事》的诗歌，署名"风迟"，诗歌讽刺一位"愚昧无知"的船长，漂流到一个小岛上滞留十年，被一位美丽的富孀吸引而流连忘返，被当局认为有"影射总统愚昧无知"之嫌，作者因"叛乱嫌疑"被收押，连林海音当日辞职，这桩震动台湾文坛的风波被称为"船长事件"。

3 "船长事件"发生后，林海音当机立断地辞去主编职务，并缄口不言此事，数十年来即使对子女都甚少提及。这封信函是三十多年后其女夏祖丽在作家钟肇政家见到的，是林海音唯一对此事件最直接的反应。夏祖丽：《从城南走来——林海音传》，北京：生活·读书·新知三联书店，2003 年版，第 168 页。

4 林海音：《家住书坊边 我的京味儿回忆录》，中国台北：纯文学出版社，1987 年版，第 131 页。

刊木刻本《旧京琐记》。对于一生中以编辑身份为主,作家身份为辅的林海音而言,她的编辑行为本身就是一种有意识的选择与自我表达;而她自身的文学创作也正是自 20 世纪 60 年代起由台湾寻根转向大规模的北平追忆。

与枝巢老人晚年有过交谊的谢蔚明(1917—2008)曾撰文回忆,20 世纪 80 年代他在收到林海音寄赠的纯文学出版社重印本《旧京琐记》与《清宫词》后,曾将自己珍藏的木刻本《枝巢四述》辗转托人带给林海音。本以为林海音收到这本夏仁虎学术著作的代表作会立刻付印出版,然而令他不解的是,"《枝巢四述》送交林海音以后毫无反应",谢蔚明对此的解释是,由于《枝巢四述》序文系周作人(1885—1967)所作,而鉴于周作人的敏感身份,对枝巢老人是白圭之玷,"林海音给周作人写序的书予以冻结,是明智之举"[1]。当然,台海相隔,谢蔚明不知林海音早已于 1963 年得到《枝巢四述》,然而他的疑问确实提示我们一个思考的角度,即多年来林海音夫妇始终致力于搜求夏仁虎的著述,然而林海音为何独于诸多作品中选择重印《旧京琐记》,以及此后的《清宫词》? [2]

"遗民"的"旧京"记忆

林海音尊翁夏仁虎,字蔚如,别号"枝巢子",原籍江宁,自戊戌通籍为京官,至 1963 年辞世,在北京度过六十五载人生。辛亥革命后,京城有一批"遗老"追述旧京风华,夏仁虎乃其间荦荦大者。值得注意的是,夏仁虎并非纯粹的清遗民。辛亥之后他依然出仕,且其

[1] 谢蔚明:《闲话枝巢老人和周作人》,载王景山编:《国学家夏仁虎》,杭州:浙江文艺出版社,2009 年版,第 211 页。
[2] 中国台北纯文学出版社于 1986 年 4 月出版点校本《清宫词》。

事功在北洋时期达到顶峰，曾任众议院预算委员会委员长、财政部代总长、国务院秘书长等要职，并曾受知于张作霖（1875—1928），对北洋政权有深刻认同，自1928年北伐胜利后退出官场，潜心撰述："人海易藏身，书城即南面。仕宦无所成，撰著乃夙愿。"在《枝巢九十回忆篇》中，他总结其一生著述云："乙部有支流，方志乃所尚。文简事贵详，与史同矩范。京市既成书，省志补耆献。（主修《北京市志》成书。重修《江苏通志》补《耆献传》三百篇。）绥远旧稿残，藏园共修纂。（傅沅叔以《绥远志》旧稿不合体裁，约与吴向之重为修纂。）秦淮与玄武，水利俱条贯。（作《秦淮志》，稿由《金陵文献》中印行。作《玄武湖志》先刊行。）北海虽小志，体例不敢舛。（作《北海小志》，稿送中央文史馆。）宫词存故实，（作《清宫词》二百首，附以事实，存先朝掌故，由北平师范大学印行。）琐记祖歆向。（用汉《东观杂记》体例作《旧京琐记》。）岁华书可读，（作《岁华忆语》，述南京风习。）遗民表邦彦。（作《南京遗民录》，为修志资料。）其他所撰作，大半属文苑……"[1]由上可见，夏仁虎一生撰著围绕南京与北京两个故乡，尤以"第二故乡"北京为重，而其大规模地追忆旧京始于1937年，首先是自费出版家刻本《旧京琐记》；"七七事变"后的秋天，又作《旧京秋词》，1939年收入张次溪（1909—1968）编纂的"燕都风土丛书"刊行；1938年动工修纂《北京志》，由老友吴廷燮（1865—1947）任总纂，夏仁虎负责撰写《货殖志》《金石志》及《艺文志》；1941年《清宫词》由北平师范大学印行；后又撰《北海小志》及《北梦录》。[2]也就是说，是在

1《枝巢九十回忆篇》系1963年春由夏仁虎口述，其子夏承栋笔录成书，觅人刻写，油印线装成册，书名由章士钊题签。同年夏初，传至香港，由陈一峰按原诗铅印出版，加序、跋帮助。本文转引自《国学家夏仁虎》，第136页。

2《北海小志》稿送中央文史馆，佚失，因此具体印行时间不可考。《北梦录》稿佚，亦不可考。

北平沦陷时期，夏仁虎始以遗老姿态追述考证旧京风物，此时他兼具清遗民与北洋遗民的"双重遗民"（甚至包括"汉遗民"的多重遗民）身份，其间的微妙复杂远甚于前朝的黍离之悲、梦华之录。1941 年七夕周作人作诗云："乌鹊呼号绕树飞，天河暗淡小星稀。不须更读枝巢记，如此秋光已可悲。""枝巢记"即《旧京琐记》，其不同于寻常风俗掌故，而是寄寓了"遗民"的故国之思。

"遗民"是时间的产物，没有朝代的兴替、时间的裂变，便没有"遗"，赵园（1945— ）在讨论明遗民时曾指出："不同于忠义的以死为完成，遗民人生既然在时间中展开，就不能不经历种种的调整、修订。……遗民的身份自觉，使得他们较之其他同时代人，更紧张地感受着时间，体验着时间之丁他们的刻痕——不止在肌肤上，或者说更是在'心灵上'。"[1] 王德威（1954— ）更是一针见血地指出："'遗民'的本义，原来就暗示了一个与时间脱节的政治主体。"[2] 因此，"遗民"对于时间有特别的敏感和自觉，夏仁虎念念不忘"旧"京，良有以也。旧京风物的书写与考证，本就源自对于时间变迁的焦虑，夏仁虎《旧京琐记引》自剖写作缘由："重以改革，凡百变更。公羊三世，隍鹿一梦。及今所述，已为陈迹。告诸后生，或疑诳汝。"正是出于对朝代更迭，一切"已为陈迹"的忧虑和恐惧，夏仁虎遂决定"着之简篇"以"告诸后生"，以文字留存他心目中的"旧京"。[3]

夏仁虎的北京撰述主要可分为三种类型：一是方志

---

1 赵园：《想象与叙述》，北京：人民文学出版社，2009 年版，第 129 页。

2 王德威：《后遗民写作》，中国台北：麦田出版社，2007 年版，第 34 页。

3 夏仁虎：《旧京琐记引》，《枝巢四述 旧京琐记》，沈阳：辽宁教育出版社，1998 年版，第 75 页。

类的集大成者《北京市志稿》;二是追慕"梦华录"传统的《旧京琐记》;三是志在以诗存史的《清宫词》。上述大致囊括了异代之际遗民野老追怀前朝的三种基本手段：方志、笔记和宫词，在盛朝修史的官方系统之外，提供一种相对边缘、也因之相对客观的视角与立场。观之《旧京琐记》《清宫词》二书序跋，无论是作者自身还是友人，都有意将其与前代遗民书写相比附。*1* 不过，这样充分调度各种方式，尽可能最全面、大规模地追忆前朝的努力，即使在源远流长的遗民传统中，也是十分罕见的。这缘于夏仁虎对于时间的自觉、对"史"的追求，《旧京琐记引》曰："荟申羞言，是曰《琐记》。若其大者，有史官在。"着意区隔与"史官"的不同,恰流露了其"补史乘之阙"的用心。其《清宫词》沿袭唐代以来王建（约767—约830）开创的"宫词"诗体，然一扫浮艳靡弱之气，赋予其更宏阔的抱负："仆以为宫词虽细，亦史氏之支流也。可以存一代之典章，纪一时之风尚,明一朝之得失,见一事之是非。"*2* 老友郭则沄（1882—1946）及后人郑骞（1906—1991）皆称道其为"诗史"，*3* 郑骞更进一步指出《旧京琐记》与《清宫词》可相互参照："合浦珠还，延津剑合。彼纪社会，此咏宫廷。清代十朝二百六十余年中，巨闻细事，得此二书而备陈眼底。"林海音选择重印《旧京琐记》与《清宫词》两部代表作，实是知味之选。

林海音曾评述尊翁的《旧京琐记》"是一个北居南人的见闻和感想，因为作者是南方人，所以能客观地描述几百年帝都的生活，而品评其优

167

---

1 如夏仁虎：《旧京琐记引》：《梦华》一篇，况乃异代。"又如《清宫词》自序："遗山异代，非无野史之亭。元老归来，亦有梦华之录。"郭则沄序："夫梦华之恋,人有同情。"载《国学家夏仁虎》，第140—143页。
2 夏仁虎：《清宫词自序》，载《国学家夏仁虎》，第143页。
3 郭则沄序："倘次旧闻，是为诗史。"郑骞序："诗注合编，汇为诗史。"载《国学家夏仁虎》，第140—141页。

劣得失"，[1] "客观"二字诚然把握到夏仁虎旧京文字的精髓。无论《旧京琐记》抑或《清宫词》，夏仁虎的书写立场／姿态颇富意味。一方面，他津津追述有清一代朝／宫廷逸闻秘事，采取的是以亲历者自居的内部视角，《旧京琐记·发凡》特强调所述之事皆为耳闻目睹："所记断自清同光以来，其非见闻所及者，有昔贤之纪录在，宁阙焉。若征引旧闻，不在此例。"

另一方面，他又始终保持一个冷静客观的立场，能够论译持平，不溢美，不隐恶，《旧京琐记引》即申明原则："匪曰劝惩，美恶并录。"然而，林海音提示我们的这种"北居南人"的异质视角，对于解读她自身的北京记忆确实是行之有效的，下一节将具体讨论，但在夏仁虎这里，地域恐怕并非最关键性的因素。

理解夏仁虎旧京记忆与"遗民心态"的起点，与其说是"北居南人"，不如定义为"北居汉人"更为精确。夏仁虎对于清廷的立场与进退出处的态度，值得深究。据《枝巢九十回忆篇》，其于戊戌年间通籍京师，在动乱频仍的清季，一位汉族小京官的日子不会太如意："授职小京官，秋曹学裁判……清末十四年，一事未卒办。"[2]《枝巢编年诗稿》卷一《舻梦稿》收录其己丑迄辛亥年间（1889—1911）的诗作，可以窥得彼时寓居京城、怀才不遇的寥落心境，京城在尚未成为"旧京"时并非那么美好，夏仁虎频发"长安虽好非吾土"一类感慨。[3]《舻梦稿》收有一组《四箴诗》，分别题为《审处篇》《慎言篇》《缓行篇》和《远览篇》，颇能体现夏仁虎对于清末时势的判断与立场。在夏仁虎看来，"方今之世"，是"邦无道，危行言逊"的末

1 林海音：《家住书坊边 我的京味儿回忆录》，第 133—134 页。
2 夏仁虎：《枝巢九十回忆篇》，载《国学家夏仁虎》，第 134 页。
3 夏仁虎：《书感四首》其一。又如《得京寓讯母病趣驾北上》："京洛非吾土，方圆百不宜。"载《枝巢编年诗稿》，北京：民国庚申至甲戌（1920—1934 年）家刻本，卷一《舻梦稿》。

世，[1]"匪唯君择臣，臣亦择君"。[2]夏仁虎置身于一个新旧交替的时代，如何应对每一次政权更迭，又如何在此"千年未有之大变局"中自处？他在诗作中常以"长乐老"自居，"长乐老"乃五代时期的冯道（882—954），一生事四朝相十帝，因自号"长乐老"，欧阳修（1007—1072）《新五代史》对其颇加非议，指斥为"无廉耻者"。[3]夏仁虎则对欧阳修的谴责不以为然，在其1925年追随张作霖出关时所作的组诗《读五代史六首》之《长乐老》一诗中为其辩护，提出"十君四姓何足论，所贵当官能救民"的史观。[4]这种以"事功"为衡量准则的忠逆观，出离了单纯的"遗民"心态，从而奠定夏仁虎的旧京书写不同于传统遗老的黍离麦秀之思，既能"入乎其内"，又能"出乎其外"。[5]

一方面，夏仁虎在评述清廷的时候，力求忠实呈现其不为外人所知的本来面目，而非迎合猎奇想象的窥探心理。如《旧京琐记》卷四《宫闱》开篇曰："清代宫闱整肃，盖由立法严也。"清廷后妃的纲纪整肃，[6]宫女的节制简朴，[7]皇室的自律甚严，[8]叙述颇详，判然有别于对宫廷的一般印象。尤其是对于外戚和宦官，能予以持平之论。夏仁虎肯定清代立法甚严，终世无外戚之患与党锢

1 夏仁虎：《慎言篇》序："仲尼有言，邦无道，危行言逊。君子一言以为知，一言以为不知。立仗之马日食五品料，苟奋首嘶鸣，或且饿死。然则世之所望于马者，在立仗耳，为慎言篇。"见《枝巢编年诗稿》卷一《觚梦稿》。

2 夏仁虎：《审处篇》序："凤凰翔于九仞，览德辉而下之。昔人有言，方今之世，呜呼，今何时哉，为审处篇。"见《枝巢编年诗稿》卷一《觚梦稿》。

3 [宋]欧阳修：《新五代史》卷五十四《杂传第四十二》："礼义，治人之大法，廉耻，立人之大节。盖不廉则无所不取，不耻则无所不为。人而如此，则祸乱败亡而无所不至。况为大臣而无所不取，无所不为，则天下其有不乱，国家其有不亡者乎？予读冯道长乐老叙，见其自述以为荣，其可谓无廉耻者矣，则天下国家可从而知也。"

4 夏仁虎：《读五代史六首》，载《枝巢编年诗稿》卷七《出塞后稿》。

5 譬如同代另一位追述旧京掌故的大家——满族世家出身的震钧，其代表作《天咫偶闻》与夏仁虎《旧京琐记》的观察视角与发言姿态就有差异。

6 《清宫词》多记后妃谨慎外家往来之事，又如记乾隆年间惇妃因杖毙宫女饬降为嫔。

7 如《旧京琐记》卷四《宫闱》记载："宫女定制不得逾五百人……宫女妆皆红袄绿裤，常服惟蓝布衫，粗劣已极，以视历史所传，奚啻霄壤，其不扰及民间，犹盛德事也。"又如《清宫词》两首："秀女春来应点时，娥媌家世总包衣。布衫辫发平梳洗，那有三千殿脚儿。""六宫粉黛不轻施，宫里梳妆禁入时。昨日大堂严谕止，宽袍燕尾汉装衣。"

8 《清宫词》多见对皇室子弟历约束之例，若举止行动不合规制，即使最受宠的皇子也须依律受责。又如记清公主下嫁，与翁姑讲家人礼，不得援公主例。

之祸，特别对同治皇后的父兄崇绮（？—1900）与葆初，光绪珍妃的伯愚、仲鲁昆仲，给予极高评价。《旧京琐记》与《清宫词》多处述及庚子事变崇绮举家殉国难之事，称道其"为尤不可及"。[1] 即使对于慈禧（1835—1908）的是非功过，亦较为客观公允，如《清宫词》咏慈禧："卅年手定中兴业，一怒终贻末造哀。他日史官论功罪，应持彤管费疑猜。"诗后自注尤有意味："孝钦功罪，论定实难。若其生平，则某西人之论曰：凡太后所行之道，有足为障碍者，如石与木自然僵仆。呜呼！此语可谓严冷而深曲。"[2] "严冷而深曲"一语同样适用于夏仁虎自身的书写，在赋予清政权应有的肯定的同时，亦不讳言其造成覆灭的矛盾与问题。有趣的是夏仁虎对于清亡国根源的思考，《旧京琐记》卷四指出："清之失国，由于汉满之见太深，此无可讳言者。"以下述胡林翼（1812—1861）、曾国藩（1811—1872）、李鸿章（1823—1901）事，"至以海军经费充颐和园经费，遂至甲午之败，一蹶而不可复振矣。因果之来，所谓自耕自获矣！"卷七《时变》重申这一思路，篇首即道："时无变也，变于人心而已。清自洪杨事平，而疑忌汉族之心转甚……夫以向来之藐视汉族者，一变而为疑忌，则君臣之局变矣。"满汉矛盾被推到不可调和的突出位置，联系夏仁虎自身"北居汉人"的背景立场，颇耐人寻味。夏仁虎对于清末朝廷的腐败无能直书不隐，将覆亡的肇因径指皇室："拳乱之起，起于民乎？实起于宫掖间耳……一曰好听戏，一曰愚昧……自清以来，上以之自负，下是

---

[1] 《旧京琐记》卷四《宫闱》："至于穆宗后父崇绮与其子葆初皆精文学书法，在满宫中为最杰出者，然皆不得与政。庚子之变，阖门掘地为深坑，皆殉国难，为尤不可及云。"卷七《时变》亦有记述："庚子之变，殉难最烈者为崇文山一家。崇固孝贞后父，又为帝师。既自缢，其子葆初，集家人掘地为大坑，同殉焉。"又《清宫词》咏崇宗后："回天无力已堪嗟，何意威妊责俱加，仰药自随龙驭去，女宗不愧状元家。"
[2] 夏仁虎：《清宫词》卷上，载《国学家夏仁虎》，第158页。

以贡谀，固应收后来之果耳。"对于清末迫于时势的革新自救，
夏仁虎也报以冷眼旁观的清醒态度："自辛丑至辛亥，十年之
中，由厉行新政，进而为批准立宪，再进而为实行宪政，更进
而为虚君共和，然皆无实心诚意以行之，徒为敷衍文章而已，
故终至于逊位亡家。"鉴于此等认识，夏仁虎对待"忠义"的
态度就变得意味深长了。上文谈到夏仁虎多次称许崇绮一门的
节烈，卷七《时变》亦旁及庚子事变其余殉难之士："文臣之
殉者，徐荫轩相国桐、王莲生祭酒懿荣皆自缢。吾乡成漱泉大
令，词章峻洁，时为直隶某县令，闻变，慷慨以殉。疏逖卑官，
视诸公为尤难已。"夏仁虎独推重小县令"视诸公为尤难已"，
至于相国徐荫轩的殉国原委，则在卷三《朝流》中揭露其为逆
子逼迫自缢以邀身后名的隐情，[1] 犀利地点出"造就忠义"的虚
伪与吊诡，这与前代遗民面对"忠义"时总不免些自惭形秽形
成鲜明对比。而对于易代之际各种姿态的"忠义"与"逸民"，
夏仁虎亦自有褒贬：

> 清之亡也，仕宦中变道士服者，宁藩李瑞清。为僧人服者，
> 大理定正平。誓必死而卒未引决者，贵东道文悌。惟宗人府供
> 事张瑞斌者，投牒都宪张英麟与前，请代奏收回逊位诏书，勿
> 失祖业，都宪惧，勿敢受。瑞斌遂引刃自殊，此为一代之终应
> 有之点缀。然但出于府史小胥，愚不可及矣。[2]

将殉清之举视作"一代之终应有之点缀"，"点缀"二字
冷峻而轻巧地消解了行为本
来附载的壮烈色彩与道德分
量，甚至直指府史小胥为"愚

---

[1] 夏仁虎：《旧京琐记》卷三《朝流》："徐荫轩相国以讲理学
名。虽称顽固，故无大过。若其子承煜者，则真枭镜矣……
迨两宫仓皇出，荫轩年过八十，且已在告，承煜力劝父殉国，
以邀身后名。持绳逼之，其父遂自缢。说者谓渠自知罪魁，
冀父殉国，可邀褒典也。卒正典刑，当时快之。"
[2] 夏仁虎：《旧京琐记》卷七《时变》，载《枝巢自述 旧京琐记》，
第 117 页。

不可及"的无谓牺牲，由此可见夏仁虎对于崇绮等人的肯定主要在其人格气节，而非选择。将夏仁虎对于"忠义"的理解与其以"长乐老"自许的立场对读，颇能见出新旧过渡末代士大夫的复杂心态与新意。

因此，夏仁虎以文字保存旧京的努力，也就异于前代遗民以"存国史"为"后死之责"的情怀，[1] 而更多是着眼于传承与延续，期冀存往以开新、古为今用。除《旧京琐记》与《清宫词》等私人著述而外，夏仁虎参与编撰的大型官修方志《北京市志稿》得以流传后世，亦端赖其保存之功。《北京市志稿》系 20 世纪 50 年代初由夏仁虎以中央文史馆馆员名义捐献给北京市政府，据与事者回忆，编纂诸人于 1939 年秋交稿之后便各奔东西，无暇顾及此书下落，不意夏仁虎独力将此鸿篇巨制完整保存下来，经历了战乱，于新中国成立初献给国家，交接之际手稿卷帙浩繁，文物组出动了好些工作人员参与搬运。[2] 该书尘封六十余年，最终于 1998 年出版 15 册精装本，填补了自清末至 1938 年间北京市志史的空白，极具象征性地总结了夏仁虎半生对于存史—传史事业的不懈追求。

"移民"的"城南"地图

1920 年枝巢老人自刊《啸盦诗存》，自序缘由曰："往者世家子弟，咸以刊录先集为要事。我生今时，乃有所谓新文学出者，诸儿皆在学校，间有能为新诗歌者。彼之所谓诗歌，我一不识；我之所谓有韵之文，彼又焉知者。即使他日本其孝思为我刊集矣，而自念平生交

1 对于明遗民以"存国史"为"存明"的讨论，可参见赵园《明清之际士大夫》，北京：北京大学出版社，1999 年。
2 参见赵其昌：《关于〈北京市志稿〉的一点回忆》，苏晋仁：《〈北京市志稿〉的编写和出版》。

游，率为先辈长者，其作古人，未必后我，又何从觅得删定之人而付与之。则何若自作之，而自刊之，亦自娱之一法也。"[1]两代人趣味的隔膜，新旧文学的分野，由此可见一斑。对此林海音的回忆文章中亦常提及："公公很少跟子女们谈他的写作、读书，因为他的八子一女虽都是大学毕业，但是没有一个是读国文系或研究国学的，即使有写作，也是新文学。"[2]因此，老人"虽然是满腹诗书，却是衣钵无继"，"偌大的书房里，显得那么冷清"，倒是跟新文学出身的六儿媳林海音偶有互动。林海音《婚姻的故事》曾忆及两段往事，一是公公推荐她去北师大图书馆做古籍编目的工作时，耐心地传授她目录学和国学的基本常识，"把什么公羊谷梁，先经后传的道理，详详细细地解释给我听"；二是公公饶有兴致地向她借阅西方文学译著，如巴尔扎克的《从妹贝德》等，并津津有味地与她讨论感想。[3]这样温情的小细节又体现了新旧文学之间的往来流动。老人不会知道，正是这一位"国文是从'小猫叫，小狗跳'启蒙的，对于旧学真可以说是一窍不通"的儿媳林海音，会在近半个世纪之后，于一水相隔的海角台湾，四处搜集自己的著述，且花大力气请人重新标点、编校、出版。[4]林海音夫妇与《旧京琐记》影印本重逢之后月余，枝巢老人以九十岁高龄仙逝于海峡对岸其眷恋的京城，冥冥中似有因缘。"重读《旧京琐记》"，林海音对尊翁的著作颇心有戚戚：

> "旧京"的意思，是指自清同治以来至清末的见

1 夏仁虎：《啸盦诗存自序》，载《啸盦诗存》，北京：民国庚申至乙丑（1920—1925 年）家刻本。
2 林海音：《枝巢老人的著作和生活——〈清宫词〉编校后记》，载《家住书坊边 我的京味儿回忆录》，第 128 页。
3 林海音：《婚姻的故事》，中国台北：纯文学出版社，1981 年版，第 91 页。
4 林海音夫妇于 1963 年得到《旧京琐记》"中央研究院"藏本后，决定不是简单影印，而是加标点、改排铅字出版，邀请著名文人学者林文月、林良、柯剑星等负责点校，最终于 1970 年由中国台北纯文学出版社出版。

闻。目录分：俗尚、语言、朝流、宫闱、仪制、考试、时变、城厢、市肆、坊曲等十卷。虽然所记的是将近一世纪前的旧事，但是有些地方，现在读来仍有亲切之感。其写北平风物之美，令作过"北京人"的看了，怀念不已。但是讽刺人情之伪的，又使人哑然失笑。这是一个北居南人的见闻和感想，因为作者是南方人，所以能客观地描述几百年帝都的生活，而品评其优劣得失。至于文笔的典雅简洁，不可作一字增减，可称是笔记中的上品。[1]

"北居南人"的微妙立场与情怀毋宁说是林海音的夫子自道。如果说理解夏仁虎北京记忆的起点在于"旧京"，则把握林海音北平想象的关键便在于"城南"，地域因素于林海音而言至关重要。与尊翁枝巢老人一样，林海音虽"作过北京人"，却并非北京出身。林海音的籍贯问题尤为复杂，她是大陆去台的第七代移民，1918年生于日本，三岁随父母返台，五岁举家移居北京，在城南度过童年和青年时代，1948年又携家人迁台。因此，北平于林海音而言，是"故乡"，也是"异乡"，其散文集《〈两地〉序》自言：

> "两地"是指台湾和北平。台湾是我的故乡，北平是我长大的地方。我这一辈子没离开过这两个地方。……当年我在北平的时候，常常幻想自小远离的台湾是什么样子，回到台湾一十八载，却又时时怀念北平的一切，不知现在变了多少？[2]

日据时期台湾人在北京/平的处境实际上是颇为尴尬的，"番薯人"的称谓饱含了无限辛酸。林海音于1951年3月返台之初创作《英子的乡恋》，

---

1 林海音：《家住书坊边 我的京味儿回忆录》，第133—134页。
2 林海音：《〈两地〉序》，《两地》，中国台北：三民出版社，1969年版，第1页。

追忆早年寄寓北平之时，一家人常常在夜晚"打开地图，看看
那一块小小地方的故乡"。自童年至青年时代在北京 / 平生活，
她始终难以摆脱内心深处的异域感："从一无所知的童年时代，
到儿女环膝的做了母亲，这些失乡的岁月，是怎样挨过来的？
雷马克说：'没有根而生存，是需要勇气的！'"¹回归阔别多年
的故乡台湾，面临自我定位与身份认同的问题，林海音首先寻
求的是台湾的乡土资源。她在台最早参加的文艺团体，是台湾
青年文化协会，该会于 1951 年主办"夏季乡土史"讲座，林
海音是唯一的女学员；此外，她还阅览大量台湾风土民情的资
料，甚至包括日文的《民俗台湾》，连每期细目都抄录下来。²
与之相应，其创作也以台湾为中心。至 1964 年《英子的乡恋》
正式发表时，林海音附后记曰："我现在很怀念第二故乡北平，
我不敢想什么时候才能再见到那熟悉的城墙，琉璃瓦、泥泞的
小胡同，刺人的西北风，绵绵的白雪……"³自 20 世纪 60 年代
起，她由台湾寻根转向大规模的北平叙事，相继出版了三部以
北平为背景的小说集——《城南旧事》(1960 年)、《婚姻的故
事》(1963 年)《烛芯》(1965 年)；1966 年出版散文集《两地》；
此外，她还发表若干文章如《在胡同里长大》《虎坊桥》《天桥
上当记》《想念北平市井风貌》等，后收入散文集《家住书坊边》。
也就是说，当林海音身处北平时，始终保持了一个外来移民的
立场和视角；而 1948 年追随国民政府渡海迁台后，其又厕身
一批民国新"移民"中，以"老北平"的姿态追怀民国时期的
北平，带领 20 世纪 60 年代
的台湾读者重游故土。因此，

1 林海音：《英子的乡恋》，载《林海音文集·英子的乡恋》，杭州：
浙江文艺出版社，1997 年版，第 51 页。
2 参见林海音：《初识乡土文学》，载《剪影话文坛》，中国台北：
纯文学出版社，1984 年版，第 6—10 页。
3 林海音：《英子的乡恋》后记》，载《林海音文集·英子的
乡恋》，第 56 页。

当她书写北平时，就具有"双重移民"的独特身份，在这个层面上，空间对于林海音的写作存在特殊意义。

林海音的北平想象与记忆具有鲜明的空间意识，无论其小说还是散文，皆不约而同地呈现一种地图式建构。在小说《城南旧事》中，地理空间是推动小说情节发展的关键因素。如第一章题名《惠安馆传奇》，惠安馆即位于延寿寺街羊肉胡同路北的福建惠安会馆，全篇围绕惠安会馆门前一个疯女人秀贞的故事展开，她与曾寓居会馆的一位北大学生互生情愫、私定终生却又惨遭遗弃，篇末秀贞与好不容易重逢的私生女不幸丧生于火车轮下，英子的父母为使小英子忘却这悲惨的记忆而搬家，迁居新帘子胡同。于是，第二章《我们看海去》的开头即："妈妈说的，新帘子胡同象一把汤匙，我们家就住在靠近汤匙的底儿上，正是舀汤喝时碰到嘴唇的地方……"[1]在胡同尽头一片废弃的荒草地里，小英子遭遇了小说的第二个主人公——将赃物藏在草丛里的偷儿，从而引出他的故事。至第三章《兰姨娘》，英子一家搬到虎坊桥，篇首即以"我"和妹妹站在虎坊桥大街上看"出红差"——这里是枪毙革命学生——带进北大革命青年德先叔的出场；篇末则是我们一家人在虎坊桥上为德先叔和兰姨娘送行。地理空间是《城南旧事》中一个不可忽视的重要角色，它参与组织叙事结构，推进情节发展。此外，我们还能在《城南旧事》中看到许多熟悉的老北京地名，齐化门、兴华门、哈德门、兵部洼、西交民巷、东交民巷、椿树胡同、绒线胡同……一幅老北平城南的地图，随着小说情节的推进，慢慢铺展在读者眼前。而这一特点在林海音的一系列"京味儿回忆

---

1 林海音：《城南旧事》，杭州：浙江文艺出版社，1983年版，第60页。

录"中，更是得以淋漓尽致地体现。

林海音的"京味儿"散文多以具体地名为题，如《家住书坊边——琉璃厂、厂甸、海王村公园》《文华阁剪发记》《虎坊桥》《天桥上当记》《骑毛驴儿逛白云观》等。《我的京味儿回忆录》开篇即自陈架构思路："那么我何不就从我在北京——北平——北京——北平——所居住过的地方：珠市口——椿树上二条——新帘子胡同——虎坊桥——西交民巷——梁家园——南柳巷——永光寺街——南长街，顺序以杂忆方式记录下来呢！"*1* 以下便以上述街巷命名各节标题，而行文更比比皆是地图式的方位描述——

从谦安客栈向西走下去，就是虎坊桥、骡马市，是南城的热闹大街。珠市口向南去，离城南游艺园、天桥、天坛等地不远，附近则是八大胡同——妓院的集中地……

南柳巷是个四通八达的胡同，出北口儿，是琉璃厂西门，我的文化区；要买书籍、笔墨纸砚都在这儿。我在《家住书坊边》，曾详细描述过，现在，我不但是在家住书坊边，而且是"家住报坊边"了。出南柳巷南口儿，是接西草场、魏染胡同、孙公园的交叉口，是我的日常生活区；烧饼麻花儿、羊肉包子、油盐店、羊肉床子、猪肉杠、小药铺，甚至洗澡堂子、当铺、冥衣铺等等都有，是解决这一带住家的每日生活所需。出西草厂就是宣武门大街，我的初中母校春明女中就在这条大街上。

林海音想象与追忆北平的线索是一种按图索骥式地展开，写作过程中，她脑海里似乎铺陈一张民国时期的北平地图，思绪便循着这一条条街巷一点点延伸出去，点线面扩张，描绘出

---

1 林海音：《林海音文集·英子的乡恋》，第85页。

北平城南的每条胡同、每个角落，如同引领自己和读者一一走遍。林海音自身对于这种"地图式建构"非常自觉，当年寓居北平时，一家人便常在夜晚打开台湾地图，"看看那一块小小地方的故乡"；而离京去台后，她又凭借北平地图寄托乡思。林海音有一篇文章题为《一张地图》，写一对朋友夫妇给她带来一张北平全图，朋友说："希望你看了图，能把文津街，景山前街连起来，把东西南北方向也弄清楚。"

178

> 整个晚上，我们凭着一张地图都在说北平。客人走后，家人睡了，我又独自展开了地图，细细地看着每条街，每条胡同，回忆是无法记出详细岁月的，常常会由一条小胡同，一个不相干的感触，把思路牵回到自己的童年，想起我的住室，我的小床，我的玩具和伴侣，……一环跟着一环，故事既无关系，年月也不衔接，思想就是这么个奇妙的东西。[1]

"地图式建构"不仅与作者有关，对于读者也同样富含意味。林海音写作《城南旧事》与一系列"京味儿回忆录"之初的预设对象是在台读者，因此，是"外乡人"写给外乡人（以及在外乡的本地人）看的北平，作者与读者都是远离那座城市的。这就决定了她的书写需要清晰明确的地理定位，一个"北平坐标"。对于这种地图索引的回忆方式，作者与读者皆抱有特殊的痴迷——

> 我漫写北平，是因为多么想念她，写一写我对那地方的情感，情感发泄在格子稿纸上，苦思的心情就会好些。它不是写要负责的考据或掌故，因此我敢"大胆的假设"。比如我说花汉冲在煤市街，就有细心的读者给了我"小心的求证"，他就

画了一张地图，红蓝分明的指示给我说，花汉冲是在煤市街隔
一条街的珠宝市，并且画了花汉冲的左邻谦祥益布店，右邻九
华金店。如姐，谁说没有读者呢？不过读者并不是欣赏我的小
文，而是藉此也勾起他们的乡思罢了！ 1

　　值得注意的是，林海音散文集《两地》中关于台湾的部分
即无此"地图式建构"，而是抒写台湾风土民情。当身处一座
城市时，如鱼饮水，冷暖自知，城市更多地体现为一段具体可
触的情调与氛围，而非城市地理指南；惟有不在其地时，才需
借助抽象的地理坐标，建构对于城市的记忆与想象。与之相应，
夏仁虎《旧京琐记》虽自诩追慕《东京梦华录》，实际体例却
承袭汉《东观杂记》。2 目录分《习尚》《语言》《朝流》《宫闱》《仪制》
《考试》《时变》《城厢》《市肆》及《坊曲》十卷，惟有卷八《城
厢》涉及地理空间。而《城厢》一卷对于空间的表现，可与林
海音的书写作一有趣的对读。其卷首即追述旧京城门的名称及
其相关的历史典故：

　　明崇祯之际，题北京西向之门曰顺治，南向之门曰永昌，
不谓遂为改代之谶。流寇入京，永昌乃为自成年号。清兵继至，
顺治亦为清代入主之纪元。事殆有先定欤？禁城东华西华二门
对峙，然至民国则中门易为中华，亦若预为之地者，谓之巧合
可矣。3

　　对于夏仁虎而言，城门的作用不仅在于东南西北的空间定
位，更重要的是其见证或曰负载（甚至是预言）的历史。夏仁
虎的空间不再是横向的平面
地图，而是带进了历史的纵

1 林海音：《一张地图》，载《两地》，北京：北京出版社，
1988 年版，第 16 页。
2《枝巢九十回忆篇》自注："用汉《东观杂记》体作《旧京
琐记》。"
3 夏仁虎：《旧京琐记》卷八，载《枝巢自述 旧京琐记》，第
118 页。

179

深，《城厢》开篇即给定了一个格局开阔的"历史的坐标"。这种典故趣味终卷一以贯之，以下诸节娓娓细数京师各处的名胜古迹，无论是三海、团城、万寿山、圆明园等皇家园林，还是旃檀寺、碧云寺、法源寺、花之寺、长椿寺、崇孝寺、光明殿等古刹庙宇，抑或琉璃厂、积水潭、什刹海、前门等处，皆引经据典，追本溯源。如"京师白塔"一条：

> 京师白塔，在阜城门大街。按《草木子》古今谚云："元初童谣有：'塔儿红，北人来作主人翁；塔儿白，南人作主北人客。'"之语。元世祖时，塔赤焰；明祖起兵淮扬，塔白如故。《燕都游览志》："成化元年，于塔座四周，砖造灯龛一百八座，相传西方属金，故建白塔以镇之。"

夏仁虎追溯了白塔自元至明迄清的流变，空间不是孤立的，空间之上层层叠叠地堆积着历史，这种对于"空间中的时间（历史）"的追求，是与枝巢老人对于时间的关注一致的。而林海音对于空间的自觉，则将《旧京琐记》失落的《东京梦华录》一脉传统发扬光大。林海音以地理方位结构篇章的思路与《东京梦华录》不谋而合。《东京梦华录》前三卷众节标题皆冠以地名，如卷一：东都外城，旧京城，河道，大内，内诸司，外诸司；卷二：御街，宣德楼前省府宫宇，朱雀门外街巷，州桥夜市，东角楼街巷，潘楼东街巷，酒楼，饮食果子；卷三：马行街北医铺，大内西右掖门外街巷，大内前州桥东街巷，相国寺万县交易，寺东门街巷，上清宫，马行街铺席，都市钱陌，天晓诸人入市……而具体各节更是借由精确细致的空间定位展开，如卷一首节"东都外城"：

东都外城，方圆四十余里。城壕曰护龙河，阔十余丈，壕之内外，皆植杨柳，粉墙朱户，禁人往来。城门皆瓮城三层，屈曲开门，唯南薰门、新郑门、新宋门、封丘门皆直门两重，盖此系四正门，皆留御路故也。新城南壁，其门有三：正南门曰南薰门；城南一边，东南则陈州门，傍有蔡河水门；西南则戴楼门，傍亦有蔡河水门。蔡河正名惠民河，为通蔡州故也。东城一边，其门有四：东南曰东水门，乃汴河下流水门也，其门跨河，有铁裹牕门，遇夜如闸垂下水面，两岸各有门通人行路，出拐子城，夹岸百余丈；次则曰新宋门；次曰新曹门；又次曰东北水门，乃五丈河之水门也。西城一边，其门有四：从南曰新郑门；次曰西水门，汴河上水门也；次曰万胜门；又次曰固子门；又次曰西北水门，乃金水河水门也。北城一边，其门有四：从东曰陈桥门（乃大辽人使驿路）；次曰封丘门（北郊御路）；次曰新酸枣门；次曰卫州门（诸门名皆俗呼。其正名如西水门曰利泽，郑门本顺天门，固子门本金耀门）。1

同是以京都四方城门开篇，却不同于《旧京琐记》的空间注史，而是一目了然地勾勒出一幅文字版的东京地图。又如卷二"朱雀门外街巷"，与林海音以笔代步的"地图式建构"尤有惊人相似：

出朱雀门东壁，亦人家。东去大街麦楷巷状元楼，余皆妓馆，至保康门街。其御街东朱雀门外，西通新门瓦子以南杀猪巷，亦妓馆。以南东西两教坊，余皆居民或茶坊。街心市井，至夜尤盛。过龙津桥南去，路心又设朱漆杈子，如内前。东刘廉访宅，以南太学、国子监。过太学，又有横街，乃太学南门。街

---

1 [宋] 孟元老：《东京梦华录》（清文渊阁四库全书本），卷一。

南熟药惠民南局。以南五里许，皆民居。又东去横大街，乃五
岳观后门。大街约半里许，乃看街亭，寻常车驾行幸，登亭观
马骑于此。东至贡院、什物库、礼部、贡院车营务、草场。街
南葆真宫，直至蔡河云骑桥……[1]

朝代虽兴替，"京师"沦为"旧京"，却依然是枝巢老人熟
悉的那座城市，不曾远离，亦不曾失去。而汴京之于孟元老，
北平之于林海音，皆是"丧失的城市"，正是因为不在地，反
而要一一坐实，复原一幅旧京的立体地图。林海音自身对于北
京 / 平的认知经历，影响到她的北平记忆。一方面，她是随父
母迁居陌生的京城，被领着去认识这座城市的童女小英子；另
一方面，她也引导 20 世纪 60 年代的台湾读者（包括在台湾的
"老北平"），与她一道跨越时间与空间的距离，灵魂归乡，重
走"我的京味儿之旅"。这双重因素决定了她独特的书写方式。
林海音在离京十多年后才开始追忆北平，回首来路，故乡杳渺，
她笔下的北平，却是如此讲究写实。而实际上，林海音自己也
十分清楚，隔海遥望，地理上的空间早已阻断她回归第二故乡
的可能；而此时彼岸的北京也再不是她记忆中的那个温情家园
了。她所做的一切努力，不过是在重构一个虚幻的记忆之城：

常自夸说，在北平，我闭着眼都能走回家，其实，手边没
有一张北平市区图，有些原来熟悉的街道和胡同，竟也连不起
来了。只是走过那些街道所引起的情绪，却是不容易忘记的。[2]

从"旧京"到"城南"：国族想象与市民趣味

《重读〈旧京琐记〉》一文，一方面可以提示我们林海音理

---

1 [宋] 孟元老：《东京梦华录》卷二。
2 林海音：《家住书坊边 我的京味儿回忆录》，第 90 页。

解《旧京琐记》的线索，即她关注的是《旧京琐记》的什么方面，她自身的趣味何在？另一方面，我们也可以透过林海音对于尊翁旧京书写的"洞见"与"不见"，重新审视夏仁虎的北京想象与文化记忆。在这种参差互见中，更好地理解二者各自的北京／平，以及彼此间的异同。

夏仁虎《旧京琐记·发凡》曰："是编所记，特刺取琐闻逸事，里巷俳谈，为茶余酒后遣闷之助，间及时政朝流，亦取其无关宏旨者。"[1]林海音对于公公的用意可谓心领神会："这本书虽是'琐闻逸事，里巷俳谈'，但包括范围极广，从宫闱到市肆，从朝廷的仪制、考因，到民间的俗尚、坊曲。作者虽然说，这不过是茶余酒后的遣闷之助，不上正史的。但是正因如此，反而更能看出清末北京社会的真实现象。"[2]然而有趣的是，夏仁虎《旧京琐记》类分十卷，林海音饶有兴致地大量摘引书中段落，所涉篇章却只集中于《习尚》与《语言》二卷。这正是林海音自身的兴趣所在，即民俗和土语。[3]对都市物质生活与市民情趣的关注，起自南宋孟元老开创的"梦华录"传统，即以掌故的具体琐碎对应正史的宏大叙述。夏仁虎对于"梦华"传统的接续，同中有异，上文谈到夏仁虎有意选择"琐记"体裁，实际出于"补正史之阙"的"遗民"心态，因此，其《旧京琐记》最为关注、投入笔墨亦最多的，其实是朝政制度与时代变迁，包罗了《朝流》《宫闱》《仪制》《考试》《时变》诸卷。前文论述多征引《宫闱》与《时变》二卷，此外，《朝流》品评清末"清流"名士，如"清季四公子""戊戌六君子""庚子三忠"等；

---

1 夏仁虎：《旧京琐记引》，载《枝巢自述 旧京琐记》，第77页。
2 林海音：《家住书坊边 我的京味儿回忆录》，第138页。
3 林海音曾撰文《我的床头书》，列举其最钟爱的几部作品，其中包括金受申著《老北京的生活》，徐世荣主编《北京土语辞典》，王羽仪绘《旧京风俗百图》等。《生活者林海音》，中国台北：纯文学出版社，1994年版，第188—205页。

《仪制》介绍清廷礼仪制度，如引见之制、南书房之制、行装之制、祭祀、婚丧等制；"考试"记叙清代科举体制及趣闻逸事。其实，不唯《旧京琐记》，《清宫词〈作例〉》曰："是作分上下二卷：上卷百首，述帝后、妃嫔、皇子、公主以及侍臣、监御、宫中遗事；下卷百首，纪宫苑典礼、令节风尚杂事。"[1]恰可与《旧京琐记》之《朝流》《仪制》《时变》三卷相互补益，正如前引郑骞言："清代十朝二百六十余年中，巨闻细事，得此二书而备陈眼底。"因此，枝巢老虽自谦为"茶余酒后遣闷之助"，而所谋者大，绝非"琐闻逸事，里巷俳谈"的单纯掌故趣味可限。

倒是林海音自身的北平书写，恰恰将这种掌故趣味发扬光大。林海音有篇文章题为《陈谷子烂芝麻》："陈谷子、烂芝麻，是北平人说话的形容词汇，比如闲话家常，提起早年旧事，最后总不免要说：'唉，左不是陈谷子、烂芝麻！'言其陈旧和琐碎。……原来我所写的，数来数去，全是陈谷子、烂芝麻呀！但是我是多么喜欢这些呢！"[2]林海音的北平想象与记忆，即贯穿了这种"陈谷子、烂芝麻"的平民眼光和趣味。她的一系列"京味儿回忆录"，以生动细腻的笔触，写城南游艺园、八大胡同、天桥、虎坊桥；写白云观庙会、厂甸庙会；写西单牌楼及烤肉宛、花汉冲、瑞玉兴等老字号；写胡同及胡同里的人力车和叫卖声；写窝脖送嫁妆、剃头挑子、换取灯儿的、打糖锣儿的、捡煤核儿的、拉洋片的、唱话匣子的市井百态；写"挤老米""卖冻儿""卖呆儿"等北平俗语和歌谣；她还津津有味地细数北平小孩子的童玩，小脚儿娘、拽子儿、跳绳踢毽子、吊死鬼儿、蛤蟆骨朵儿等等。

1 夏仁虎：《清宫词〈作例〉》，载《国学家夏仁虎》，第143页。
2 林海音：《剪影话文坛》，中国台北：新文学出版社，1984年版，第16页。

夏仁虎与林海音两代人笔下的北京/平，为何会呈现如此截然不同的面相？北京是一座特殊的城市，它既是"京"，又是"城"，既是城市，又不仅是城市；同时，自晚清迄沦陷时期，它经历了北京—北平—北京的嬗变。因此，对于夏仁虎而言，它是前朝的"旧京"，"京"是帝都，与时代变迁、国族想象有关；而对于林海音而言，它是北平的"城南"，"城"是城市，与日常生活、市民趣味有关。夏仁虎象征了宣南末代士大夫的风采，而林海音则体现了城南平民文化的风情，他们也因此有着各自的北京/平文化地图。

同为旧京遗老的陈曾寿（1878—1949）有诗云："宣南士夫迹已扫，内城暴贵多朱门"，[1] 从宣南士夫到民国新贵再到北洋遗老，夏仁虎《枝巢九十回忆录》呈现了新旧交替之际最后一代士大夫的晚景：

> 我身既退闲，生活近流浪。六友会青云，一元供晚膳。推长中山园，日日任游赏。茶团号元老，棋局诮慈善。文谶复不乏，四园盛俦党。元宵夺锦灯，词社掣斑管。敲诗亦看竹，钵击与钟撞。[2]

"四园盛俦党"自注云："傅沅叔藏园、郭啸麓葺园、关颖人稊园、张伯驹似园，皆有亭榭之美，诗词会月数举。"夏仁虎自宦海退隐后，与老友傅增湘（1872—1949）、郭则沄、关颖人、张伯驹（1898—1982）、吴廷燮、赵椿年（1869—1942）等诗酒交游，常流连于京城各公园，如中央（山）公园、先农坛公园、北海公园、中南海公园等，留下大量唱和之

---

1 陈曾寿："自来官京朝者，皆居宣武门外，屋宇湫隘，依然寒士家风，所谓南城士大也。国变后，王侯第宅皆易新主，速化者率居东西内城，然盛衰不常，倏焉灭迹，予因病请急来京，赁居景山下，盖有不胜今昔之感，爰成长句一首"，《苍虬阁诗集》，第 318—319 页。
2 夏仁虎：《枝巢九十回忆录》，载《国学家夏仁虎》，第 135 页。

作。1 林海音回忆尊翁的文字中也多有记载——

> 公公自宦海退休后，读书、写作自娱，过着潇洒的文学生活。和傅增湘（沅叔）、吴廷燮（向之）、赵椿年（剑秋）、郭则沄（啸麓）、张伯驹（丛碧）等国学界前辈最为友好，酬唱往来，享尽文人的乐趣。多年来的夏日黄昏，他几乎每天和这些好友在中山公园柏树林下的春明馆茶座聚晤，谈谈天，下下棋，入夜各自返家。2

正如林海音所说，中山公园是枝巢老人最钟爱的去处，夏仁虎亦自言："推长中山园，日日任游赏"，值得关注的是他的自注："中山公园为朱桂莘先生手创，任董事长，以余身闲副之。朱出京，余任其事，无所建设，惟于圆明园旧址中，觅得清初'兰亭八柱'石刻，甚有名，运归公园，将重建，力未逮也。八柱今尚存公园库中。"朱桂莘即朱启钤（1872—1964），这里牵涉到北京近代市政沿革的大背景。1914 年，时任北洋政府内务总长的朱启钤倡设京都市政公所，由此启动一系列"公共工程运动"，如皇城和牌楼的改造、新兴市民空间的开辟、街道的铺设和公共交通的修建等等。3 其中重要的一项"公园开放运动"，将清朝遗留的皇家园林庙宇改造为公共娱乐空间。首先是社稷坛，由朱启钤亲自主持于 1915 年底更名为"中央公园"向公众开放，成为北京有史以来第一个近代公园，朱启钤自任董事长，后由夏仁虎继任。有了中央公园的先例，其余皇室苑囿如先农坛、太庙、地坛、故宫、三海、景山、颐和园等也先后开放。4 北京的公园与上海的照搬西方不同，它同时

1 参见夏仁虎：《枝巢编年诗稿》。
2 林海音：《家住书坊边 我的京味儿回忆录》，第 129 页。《婚姻的故事》中亦有生动详细的叙述。
3 参见史明正《走向近代化的北京城：城市建设与社会变革》，王业龙、周卫红译，北京：北京大学出版社，1995 年。
4 参见王玮、闫虹主编：《老北京公园开放记》，北京：学苑出版社，2008 年。

是传统与现代，既是最新的都市公共空间，也是最旧的封建皇家遗迹,空间之上重重叠叠着历史的印痕。遗民野老游宕其中，不经意难免会迎面撞上尘封的时间，而生今昔之叹。如夏仁虎于1918年前后所作《暑夕中央公园纳凉四十均》曰："谪居伤李白，遗事说唐玄。世运悲寒暑，流风叹变迁。未妨长乐老，误入小游仙。薄咏防多露，微词异感甄。沧桑关许事，此会但绵绵。"*1* 而其间的复杂暧昧之处在于，正是这一批自居"旧京遗老"的朱启钤、夏仁虎辈本身，亲手推动北京城市近代化进程，打破故朝皇城的封闭格局、重构以封建等级为基础的都市空间。这恰与夏仁虎以文字存旧京的出发点相一致，即将传统化为今用。公园亦成为夏仁虎旧京书写的一部分，他对公园情有独钟，曾撰《北海小志》，甚至创作小说《公园外史》，可惜二书皆已亡佚，唯可从林海音的零星记载中窥得一二："公公的《公园外史》，说是仿《儒林外史》之作，叙述当时朋辈状况，灵感当然就是得自多年在公园'黄昏之游'的谈闻。"*2* 值得注意的还有夏仁虎笔下"中央/山公园"称谓的变更，也有其历史背景。1928年北伐后国民政府迁都南京,改北京为北平，中央公园亦更名为"中山公园"，原社稷坛的祭坛改称中山堂，拜堂也辟为革命图书馆；1937年卢沟桥事变后，日伪政权又改北平为北京，且将与国民政府有关的地名一律废止，"中山公园"重新回复"中央公园"。沦陷时期的中央公园愈添荆棘铜驼之悲，夏仁虎穿行园中的身影也渐形寥落："他总是独来独往，没有曼姬的陪伴，没有子女的扶持，他七十岁了，腰板还挺直，但是他是多么寂寞呢？就像春明馆中的老朋友，也日

---

1 夏仁虎：《枝巢编年诗稿》卷三《僦尘楼下》。
2 林海音：《家住书坊边 我的京味儿回忆录》，第129—130页。

渐凋零了。"[1] 伴随历史流转、政权兴替，都市文本反复被修改、涂抹，像化石的岩层一样覆盖着时间的痕迹，而社稷坛—中央公园—中山公园—中央公园的变迁，正是北京都市空间不断被时间改写的一个具体而微的象征，生动地映证了夏仁虎于《旧京琐记·城厢》中表达的时空观。

　　而对于地域如此敏感的林海音在《重读〈旧京琐记〉》一文中，竟不提及与空间有关的《城厢》《市肆》二卷，这是因为她有自己的地图。不同于夏仁虎念兹在兹的"旧京"，林海音留恋不已的是"北平"。1928 年起失落了国都地位的"北平"，不再负载帝京的国族想象与政治内涵，而更多是复归城市的日常生活与平民趣味，这是林海音北平经验的底色。上节讨论林海音写作的"地图式建构"，我们甚至可以根据其详尽描述勾勒出一幅属于她的城南地图。在北京 / 平生活二十六年，搬家八处，其居住区域基本集中于城南东北部的椿树地区，椿树上二条的永春会馆、梁家园胡同的小楼、南柳巷五十五号的晋江会馆、永光寺街一号的夏家大宅、她的母校师大附小、春明女中和"家住书坊边"的琉璃厂西街，都不出这个范围。其生活区域则会扩展到椿树地区以东的大栅栏地区，此为城南的商业区，林海音作品中津津乐道的厂甸庙会及其他老字号，如花汉冲、六必居、蜀珍号、第一舞台、富连成、丰泽园等就属于这个区域，林海音一家最初下榻的谦安客栈及此后寓居的蕉岭会馆更是位于主干道珠市口西大街上。而娱乐区域则当数位于大栅栏南部的天桥地区，林海音儿时钟爱的天桥、城南游艺园都在这一带。[1] 从地理方位看，"城南"其实即清时的"宣南"，夏仁虎《旧京琐记·城厢》记载："旧日汉官非大臣由赐第或值枢庭者，皆居外城，多在宣武门外。土著富室，则多在崇文门外。故有'东富西贵'之说。士流题咏，率署宣南，以此也。"[2] 民国后由于城市空间重组，文化中心由外城向内城转移；同时由内务总长朱启钤首倡，京都市政公所提出在城南开放香厂、建设"新市区"，据《京都市政汇览》，其主导原则有二，一是为整治旧城区树立模范，二是建立一处先进的包容购物、游乐（也包括妓院）、餐饮、居住于一地的标准商业娱乐区。由是，先农坛一带公园、游艺园的引入，坛北新市区的兴建，以及东部天桥市场的兴起，相互作用，城南平民文化在民国时期达到巅峰。[3] 夏仁虎笔下那个"士流题咏，率署宣南"的宣南士乡不复存在，取而代之的是一个五方杂处、喧嚷流动的市井城南。林海音就是在这种平民文化的滋养下成长起来的，因此她对于城南的市井趣味有特别的钟爱与体贴。新兴的城南游艺园是其童年时代的乐园，林海音曾回忆孩提时母亲常"交给老妈子一块钱（多么有用的一块钱！），叫她带我们小孩子到'城南游艺园'去，便可以消磨一整天和一整晚"。[4] 城南游艺园系民国时期北京/平最大的商业性游乐园，林海音在文中多有描述，尤得神韵：

　　看穿燕尾服的变戏法儿，看扎着长辫子的姑娘唱大鼓，看露天电影郑小秋的《空谷兰》。大戏场里，男女

1 关于民国时期北京的地理布局，以王世仁主编《宣南鸿雪图志》（中国建筑出版社，1997）为主要参考，并比照《北京古建筑地图》（清华大学出版社，2009 年）及段柄仁主编《北京胡同志》（北京出版社，2007 年）。
2《旧京琐记》卷八，《枝巢自述 旧京琐记》，第 118 页。
3 参考王世仁主编：《宣南鸿雪图志》，张次溪：《天桥一览》（1936 年），及史明正：《走向近代化的北京城：城市建设与社会变革》。
4 林海音:《〈城南旧事〉代序》，载《林海音文集·生命的风铃》，杭州：浙江文艺出版社，1997 年版，第 165 页。

分座（包厢例外），有时观众在给"扔手把巾儿的"叫好，摆
瓜子碟儿的，卖玉兰花儿的，卖糖果的，要茶钱的，穿来穿去，
吵吵闹闹，有时或许赶上一位发脾气的观众老爷飞茶壶。戏台
上这边贴着戏报子，那边贴着"奉厅谕：禁止怪声叫好"的大
字，但是看了反而使人嗓子眼儿痒痒，非喊两声"好"不过瘾。[1]

如果说，中央 / 山公园折射出夏仁虎复杂的时空观及北京
作为都城的变迁，则城南游艺园象征了林海音心中的城南及其
所代表的市民文化——

在那样的环境里：台上锣鼓喧天，上场门和下场门都站满
了不相干的人，饮场的，检场的，打煤气灯的，换广告的，在
演员中穿来穿去。台下则是烟雾弥漫，扔手把巾儿的，要茶钱
的，卖玉兰花的，飞茶壶的，怪声叫好的，呼儿唤女的，乱成
一片。我却在这乱哄哄的场面下，悠然自得。我觉得在我的周
围，是这么热闹，这么自由自在。[2]

"我觉得在我的周围，是这么热闹，这么自由自在。"林海
音对于城南的市井风情和平民娱乐体贴入微、乐在其中，一个
鲜活丰富、生气淋漓的城南跃然纸上。即如小说《城南旧事》，
其贯穿全篇灵魂的核心主人公，实际上不是任何一个人物，而
是"城南"——

这部小说我是以愚骏童心的眼光写些记忆深刻的人物和故
事，有的有趣，有的感人，真真假假，却着实地把那时代的生
活形态如北平的大街小巷、日常用物、城墙骆驼、富连成学戏
的孩子、捡煤核的、换洋火的、横胡同、井窝子……都在无意

1 林海音：《〈城南旧事〉代序》，载《林海音文集·生命的风铃》，
　第 165 页。
2 林海音：《台上 台下》，载《两地》，北京：北京出版社，
　1988 年版，第 26 页。

中写入我的小说。*1*

　　其实，无论是夏仁虎的《旧京琐记》还是林海音的《城南旧事》，都是对于一个城市的感觉和追怀，其主角都是北京。而北京是一座特殊的城市，它既是传统的，又是现代的，既是贵族的，又是平民的；它自身蕴藏的丰富性与复杂性，使其得以在书写立场与文化背景各异的作者笔下开启不同的面相。夏仁虎的"遗民"身份决定了他对时间尤为敏感，因此，北京对他来说是"旧京"，是整体的故都，他的北京追忆聚焦于时代变动和帝国想象；而林海音的"移民"背景导致她对空间特别关注，因此，北平对她来说就是"城南"，是具体的城市，她的北平经验落实于物质空间与日常趣味。夏仁虎身为林海音尊翁，他的事迹，包括他的北京书写，作为一种真实的历史，是林海音北平想象的重要参照及叙述对象；而编撰其《旧京琐记》的经验又实实在在地作为契机，引发林海音一连串的北平记忆。从《旧京琐记》到《城南旧事》，本身就是一段鲜活的文学史。

　　　　　原刊《中国现代文学研究丛刊》2012 年第 1 期

---

1 林海音：《童心愚騃——回忆写〈城南旧事〉》，载《林海音文集·生命的风铃》，第 264 页。

生计、文学与政治：
被消费的身体

孔 雪 岳永逸

民国北平的近代化进程步履蹒跚，这种无奈的身姿也映射在作为"苦力"的人力车夫的身躯内外。整日奔跑，可能暴毙在途，这种对身体最直接的消费还得不时面对军警等强势群体的欺凌。因应五四新文化运动平等、自由的理念，人力车夫的身体在成为高呼"劳工神圣"的五四文人创作与臆想对象的同时，也被有着同情心的文人尴尬地消费着。因为不同的目的，不同的政治集团也合力将人力车夫的身体推向了肉搏的前台，从而使之在行业公会内部、政府与党部等北平多种政治力量的博弈场中昙花一现式地粉墨登场。作为边际和被消费的群体，人力车夫的身体也就成为生计、文学、政治和艺术的演练场。

另一个北平

历史悠久的城市常如一部老书，从边角到内容都被时间灌注了重量。对于老旧北京，或许只有"北京乎"三个字的慨叹才能担负得起这份重量。1 其实，一座历史悠久的城市不仅是一个客体，同时也是一个主体，有她自己的"肌理、脉搏、呼吸与生命"2。现代主义鼻祖波德莱尔笔下的巴黎如此，唯美主义者王尔德笔下的伦敦也

---

1 姜德明编：《北京乎》，北京：生活·读书·新知三联书店，1992年。

2 岳永逸：《老北京杂吧地：天桥的记忆与诠释》，北京：生活·读书·新知三联书店，2011年版，第311页。

如此。因着对电车（铛铛车）和市井的情愫，张爱玲将之存身的大上海的脉搏描述成电车的"铛铛"声和纷繁的菜市货声。[1]虽然也不乏铛铛车，民国北平的脉搏则是跳动在无数"祥子"——人力车夫的身体里。这些终日奔跑在京师大街小巷，用双脚串联起家家户户日常生活，挣扎在诸多社会场和北平现代化进程中的苦力，除了"五四"时期知识分子举着"劳工神圣"的口号谱写文艺赞歌之外，几乎被忽略在民国纷乱的历史尘埃中了，其赖以为生的"身体"更是渐行渐远。

在民国北平，人力车夫的身体是一项"致命"消费。在生命最鲜壮的时期出卖身体后，车夫们"再把窝窝头变成的血汗滴在马路上"[2]，直至搭上性命。孙俍工的短篇小说《被隔绝的世界》讲述了一个车夫儿子患重病，因富人打牌不准回家而白发人不得不送黑发人的故事。欧阳予倩的短剧《车夫之家》则是一部在帝国和封建势力压榨下，车夫丧子又被迫搬家的血泪史。这些创作，连同经典的《骆驼祥子》意味着大半个北平的社会脉络和世态炎凉都可以从一个名不见经传的人力车夫的起落人生勾画出来。不仅如此，作为一个庞大的边际群体，人力车夫还直接卷入了北平社会的近代化进程之中，但边际群体历来鲜见于正史，文人激情唱诵的人力车夫用身体书写的"另一个北平"也就终究黯然入墓。

这另一个北平，"不是帝王将相的，不是文物古迹的，也不是顽主与发小儿的，与他们有着或远或近的关系，但更是生活在北京的名不见经传的芸芸众生自己的……北京是因

---

1 这在其小说《封锁》与《中国的日夜》中有集中的描写，参阅张爱玲：《张爱玲短篇小说集》，中国台北：皇冠出版社，1977年版，第486—507页。
2 老舍：《骆驼祥子 月牙儿》，武汉：长江文艺出版社，2010年版，第2页。

为他们才存在的，他们不是北京的经线就是北京的纬线。"[1] 在今日大众传媒、娱乐帝国津津乐道的民国风流韵史和情色、间谍、厉鬼夹杂的政治博弈之外，人力车夫的身体将呈现出另一个低调、厚重也复杂多样的北平。

暴毙的苦难

1925 年，在北京城内二十区署挂号的营业人力车有二万九千辆，自用人力车有七千五百辆，在城外四郊挂号的人力车有七千七百辆，共计四万四千二百辆。人力车夫有六万余人，依靠人力车夫生活的家口约有二十万人。随后的一句话让这组数字沉重异常，"除乞丐以外这些以人类代牛马的东洋车夫算是最穷苦的人了"。[2] 1928 年国都的南迁，并未对北平人力车夫群体规模产生明显影响。1931 年，人力车夫这种苦力，在社会上"很占势力"，其人数约占北平总人口（80 万）的百分之七，占成年男子的百分之十一，即每九个成年男子就有一个人力车夫。[3]

相对庞大的人力车夫群体，人力车传入北京的历史略显简短。19 世纪末，人力车由日本传入中国，时称"东洋车"或"洋车"。如同那个年代的"洋鬼子""洋火""洋枪""洋炮""洋水壶""洋马儿"等时尚词汇一样，洋车同样从语言学的角度传递着举国上下的五味杂陈之感。光绪十二年（1886），人力车作为私人用车出现在北京。早期人力车外形粗糙，行路时辘辘作响，也并不稳当，座客尚少。义和团运动中，作为洋货，洋车

---

1 廖明君、岳永逸：《现代性的都市民俗学——岳永逸博士访谈录》，《民族艺术》2012 年第 2 期。

2 李景汉：《北京人力车夫现状调查》，《社会学杂志》第二卷第四号（1925 年 4 月）。

3 房福安原：《中国的人力车业》，《社会月刊》第二卷第七号（1931 年 1 月）。

也在被砸之列。自宣统元年（1909）胶皮人力车引进后，不断改造的人力车逐渐成为有着身份、脸面的北京人出行的重要交通工具。古老的北京被狭窄的胡同和幽深的巷子连通着，即便之后有叮当车、汽车等新式交通工具，运价偏低、轻便灵活的人力车依然是穿梭北京老城旧街的最佳选择，颇受青睐。

19 世纪末，大批外来人口涌入北京寻求生计。京城的人力车业既不乏从业者，也不少客源。与此同时，列强驻京人口也不断增加。"眼光向下"的洋人对人力车夫的关注更多在于该行当的神秘以及中国的贫瘠苦难，并非其苦力本质。很多珍贵影像资料的摄取、保存，甚或对于人力车夫的研究也始于洋人，盛于洋人。[1] 李景汉、房福安原和后起之秀戴维·斯特兰（David Strand）对人力车夫的调研都侧重于社会、政治、经济层面，而非人力车夫这一群体作为苦力的生活肌理，尤其是他们的身体。作为一个行当，人力车夫出卖体力，消耗生命，其身体刻写着最直接的辛酸与苦难。

在《骆驼祥子》的开篇，老舍梳理了北平洋车夫的派系：年轻力壮腿脚灵利的有漂亮的车，出车收车都有自由；岁数稍大的，也多少能保住自己的尊严，但年龄在四十岁以上二十岁以下的，则是车破人贱。人力车夫始终是苦力，正如"苦力"一词进入英文中的发音与拼写仍是"Coolie"。苦力行业悲苦的本质不会因几个年轻力壮，车也漂亮的少数人有所起色。因无需知识技能，"北平之拉车业，有似劳工之通

---

1 晚清民国时期很多外国摄影家保存下了珍贵的北平人力车夫的影像资料，如 Hedda Morrison, *A Photographer in Old Peking*, New York：Oxford University Press，1985。此外，还需特别关注 Sindey D. Gamble, *Peking：A Social Survey*, New York：George H. Doran Company，1921；David Strand, *Rickshaw Beijing：City People and Politics in the 1920s*, Berkeley：University of California Press，1989。作为对早期中国社会学有着重要影响的外国学者，人力车夫是甘博解读旧京的重要群体，而晚近的斯特兰则从人力车夫来透视北平的政治格局及其演进。

逃薮,各种失业之工人,无论有无技能,莫不暂以之为栖身之所,俟有别种工作可寻,则又弃而他就焉"。[1] 诸如来自被撤差的巡警或校役、把本钱吃光的小贩、失业的工匠等不同群体的大多数人力车夫都是到了生死界限不甚分明时,才抄起车把,早晚都会"一个跟头"死在马路上。[2]

以拉车过活的人,命多凄苦惨烈,或冻毙、热毙,或被警棍痛打、撬照会、拿坐垫、拳打脚踢等都是普遍现象。这些在《华年周刊》1934 年第四卷第二期的"读者来信"中有着清楚的记述。当年市民对人力车夫生活情形的描述并非夸张。截至 2012 年初,在北京市档案馆开放的民国档案中,有关人力车夫的京师警察厅编存文卷共 268 条,暴毙倒地身死、被汽车撞倒、被军警殴打、与座客纠纷,以及被杀郊外的案例频现。

其中,车夫猝死的记录有 9 条,所言车夫多因终日疲于奔命导致的痰拥气闭而亡。车夫吴升吉拉客从教子胡同到西珠市,行至石头胡同南口外时,忽然栽倒,痰拥气闭当即身亡。四十余岁的车夫庆福也因"摔倒痰拥之证身死"。奔跑中的车夫范德禄痰拥气闭身死,赤贫无资办棺殓,警察署不得不发给棺木。[3] 北平人力车夫的频频暴毙,显然与赤贫身体的过度消费有关:常年高度紧张地奔跑于风雨寒暑之中,呼吸着污秽之尘土,"不得少息"[4]。

除暴毙猝死之外,京师警察厅编存文卷中记载汽车、马车或电车撞伤或撞死人力车夫的记录有 20 条之

---

1 陶孟和:《北平生活费之分析》,北京:商务印书馆,2011 年版,第 30 页。
2 老舍:《骆驼祥子 月牙儿》,武汉:长江文艺出版社,2010 年版,第 2 页。
3 分别参阅北京市档案馆藏,光字第一九三号,中华民国三年五月,《外右二区呈报人力车夫吴吉升途中猝然倒地身死相验卷》,现档号 J181-018-02322;巨字五五九号,中华民国二年十二月,《外右三区呈报人力车夫庆福跌倒身死情形卷》,现档号 J181-018-00672;剑字第一九号,中华民国二年十月,《外右二区呈报人力车夫范德禄途中身故验埋卷》,现档号 J181-018-00658。
4 陶孟和:《北平生活费之分析》,北京:商务印书馆,2011 年版,第 77 页。

多。幸者蹭伤，不幸者则性命不保。1915 年 5 月 11 日下午，
奥人马德那的汽车在米市大街撞到了一辆人力车，车夫和座客
都受伤，洋车撞毁。马德那赔偿了包括车夫医药费、调养费和
洋车维修费等全部费用。这样的案例仅仅是凤毛麟角。苗金奎、
李海在拉车途中，都被汽车撞倒，人伤车毁，结果如何就不得
而知了。1

开放的档案中，人力车夫因口角被军人、洋人殴打记录有
6 条。在马路上，民国北平的社会阶层或许可以这样划分：拉
车的和坐车的。倘若人力车夫是以人类代牛马的不人道的行当，
那自有把人类当牛马的不人道的座客。在民国北平，军人、洋
人经常充当这类不人道的座客。1913 年，美国兵坐王胜人力
车至燕家胡同下车未付车资。王胜讨要车资时，这位美国兵将
其揪打后逃逸。2 1916 年，军人金德俊、颜玉堂乘坐人力车走
至西斜街玉皇阁庙前时，车皮带炸裂，只得租借地方停放皮车。
车夫陈德珍要的停放费偏高，金德俊嗔骂陈以致口角，遂用皮
带将车夫头部打伤。3 军警对人力车夫的刁难更是普遍，诸如
抢走车垫子，使之拉不成车等等。4

如果陶孟和、李景汉等前人对于生活费、车租等量化研究
足以说明人力车夫何以艰难
度日，那么档案中记录的车
夫行路途中暴毙、被殴、被
撞伤诸案例则足以证明数字
所忽略的车夫的身体——最
直接而致命的消耗体——是

1 分别参阅北京市档案馆藏，淡字二零二号，中华民国四年
五月，《内左一区详报奥人马德那汽车碰伤人力车夫办结情
形卷》，现档号 J181-018-04367；麟字三七七号，中华民国
四年六月，《内左一区详报偏人开驶汽车撞伤人力车夫情形
卷》，现档号 J181-018-04369；当字四二二号，中华民国九
年六月，《内一区呈报人力车夫李海被美国人马法立行驶汽
车撞伤腿部情形》，现档号 J181-020-04858。
2 北京市档案馆藏，玉字一二七号，中华民国二年六月，《外
右二区表送美国人揪打人力车夫王胜等情一案卷》，现档号
J181-019-01426。
3 北京市档案馆藏，服字一八四号，中华民国五年十一月，
《内右二区呈报军人金德俊等殴伤人力车夫陈德珍办理情形
卷》，现档号 J181-018-06417。
4 萧乾：《萧乾散文》，北京：人民文学出版社，2007 年版，
第 181 页。

多么的脆弱与高危！它刻写的不只是车夫双腿奔跑的纵横交错的条条道路，还有自认为高一等的特权者的蛮横、恣肆刁难与凌辱。身体，也就成为人力车夫最直接的苦难。

作为意象的神圣劳工

五四时期，受西方熏染的文人重身体力行，倡导"劳工神圣"，但字里行间又摆脱不了万般皆下品的轻体力的桎梏，这才有了洋溢着浪漫主义色彩的"到民间去"的呼召、践行 1，直至发展成为"向泥腿子学习"的边区文艺政策。"宁为牛马于通衢，犹胜转死与沟洫" 2之类的诗行就明显有着骨气过剩的书生意气。作为向来自然而然被社会忽视并被消费的一群，五四时期因为蔡元培、李大钊等启蒙者高呼的"劳工神圣"口号，人力车夫进入了文学场域，甚至出现了所谓的"人力车夫派"。车夫的身体成为文人最直接的消费对象与意象。"饿肚皮"，"年纪小"，"衣衫单薄"，"又饥又寒"等类似语汇大量出现在"人力车夫派"的文学创作中。抛开人力车夫派诸位方家在诗歌、小说等白话文学体裁、题材的开创之功，这些本土文人出于一片同情心而描摹车夫身体的苦难，与洋人镜头下老旧北京残垣断壁的荒草，踟蹰而行的骆驼异曲同工。

至今为止，这些创作中影响最大、引用最多的是鲁迅的《一件小事》。横眉冷对千夫指的鲁迅对人力车夫的态度很是温和，并认为需要仰视才见，以至于"要榨出皮袍下面藏着的'小'来" 3。尽管在鲁迅笔下，人力车夫面前的文人道德是如

1 Chang-t'ai Hung, *Going to the People : Chinese Intellectuals and Folk Literature, 1918-1937*. Cambridge, MA : Harvard University Council on East Asian Studies, 1985.
2 李大钊：《可怜的人力车夫》，《甲寅》，1917 年 2 月 10 日。
3 鲁迅：《一件小事》，《晨报·周年纪念增刊》，1919 年 12 月 1 日。

此"微不足道",[1] 但人力车夫的背影也带上了一缕阴郁、决绝甚或畸形的道德阴影。与现实生活中人力车夫实像相较,在五四"劳工神圣"的光环下,这个需仰视才见的高大背影不过是一瞬间浪漫主义的臆想。无论同情心和良心的拷问是如何本真,当文人"消费"劳工时,感性始终高于理性,笼罩在字里行间的是坐、拉双方都无力自拔、无可奈何而苍白、惨淡的光晕与晕眩。

对此,身体力行倡导白话写作的胡适写得更为直白。客告车夫,"你年纪太小,我不坐你车,我坐你车,我心凄惨",但车夫却告客,"我半日没有生意,又寒又饥。你老的好心肠,饱不了我的饿肚皮。我年纪小拉车,警察还不管,你老又是谁?"感性的客人只得最后点头。[2] 如果说胡适诗作还多少展现了文人内心的纠结,那么《新青年》同期刊载以"日光淡淡,白云悠悠,风吹薄冰,河水不流"为开篇的沈尹默的《人力车夫》则更像一首云淡风轻的儿歌,是不图功用的。最终,沈氏给单衣已破、汗珠儿颗颗往下堕的车夫的只是一片唏嘘,当然也是难能可贵的同情心而已。

在现实中,车夫的身体被军人、洋人等高高在上者的使用消费的外延与内涵都相对单一。与此相左,在文学场域中,文人对车夫身体的消费是多元与混搭的:对劳工神圣的光环下高大身影的歌颂,面对老幼车夫求生计的进退维谷,文人浪漫主义情愫下不合时宜的渲染,等等。不过,这一时期也有些许不同的声音,有些是无意的,只是叙事写实。[3] 对人力车

---

1 Susan Daruvala, *Zhou Zuoren and an Alternative Chinese Response to Modernity*, Cambridge, Mass. ; London : Harvard University Press, 2000, pp.38-39.

2 胡适:《人力车夫》,《新青年》第 4 卷第 1 号(1918 年 1 月 15 日)。

3 茅盾:《上海大年夜》,《文学季刊》第三期(1934 年 4 月 1 日)。

夫派的亢奋写作，梁实秋不合时宜地冷语道："其实人力车夫凭他的血汗赚钱糊口，也可以算得是诚实的生活，既没有什么可怜恤的，更没有什么可赞美的。"[1] 此话自然引发了鲁迅和梁实秋之间的一场论战。就在文人论战如火如荼时，对此无知无觉的祥子们，继续挥汗如雨地勉力奔跑。

有学者将五四时期包括人力车夫派的一系列"劳工神圣"的文学创作归因于传统士人情结浓厚的中国现代启蒙知识分子的"原罪"。不同于基督教对原罪的定义，中国现代启蒙知识分子的原罪范畴被划定在自由、平等和人道主义等西方理念之下。启蒙者可以赋予人力车夫以同情，却不足以给予他们命运的转折，由此引发了知识分子内心的不安、迷茫与焦虑。没有知识便罢，有了知识往往又只能作罢。至今，中国的知识分子都未解开这个结。向上一路者，坐看它越爬越高，直指所谓知识分子的高洁与独立人格，发思古之幽情；向下一路者，投机取巧，上下迎合，左右逢源，自圆其说为"公共知识分子"。

无论现代启蒙者如何做困兽之斗，在后人辨析出的现代与现代性的牢笼中左右手互搏，他们在生活和写作实践中对人力车夫的双重消费却是无法开脱的事实——只有一个祥子因为老舍而长留文学史，数不清的祥子则没有名姓，下落不明。但是，这里并未将《骆驼祥子》作为文人消费人力车夫的典型。一则《骆驼祥子》是 20 世纪 30 年代老舍创作成熟期的作品，与五四文学领域的人力车夫风潮已有一段间隔；二则虽同是写人力车夫，老舍的笔触显然老道，深沉悲怆，他以祥子起落颠簸的人生反映的已不是单单人力车夫这一群体的生存何以苦痛。如

---

1 梁实秋：《现代中国文学之浪漫的趋势》，见黎照编：《鲁迅
梁实秋论战实录》，北京：华龄出版社，1997 年版，第 17 页。

同大致同期创作的《月牙儿》中的"我"，人力车夫祥子仅仅是夹杂老舍这个主体之希望与绝望同在的个人主义窘境的两个相互辉映的文学意象，是老舍将附身于每一个个体的另一个"自我"换形为马甲穿在了祥子身上，反映为多数人（包括后来的作者本人）所将强调的社会现实只是形而下的。1

苦力的政治学

"我可怜的丈夫，他拉车累的吐血了，如今我的儿子又在这大风雪中拉车，可怜我那十二岁的孩子，拉一步喘一口气！"2 这是 1919 年的陈独秀的写作。和倡导"劳工神圣"的知识分子不同，陈独秀模拟一位人力车夫妻子口吻控诉拉车人劳苦的目的，并不在于张表同情，而是直指那些朱门酒肉臭的文武官员及其子孙。同年，陈独秀所写的北京十大特色中的第五大特色为："十二三岁的小孩子，六十几岁的老头子，都上街拉车，警察不曾干涉。"3 虽然人力车夫群体夹杂了老幼妇孺，病态丛生，但陈独秀依然将人力车夫列为了无产阶级的一个组成部分，是后备的革命力量。早期革命党人苦心呼吁，希望人力车夫这一北京人数庞大的群体可以实现自救，并转化成现实中的革命力量。不少共产党员如林育南、郑凯卿、陈延年等人还先后进入人力车夫群体共衣食。流传最广的轶事则是毛泽东在黑板上先写了一个"工"字，又写了一个"人"

1 虽然主旨是跨语际实践，但刘禾却画龙点睛式地触及到《骆驼祥子》的个人主义这一命脉，并认为它可能是中国现代文学中精细审视个人主义的唯一一部长篇小说。参阅 Lydia H. Liu, *Translingual Practice : Literature, National Culture, and Translated Modernity—China, 1900-1937*, Stanford, Calif. : Stanford University Press, 1995, pp.103-127. 要提及的是，与常见的文学批评不同，王德威对《骆驼祥子》的解读格外关注祥子拉车的体态（bodily gestures）和对身体自我消费的终结（gruesome gestures）。参阅 David Der-wei Wang, *Fictional Realism in Twenties-Century China : Mao Dun, Lao She, Shen Congwen*, New York : Columbia University Press, 1992, pp.144-156.

2 陈独秀：《独秀文存》，合肥：安徽人民出版社，1987 年版，第 409 页。

3 陈独秀：《独秀文存》，合肥：安徽人民出版社，1987 年版，第 533 页。

字，以此告知劳工自救，创造一片新天地。

这段人力车夫与革命党人的蜜月期终究没有长久。在《中国社会各阶层分析》中，毛泽东这样写道："都市苦力工人的力量也很可注意。以码头搬运夫和人力车夫占多数，粪夫清道夫等亦属于这一类。他们除双手外，别无长物，其经济地位和产业工人相似，惟不及产业工人的集中和在生产上的重要。"[1] 这段话曾被反复使用，有学人用以强调毛对苦力工人的重视，但事实则是如文中所言，苦力工人太过分散并不及产业工人集中，在生产上也远没有产业工人重要——他们毕竟是直接消耗体力的群体，纵是罢工可能造成的瘫痪也不及产业工人来势迅猛。1921 年到 1922 年间，早期的共产党人曾多次尝试组织人力车夫工会，但大多无疾而终。这和民国时期北平、武汉、南京、上海等地对人力车夫救济无果的原因类似：把图书馆、娱乐室开给衣不遮体、食不果腹的人力车夫，在本质上的逻辑并不比"何不食肉糜"高明多少，自然也不能指望这些老幼夹杂其间，饱受奔波之苦的苦力拿出足够的热情去拼命。

尽管早期共产党人并没有将革命力量的重心放到人力车夫群体上，人力车夫仍然被作为弱势群体收受社会各界人士的救济。在 1928 年之后，北平的情况发生逆转。人力车夫工会诞生，并且因着北平庞大的人力车夫人数，骤然成为国民党内政治运动和市政中的红角。1929 年，在发动的多次人力车夫工潮中，人力车夫通过静坐、示威、请愿活动迫使政府采取了若干抑制汽车、电车发展的举措，从而为自己争取在以西方为标杆、内外合力下的都市近代化进程中，不断被以机械为表征的现代科技、文明、卫生所吞噬的生存空间。[1]北平人力车夫直接对抗电车表面上是老旧的人力车行当与新兴电车业之间的对峙，但人力车夫从被"救济"到"主动"争取生存空间的转型背后却有着复杂的动因。

清末以来，政府对各种行业组织的管控是逐渐加强的。1905年，清政府成立的商会分类笼统，管控也松软。1918年，在北京的民国中央政府颁布了《工商同业公会规则》，开启了对行业管理的法制化进程。1929年8月，迁都南京不久的国民政府颁布《商会法》和《工商同业公会法》，并以此为依据对原有商会和同业公会进行系统改组整顿。蒋介石在1927年成功发动政变，改组国民政府，各地也纷纷成立效忠蒋介石的新政府。然而，这不但将国民党内部的派系斗争、冲突进一步公开化，也使得各地原本就错综复杂的关系更加复杂。在以蒋介石为首的国民政府亟欲对整个社会全面管控而颁布《商会法》和《工商同业公会法》的前后，原本处于社会下层，靠体力谋衣食的行业群体就凸显出了重要性，成为还未整合好的国民党党部和政府之间，以及国民党与共产党等其他党派之间博弈角力的棋子。因此，同期在全国各大城市的罢工运动风起云涌。当然，尽管都是以对从业者身体的直接规训为基础，对行业的整治也牵涉到文明、卫生、科学、民主等受西方影响的中国精英求发展的现代化诉求。如在成都市市政府成立不久的1928年11月，在剃头匠、烟贩和挑水夫等鼎力支持下，成都茶社工会就掀起了声势浩大的罢工运动——停业抗捐；1931

1 清末民初，中国都市近代化内外纠结的复杂历程，中外学者皆有精深的研究，可分别参阅 [美] 罗芙芸：《卫生的现代性：中国通商口岸卫生与疾病的含义》，向磊译，南京：江苏人民出版社，2007年；史明正：《走向近代化的北京城：城市建设与社会发展》，王业龙、周卫红译，北京：北京大学出版社，1995年。

年，成都茶社工会再次发起类似运动，并随时做好营救被捕同胞的准备。*1*

在如此波澜壮阔的时代背景下，包括人力车夫工会、电车工会等 17 个分工会在内的北平市总工会应运而生。早在北伐之后，国民党力量就难以牵制地方行政机关，而后者对地方党部则是既不甘心顺从，又不至于得罪的暧昧态度。这样，人力车夫及其工会的集体示威运动便成为地方党部与政府博弈中一石二鸟的锐器：既可以打着救济人力车夫的旗号组织、支援人力车夫，又可以借此将矛头转向地方政府得以对其有所牵制。其次，北平总工会内斗是 1929 年砸电车风潮的直接起因。暴动的主要领导人张寅卿起初是为抵制总工会改选，组织人力车夫工会之下的西单支部发动暴乱。虽然包括人力车夫工会在内的 17 个分工会都对此表示抗议，但最终暴乱以"反对电车公司"的口号煽动起大量人力车夫，诉求也从改选直接导向了抑制电车业的发展。换言之，1929 年北平人力车夫暴动风潮有着潜存于必然性中的偶然性。在此主动争取生存空间的转型中，人力车夫的身体直接成为肢体冲突和折损的对象。

现今看来，人力车夫自保的运动在整个北平近代化的进程中有些回光返照的意味，但在当时却缓解了庞大人力车夫群体的生存压力，也因避免了大量失业流民的产生而为都市赢得片刻安宁。然而，这次人力车夫高大的身影依然并不坚实，它只是夹杂在各种政治力量博弈中，幸运地被一束天时地利人和的光捕捉到，从而得以拉长的。

戴维·斯特兰指出，通

---

1 Wang Di , *The Teahouse : Small Business, Everyday Culture, and Public Politics in Chengdu, 1900-1950*, Stanford, CA : Stanford University Press, 2008, pp.69-71.

过 1929 年春天到秋天一系列的抗争，北平的人力车夫在国民党的庇护下，将自身擅长的街头斗争和集会整合到市民权利与公共政策的合法范畴中，从而成为北平政治舞台上最活跃的团体之一，并利用现代党政和公民权利为自身争取生存空间。1 这种现代性的解读似乎并不能准确描述北平人力车夫在民国纷繁政治运动的所谓"地位"——它充其量是一个"位置"。或者说，如同任何政治运动当中的工具一样，人力车夫只是一种被动性大于主动性的机会性填充，被利用的直接对象并不是车夫们的心智，而是他们这一庞大群体在参与静坐、示威活动时最直观的且声势浩大的肉身。勒庞专书阐释的"乌合"强调的是置身群体中的个体身不由己与情不自禁，即盲从。2 这在世界各地的群体运动中大抵如此。同理，很多车夫在不知所以然的情况下加入了工会。盲目随大流的从众性使得任何请愿活动都能迅速征召到大量人力车夫参与，加之国民党的庇护、怂恿，车夫们才敢于对抗军警及其背后的政府，但对抗也只是采取了请愿、示威等最基本的身姿。这样，国民党地方党部就可以举着救济人力车夫的旗帜，制衡政府。

簡言之，在北平整个近代化进程中，以 1929 年为高峰的多次人力车夫工潮是人力车夫的身体与电车、汽车等现代交通机械的抗争。就当时的北平时局而言，原本就被消费的人力车夫的身体沦为国民党党部与政府对弈的黑白棋子。无论哪种情境，人力车夫的身体要么被利用，要么被淘汰，始终被时局、时代和党政消费着。在这个大写的被动句中，人力车夫

1 David Strand, *Rickshaw Beijing : City People and Politics in the 1920s*, New York : Columbia University Press, 1992, p.242-243.

2 Gustave Le Bon, *The Crowd with a new introduction by Robert A. Nye*, New Brunswick, N.J. ; London : Transaction, 1995, pp. 56-70, 140-142.

赖以为生的肉身荣幸地由宾语成为主语。

暴动的肉身

1929 年 10 月，人力车夫砸电车的风潮让人力车夫的身体有了西西弗斯式的悲情。

鉴于其"剥削国民之精力，妨害人民之健康，甚且贻害及于后代"的认知，陶孟和曾力主淘汰人力车，让人力车夫都操马车、电车等新式运输业，并强调这既是个人或国民经济的问题，也是极重要的社会问题。[1] 在普通市民那里，理性转化为了世故人情。有读者在《顺天时报》中呼吁："京中的电车不久即要修好了，不知他们官家把这一般苦车夫怎个办法。家中全有七大八小，竟指拉车为生。这一下子不要紧，而这般苦人们真正难以生活。"[2] 李景汉疾呼电车公司应"速速实行为车夫设立工厂的应许，收容这些无业的贫民"。[3]

事实没有李景汉盼望得那般从容。1929 年 10 月 22 日，北平爆发人力车夫砸电车的风潮，电车业几近瘫痪。暴动的具体情形在次日的《民言》中可以窥见一斑，"由西四牌楼至长安街，共捣毁电车十七辆，电车玻璃门窗，均被捣毁"，电车上的乘客和司机未能幸免，"车上乘客逃奔未及者，受伤甚多""司机人各路逃跑，车夫工友随后尾追，追至西单牌楼，捕获司机三名，车夫工友蜂拥而上，持棍群殴"。[4] 北平电车业遭受巨大损失，六十三辆机车、拖车被砸坏，铁轨岔道被毁十处，损失当有三四十

---

1 陶孟和：《孟和文存》，上海：上海书店出版社，2011 年版，第 118—119 页。
2 《京中电车与洋车问题》，《顺天时报》，1921 年 8 月 3 日，第七版。
3 李景汉：《北京人力车夫现状调查》，《社会学杂志》第二卷第四号（1925 年 4 月）。
4 《民言》，1929 年 10 月 23 日，第二版。

万之多。相反，除了肉搏中亡命伤残的车夫，暴动领导人陈子
修、贾春山、马文禄、赵永昌四人被判处死刑。[1] 换言之，死亡、
伤残的身体当即成为津津乐道也是无人问津的弃儿。

人力车夫的暴动在一定程度上是成功的。他们用满脸的愤
怒、膨胀的血管和绷紧的肌肉短暂地制约了机器。但是，为自
身求得残喘的结果依然要出卖体力，或者仅仅是为了安稳地出
卖体力，也即暴动中爆发出的巨大的肉身力量并不能让他们一
劳永逸，而是苦力生计的循环往复。在暴动中，肉身昙花一现
般的成为主体，又迅速地归于灰暗，无法摆脱被消耗的命运。
迎接这些暴动肉身胜利果实的，是次日清晨要被他们奉为"爷"
的座上客。这种逻辑，终究还是"可怜身上衣正单，心忧炭贱
愿天寒"的卖炭翁式的苦悲困境。在近代工业化、都市现代化
的进程中，人力车夫和他们的肉身始终都是弃儿。

人力车行当弃儿式的命运从它的人员构成上也呈现着某
种印证。在北平交通工具变迁史中，人力车—洋车也曾经风光
一时，穿梭于新老胡同、城门内外，散发着"洋"气，焕发着
荣光。但人力车夫出卖体力的本质，加之北平经济发展缓慢而
贫民、流民日益增加等诸多因素，使人力车行当越来越成为北
平流动的"流民收纳器"。除前文提及的各种失业工人、撤差
的巡警校役、本钱吃光的小贩之外，落魄的旗人子弟等穷途
者皆汇聚其中。所以，北平的人力车业不仅是一个世态炎凉
的透视镜，更是一座古城在
特定历史时期的转型巨变中
不得不面对的棘手瓶颈。于

---

1 关于此次暴动的详情文中不再赘述，可参阅《世界日报》，
1929 年 10 月 27 日，第三版，《北京日报》，1929 年 10 月
24 日，第三版，《华北日报》，1929 年 10 月 24 日，第二版；
北京市档案馆编：《北京电车公司档案史料》(1921-1949)，
北京：燕山出版社，1988 年；王印焕：《交通近代化过程
中人力车与电车的矛盾分析》，《史学月刊》2003 年第 4 期；
杜丽红：《从被救济到抗争：重析 1929 年北平人力车夫暴
乱》，《社会科学辑刊》2012 年第 1 期。

此，也就可以明白当时政府在一系列人力车夫肉身暴动中的暧昧——对打砸电车的无奈姑息，这也正是北平这座老旧古城踟蹰前行的无奈身姿。

惺惺相惜的身体：祥子与月牙儿

老舍的"好"不止在于他写出了祥子身心的挣扎和那个时代的挣扎，更在于他的作品总有一种细腻且尖锐的敏感：比如他写到祥子和妓女小福子之间的相惜情愫，更值得玩味的还有他的"骆驼祥子"这个大写的"男人"和"月牙儿"这个小写的"女人"之间不见首尾的呼应。在现实中，人力车夫出卖的是蕴含在肉身的力量与体面，妓女出卖的是肉身与尊严。同样是挣扎在社会底层的弱者，车夫与妓女之间的呼应恐怕比青衫湿的江州司马"同是天涯沦落人"的唱和要深刻得多。文人墨客和才女文妓唱和诗词毕竟只是流于文人雅士的意淫，而人力车夫拉着嫖客跑在北平烟柳胡同，甚或自己也出入"下处"则是发生在民国北平街头的真实画面。北平的昏暗、惨淡、尘埃与挣扎也就迥然有别于同期霓虹灯闪烁的十里洋场上海的声、光、电与色 *1*。

当老舍写到祥子勤勉又年轻，一定能筹款买到车时，说"他不吃烟，不喝酒，不赌钱，没有任何嗜好，没有家庭的累赘，只要他自己肯咬牙，事儿就没有个不成"。*2* 不料，祥子还是败给了虎姑娘。尽管大部分车夫都规矩本分，但整

---

1 茅盾《子夜》开篇的 Light, Heat, Power 也是李欧梵借用了统领其重写摩登上海的文眼。确如其精то的分析，无论是引领时尚的《良友画报》，还是施蛰存、刘呐鸥、邵洵美和张爱玲等人对老上海的书写都是以这个东方巴黎的视觉幻象为基础的。但是，二十世纪三四十年代洋场上海的繁盛与国都南迁和北平衰败的潜在关联倒是李欧梵强调上海摩登时所忽略掉的。参阅 Leo Ou-fan Lee, *Shanghai Modern : The Flowering of A New Urban Culture in China, 1930-1945*, Cambridge, Mass. : Harvard University Press, 1999.

2 老舍：《骆驼祥子·月牙儿》，武汉：长江文艺出版社，2010年版，第5页。

日疲劳奔波又饱受各方压榨使得不少人力车夫难免形成一种痞子化的处世哲学，诸如以赌博、酗酒和嫖娼为消遣，以至于油尽灯灭。陶孟和曾将车夫嫖妓原因归结为三：因无妻而无法满足性欲，仿效自己所拉的富庶的嫖客，内外城遍布的妓女提供的可能和车夫顺势休息、晒晾汗渍之衣。[1]

因应历时性演进形成的空间阶序和针对不同群体、不同层次的需求，北平妓院有清吟小班、茶室、下处等不同级别[2]。专为车夫等下层劳工服务的下处的集中地带有香厂后营、小罐胡同、黄花苑、四圣庙等，也即"杂吧地儿天桥"[3]一带，也使得"下处"成为北京老街坊的口头禅。1929年，麦倩曾的调查指出，北平头等妓院45家，二等妓院60家，三等妓院193家，四等妓院34家。这些妓院设立的地点与妓院的等级及地方之繁盛都相互关联。头等妓院毗邻大栅栏，在八大胡同，是北平的盛业中心，二等妓院渐偏远，三等妓院散处于南城东南边及北城之中，四等除一部分在极偏南如乐培元、黄花苑外，多在齐化门一带之穷民窟左近。而北平娼妓繁盛的原因，也与人力车夫人数庞大的原因有所呼应——穷途末路，诸如贫民在饥寒交迫时、国都南迁后失业的人家将妻女押卖妓院，不能承袭贵族余荫又无谋生技能的落魄旗人推其妻女作卖笑生涯，等等。[4]

209

这正应了"月牙儿"说的那句："肚子饿是最大的真理。是的，我开始卖了。"[5]为了果腹，困在北平的人们挣扎在各路卑微的营生上，无非车夫卖的是体力，娼妓卖的是肉身。在《骆驼祥子》的末尾，祥

[1] 陶孟和：《孟和文存》，上海：上海书店出版社，2011年版，第124页。
[2] 杜宇：《如此下处》，《世界日报》，1932年11月28日至12月4日，第八版。
[3] 岳永逸：《老北京杂吧地：天桥的记忆与诠释》，北京：生活·读书·新知三联书店，2011年版，第309—355页。
[4] 麦倩曾：《北平娼妓调查》，《社会学界》，1931年第5卷。
[5] 老舍：《骆驼祥子 月牙儿》，武汉：长江文艺出版社，2010年版，第163页。

子成了凡事都是"那么回事"的刺儿头，小福子上吊自杀。这些都被后人们反复搬上舞台和屏幕，供人观赏娱乐——消费。在这持续对弱者肉身消费的伟业中，真实世界中的"祥子"和"小福子"反而被"正史"隐去。被这段纷繁的民国历史消费了肉身的他们在谢幕时没有自己的名字。这就如同在当下北京，无数巨资打造、强力推出、高票房的"大片"中被消费的群众演员等新生的"苦力"。

原刊《清华大学学报》2014 年第 1 期

抗战时期
的北平

民国北京
研究精粹
第二辑

地方政治

空间维度

城市书写与记忆

北平沦陷时期的
何其巩与私立中国学院

严海建

引 言

北平私立中国学院最初校名为国民大学，由孙中山和马邻翼倡议创立于 1912 年，1913 年正式开学，1917 年重定校名为中国大学，1931 年根据国民政府教育部令，在理学院未成立前，学校以"中国学院"名立案。[1] 1937 年全面抗战爆发，中国学院是北平没有内迁的几所大学之一，暗中接受重庆国民政府的资助和指导，在校生最多时达数千人。战后国民政府教育部将中国学院与后方大学一视同仁，毕业生不必经过甄审，以示对其在沦陷时期表现的肯定。

学界一段时间以来有关城市沦陷经验的研究大多集中于上海，西方学界关于"孤岛"及沦陷时期上海的论著非常丰富。王克文在对欧美学界沦陷区研究的介绍中提到，上海研究所以能领先其他城市研究的一个关键，是外国租界在上海史上所占的重要地位，而有关租界的记录、报道和回忆，又以西方语言为主，且多半能在欧美各档案馆里找到，对欧美学者来说，这实在是既方便又容易产生兴趣。[2] 这一方面反映出相对

---

[1] 1931 年，因不符合国民政府的大学立案标准，中国大学改名"中国学院"，抗战时一度改称"中国大学"，战后又改回"中国学院"的校名，为行文方便，除引文外，本文皆称"中国学院"。

[2] 王克文：《欧美学者对抗战时期中国沦陷区的研究》，《历史研究》2000 年第 5 期，第 172 页。

于其他沦陷城市，上海研究有着得天独厚的史料基础，另一方面也提示我们注意上海的特殊性，即租界的存在。

抗战时期平沪两地生存环境存在很大差异，上海沦陷后知识人尚可避入租界，北平则除了辅仁、燕京、协和等教会大学，几乎完全"在侵略者铁蹄的笼城"中。[1] 在沦陷时期的北平，作为教会大学的燕京大学和辅仁大学，因教会的外国背景，实际具有"准租界地"的性质，正如赵质宸所言，"教会学校，遇战争时，即挂起洋旗，俨然成为北京之东交民巷"。[2] 沦陷时期，教会大学因其外国背景而对日伪统治具有一定的隔离性。[3] 若以上海经验的逻辑来看，没有治外法权保护，私立大学在日伪统治下根本不可能保持独立性，既不接受日伪资助，也不向日伪申请立案，但中国学院却能在沦陷区坚持办学并在战后得到国民政府的承认，这提示我们中国学院这一个案的特殊性。

除相关回忆和校史的研究外，关于沦陷时期中国学院的研究尚不多见[4]，一些通论性著述中间有提及，但大多一笔带过，未能展现沦陷时期不同关系维度下中国学院的多重面相。[5] 李斐亚（Sophia Lee）对沦陷时期北平文化的研究卓有成效，但未将中国学院纳入其关于沦陷时期北平高校研究的考察范围。[6] 辅仁大学和中国学院是仅有

1 吉力（周黎庵）：《遗民之今昔》，《申报》，1938 年 10 月 31 日，第 14 版。
2 赵质宸：《教会教育与中国》，《新国家》1927 年第 3 期，第 3 页。
3 据战时辅仁大学同人所述，"这边学校所处的境遇，本来困难一点，所幸上下一心，中外一致，每次应付困难事件，总抱不屈不挠的态度，同时有个姊妹学校——燕京，尚能和衷共济，英、美、德使馆方面，也能随时赞助，现在倒也安之若素"。使馆对辅仁大学和燕京大学的帮助是很值得注意的共同点。参见《佚名致胡适》（1939 年 5 月 2 日），中国社会科学院近代史研究所中华民国史研究室编：《胡适往来书信选》中册，社会科学文献出版社，2013 年版，第 697 页。
4 关于私立中国学院校史的研究，可参见陈瑜《中国大学研究（1912—1949）》，北京大学历史学系硕士学位论文，2013 年。
5 相关通论性的研究可参见王士花《华北沦陷区教育概述》，《抗日战争研究》2004 年第 3 期；余子侠：《日伪统治下华北沦陷区的高等教育》，《近代史研究》2006 年第 6 期；王建伟：《断裂与传承：沦陷时期北平的文化生态》，《安徽史学》2018 年第 4 期；任超：《抗战时期日本对北平的文化侵略》，《北京党史》2019 年第 2 期等。
6 Sophia Lee, *Aggression or Cooperation? Cultural Activities in Peking under the Japanese Occupation, 1935—1945*, Illinois Papers in Asian Studies, Vol.2 (1983).

的在北平沦陷时期自始至终坚持独立办学的学校。辅仁大学之所以能在日伪统治下坚持办学，是因为其德国圣言会的背景[1]，但作为国人自办的私立大学——中国学院何以能在日伪统治下坚持办学直至抗战结束？这一问题值得深入探讨。本文尝试利用档案及忆述资料全面考察沦陷时期中国学院的生存样态，具体呈现沦陷的特殊环境下，中国学院如何处理与中共、国民政府及日伪的关系，及其在夹缝中求生存的可能。

就视角与方法而言，既往对沦陷区的研究，难以克服"倒放电影"的线性历史观的影响，故而常常受后出的价值判断的影响，将历史语境中原本复杂的生存样态简化为"抵抗"与"事伪"两种非此即彼的二元标准。[2]本文尝试回到历史语境中从动态的、延续的关系变动中去描述和分析何其巩和中国学院的沦陷经验，揭示其"表""里"分离而又共存的复杂关系。本文并无意在沦陷区研究的理论层面进行重构，而是侧重于经验层面，通过对历史语境中具体个案的重访，尝试在把握历史语境的前后左右的基础上摆脱后见之明。

战前的何其巩与中国学院

对于沦陷区社会的理解应该从战前开始梳理，沦陷固然是由侵略者从外部所强加的，但沦陷区社会本身并非完全被动地承受外部所强加的状态，所以沦陷时期的常态实际是侵略者与本地社会相互作用的结果。对于北平沦陷时期中国学院的研究当然离不开 1936 年

---

1 崔文龙利用德国档案对战时辅仁与日伪的关系作了新的解读，与既往强调抵抗的一面不同，实际上辅仁大学校方存在主动的妥协。参见崔文龙：《论"抗日大本营"——北平辅仁大学的德国背景》，《日本侵华史研究》2014 年第 3 期。
2 战后对沦陷时期各种道德评判的二元化模式的讨论，可参见傅葆石：《灰色上海，1937—1945：中国文人的隐退、反抗与合作》，张霖译，北京：生活·读书·新知三联书店2012 年版，第 5 页。

接任校长的何其巩，而何其巩在战前与国民政府中央、华北地方以及中共的关系，对沦陷时期学校的命运发挥了至关重要的影响。

何其巩，字克之，安徽桐城人，早年究心于古文义法，未弱冠即名噪皖江，后投身军旅，任西北军冯玉祥部文书，渐为冯所器重。1926 年 9 月，何其巩任国民军联军总司令部秘书长，其后随冯参加北伐，与国民党政要多有交集。1928 年 6 月，何其巩由冯玉祥推荐被任命为北平特别市首任市长；1933 年 5 月，任行政院驻平政务整理委员会委员兼秘书长；1935 年 12 月，任冀察政务委员会委员（委员长宋哲元）。[1] 从何其巩的履历来看，其最重要的背景是身为西北军旧部，长期在华北任职和活动，与华北高层尤其是西北军系统有着密切的关系，但与西北军将领不同，何其巩没有军队和地盘，任职大多是政务官，故而需要跟各方保持良好关系。何其巩在北平市市长任内就开始与冯玉祥疏离，并逐渐靠近蒋介石，一度受蒋重用。据长期追随何的秘书崔瞻的回忆，何其巩卸任北平市市长后，先后任安徽省政府委员兼教育厅厅长和财政厅厅长，后得张群保荐，在南昌行营任蒋的侍从秘书，负责起草文稿，但因 CC 系的排挤不得不重返华北。[2]

215

民国时期的私立大学因资源配置方式的不同，学校权力的重心大多系于实际主持校政的校长，校长可以是实际校产的出资人或拥有者，也可能是校董中最有权势且对学校争取资源贡献最大者。中国学院在 1921 年王正廷出任校长并

1 关志昌：《何其巩》，刘绍唐主编：《民国人物小传》第 7 册，上海：上海三联书店，2015 年版，第 51—55 页。
2 崔瞻：《浅谈何其巩与蒋介石的关系》，北京市政协文史资料研究委员会编：《文史资料选编》第 18 辑，北京：北京出版社，1983 年版，第 141—143 页。

长期执掌校政后，进入相对稳定的发展时期。王正廷是民国外交界的重要人物，曾两度执掌外交部，担任中国学院校长期间为学校争取到不少资源，尤其是购得郑王府作为校址后，大大改善了学校的办学条件。王正廷掌校时，并不长期驻校，而是由其任命的总务长祁大鹏总管校务。1936 年王正廷因出任驻美大使而不能继续兼任校长，加上学生反对总务长祁大鹏，给了此时担任常务校董的何其巩执掌校政的机会。由于"一二·九"运动中祁大鹏反对和破坏学生的爱国救亡运动，与校内的左派学生形成对峙。1936 年 9 月，发生"驱祁迎何"的运动，最终校董会决定，由何其巩出任代理校长，后转为正式校长。[1]

何其巩 1936 年接任中国学院校长的重要背景是原西北军旧部开始控制平津。宋哲元于 1935 年 8 月被任命为平津卫戍司令，12 月又被指定为冀察政务委员会委员长。1936 年，何其巩入主中国学院后，宋哲元等冀察政要莅临祝贺，以示支持。据在校学生史立德回忆，何其巩到校不久，即邀请冀察当局的要人宋哲元、秦德纯、张自忠等到校发表讲话，同时还邀请宪兵司令邵文凯、北平公安局局长陈继淹到中国学院，左派教授吴承仕认为，何其巩此举，"既为他装了门面，又取得了合法地位"，是为了做给校内师生看，表明"可请他们赞助学校"。[2] 在"驱祁迎何"的运动中，何其巩得到了中共和左派师生的支持。中共北平市委及学联、中共在中国学院的支部、民先队、学生会、左派教授吴承仕、黄松龄发挥了重要作用。[3] 据史立德回忆，驱祁运动成功

---

1 李泰棻：《何其巩在北平》，天津市政协文史资料研究委员会编：《天津文史资料选辑》第 42 辑，天津：天津人民出版社，1987 年版，第 38 页。

2 史立德：《忆我的老师吴承仕同志》，《歙县文史资料》第 3 辑，歙县政协文史资料工作委员会 1989 年编印，第 49 页。

3 任仲夷：《抗战爆发前中国大学党支部工作的回忆（三）》，《广东党史》2006 年第 2 期，第 8 页。

后，左派学生曾想请德高望重的吴承仕、黄松龄等出面组成校委会，以维持校政，但吴承仕坚决反对，吴认为，要避免国民政府的干涉，避免学校被当局解散，还是要在董事会里做文章，而校董会会长马锡五年事已高，常务董事何其巩遂成为合适的人选。¹ 之所以选择何其巩，一方面是因为"何其巩同西北军有旧，宋哲元、秦德纯和国民党中央有矛盾，而何其巩又不甘寂寞想借中大为阶梯重新上台"；另一方面中共与何其巩达成共识，何担任校长的条件是"希望他长校之后，应看到国难深重，保护学生救亡运动"，何亦表示同意。² 总之，何其巩出任中国学院校长符合中共争取西北军的政策以及避免环境上刺激的考虑。³ 何其巩任校长后，中国学院成为北平学生运动重要的根据地之一，北平学联、民先总队、华北各界救国会、东北抗日救国会等进步组织都在该校开展活动。据中共中国学院党支部的任仲夷回忆，何其巩任校长后，"全校的政治局面打开了，学生爱国运动和党的工作又有了很大的发展。北平学联决定在中大设立一个固定的办事机构，以便于同各校联系。许多被反动势力统治着的学校的进步学生，经常到中大来进行活动。有些学校的党的活动，也到中大来进行。中大就像抗日战争中的解放区一样，成了北平学生运动的一个活动中心"。⁴

中国学院的爱国救亡运动在校内外公开进行，引起北平当局和南京国民政府中央的忌恨和压制。1937年1月，中国学院学生会的黄诚、吴承华等6名主要负责人被捕。同年三四月间，教育部不顾私立

217

1 史立德：《忆我的老师吴承仕同志》，《歙县文史资料》第3辑，第48页。
2 张致祥：《忆我的老师和同志吴承仕》，中共北京市委党史研究室编：《中国大学革命历史资料》，北京：中共党史出版社，1994年版，第160页。
3 何嗣珌：《中国大学及"北方救国会"的抗战历程》，《纵横》2007年第12期，第31页。
4 任仲夷：《抗战爆发前中国大学党支部工作的回忆（三）》，《广东党史》2006年第2期，第8页。

大学法定程序，擅自委派 CC 系陈希豪接替何其巩出任中国学院代理校长。何其巩先是亲自与宋哲元、秦德纯沟通，反复交涉，最终由宋下手谕，释放被捕同学。[1] 何在此前接见学生的时候就表示："本人决以私人资格向各关系当局疏解六学生事件，当不致有何困难。"[2] 可见何在华北个人关系网络的作用及其对此的自信。之后，何其巩拒不交卸校长职务，并表示要与中国学院学生"共同奋斗"，最终陈希豪未能进校，何其巩由代理校长变成正式校长，在校内的地位也更加稳固。据崔瞻的回忆，在 CC 系图谋倒何之时，何让崔瞻放心，称"他们的阴谋不会得逞"，并出示了一份 6 月 22 日宋哲元给蒋介石的电报抄件，内容是向蒋力保何任中国学院校长。[3] 6 月 26 日，蒋致电教育部部长王世杰，同意宋哲元所请。[4] 由此可见，何其巩在华北地方拥有一定的权势，而蒋介石与国民政府中央因顾忌华北的地方势力，故不能从外部强行改造中国学院，而只能迁就华北地方势力。

沦陷时期中国学院与重庆国民政府的关系

全面抗战爆发后，继续留在沦陷区的私立大学要表明其无二心，必须获得国民政府教育部继续办学的部令，方能自处。中国学院校方通过各种渠道与重庆国民政府取得联系，并希望继续得到教育部的经费支持，而重庆国民政府也希望中国学院坚持在北平办学，"作造就沦陷区青年遭送至内地之枢纽，并为掩护地下工作人员

---

1 任仲夷：《抗战爆发前中国大学党支部工作的回忆（四）》，《广东党史》2006 年第 4 期，第 15 页。
2 《一一月来北平学潮与各校动静》，《防共月刊》1937 年第 3 期，第 122 页。
3 崔瞻：《浅谈何其巩与蒋介石的关系》，《文史资料选编》第 18 辑，第 145 页。
4 《戈定远呈军事委员会委员长蒋中正为请北平中国学院院长仍由何其巩担任暂勿更换》（1937 年 6 月 22 日），中国台北："国史馆"藏，国民政府档案，001/030000/00018/004。

之机关"。[1]战时教育部的经费补助是反映中国学院与重庆关系的重要线索，重庆国民政府是以经费资助换取私立大学的政治忠诚，故而要求私立大学不向日伪政府申请注册，校长等主要人物不事伪。1937 年 12 月，伪华北临时政府在北平成立，汤尔和任伪议政委员会委员长，邀何出任伪教育总长。虽然何断然拒绝，但其"要参加伪组织当汉奸"的传言不胫而走。1938 年 7 月，《申报》的《平津杂写》提到中国学院之所以能照常开课，是"因为校长何其巩，和敌人通气"。[2]12 月的《今日之华北》更是直接将中国学院列为日伪创设或改组的七所汉奸学校之一，称"由伪教部命令汉奸何其巩主持中国大学，以施行奴化教育"。[3]何其巩为表明心迹，通过各种途径与重庆国民政府取得联系。

据何其巩的秘书崔瞻回忆，1938 年春，何秘密致电蒋介石和国民政府教育部部长陈立夫，有"誓竭忠诚，以为股肱之佐，绝不附逆，致贻钧座之忧"等语，并向国民政府呈请发放中国学院补助费。蒋介石、陈立夫回电对何深表嘉许，希望其在敌后坚持办学，多为抗日做工作。[4]1938 年 6 月 13 日，原中国学院化学系主任浦洁修从北平到重庆任职，受校方委托呈报该院现状并请予以救济，该报告将北平沦陷后中国学院一年来的经过情形作了详细报告。关于选择留守北平的考虑，该报告称"去年北平沦陷以后，国立各大学纷纷南迁，中国学院因未奉到教部迁移命令，只得将贵重仪器及图书装箱寄存，静待部命，旋由北平师范大学

1 关志昌：《何其巩》，刘绍唐主编：《民国人物小传》第 7 册，第 54 页。
2《平津杂写》，《申报》，1938 年 7 月 17 日，第 2 版。
3 任远：《今日之华北（三）》，《申报》，1938 年 12 月 24 日，第 7 版。
4 崔瞻：《浅谈何其巩与蒋介石的关系》，《文史资料选编》第 18 辑，第 147 页。

转到教部密令指示战区院校处理办法，当即由当局召开院务会议，签以（一）教部既令战区学校在可能范围内设法开课并尽量收容他校借读生；（二）本院及其他国立院校学生未能离平者为数尚多，辅仁、燕京二大学因学费较多，恐不能普遍收容；（三）本院既未奉令迁移，教职员若全部南下，将无地收容；（四）本院有二十余年光荣历史即须解散亦必须于光荣奋斗中告一结束，因此遂决定开学三原则：（一）完全依据中央以前所公布之教育方针及方案并设法与教部取得密切联系；（二）拒绝敌方及伪组织之干涉；（三）因中央补助费不能汇到，此后经费将完全仰给于学费收入，全院同人惟有刻苦忍耐，共同支持此战区内我国人自办之唯一大学"。*1*

中国学院于 1937 年暑期登报招考新生及借读生，于 10 月 1 日正式开课，开课后注册学生计 500 余人，其中新生约 100 人，其余以该院老生及北平各校（如北平师范大学、北平大学、朝阳学院等）学生借读者为多，间有山东齐鲁大学、上海复旦大学、南京中央大学等校之借读生。

战前私立大学的经费主要依靠学费、政府补助和社会捐助，其中比较稳定的是前两项。据浦洁修报告，"本院经费之主要来源为学费，而战区内学生率多无力准期缴纳，故上学期学费虽分三期缴纳，尚有未能缴清者，此项收入约一万余元，连同七月份中央补助费及借贷所得约一万余元，总计上学期收入尚不及三万元，因此遂不能不实行非常时期之紧缩办法：（一）七八九三个月除以八折发放工役薪资外教职员薪资一律不发；（二）从十月份起（即

220

1《私立北平中国学院化学系主任浦洁修等关于该院现状并请予以救济的报告书》（1938 年 6 月 13 日），中国第二历史档案馆藏，国民政府教育部档案，五/5594。

正式开课起）教员发给车马费每小时以一元五角计算，职员则按等级发给维持费，最低额为十五元最高额为四十元；（三）设备实验费及办公费除必不可少者外，概从节省。即以如此紧缩办法，至本学期仍难继续维持"。1 1938 年 9 月 30 日，中国学院又辗转呈报事变以后该校教务事务各项情形，并以经费困难请予补发补助费，表示"惟困难中之尤为迫切者，厥为经费无着"，希望教育部自本学年照常拨付补助款。2

根据中国学院呈报教育部的收支预算，1939 年学校收入主要由国库款和学生缴费两部分构成，其中国库款 120000 元，系由中央拨付的补助费每月 10000 元；当年学生缴费 84560 元，学费 66000 元，除此之外，学校的收入仅有房租收入 480 元。3 可见中国学院除学生缴费以外，最大宗的经费来源就是重庆国民政府的拨款。在 1939 年、1940 年，国民政府就是否拨付补助款对何其巩及中国学院展开调查，主要调查其是否事伪。1939 年 3 月 16 日，中统驻北平的特派员储乐本提交给中统局朱家骅和徐恩曾的报告称"何克之先生方面，经派忠七兄与联络。按忠七曾任中大秘书，何态度极好，表示亦颇恳切。惟彼盼望中央对彼有具体指示，俾可根据中央意旨进行一切。……又彼经办之中国大学，自事变之后，即与教部失去联络，协款迄未收到，但亦确未接受伪府津贴。现完全由彼私人变产支持，彼至盼教部能照辅仁办法，继续予以补助"。4 根据储乐本的报告，3 月 30

1《私立北平中国学院化学系主任浦洁修等关于该院现状并请予以救济的报告书》（1938 年 6 月 13 日），中国第二历史档案馆藏，国民政府教育部档案，五/5594。

2《呈报事变以后本校教务事务各项情形并以经费困难请予补发补助费自本学年起继续照旧发付补助费由》（1938 年 9 月 30 日），中国第二历史档案馆藏，国民政府教育部档案，五/4758。

3《私立中国学院收支预算书》，中国第二历史档案馆藏，国民政府教育部档案，五/4757。

4《代北平中国大学转达未受伪府津贴请教育部补助》（1939 年 3 月 16 日），中国第二历史档案馆藏，国民政府教育部档案，五/4758。

日，教育部致电行政院院长孔祥熙，函询"对于该校在平维持之意见"。[1]1939 年 6 月 15 日，陈立夫呈行政院称，"中国学院未与敌伪发生关系，原有补助费停发已久，拟请另予补助"，并"饬司致函该院教职员加以慰勉"。[2]7 月 1 日，国民政府行政院第 420 次会议决议："自本年七月份起准予按照原额七折补助。"[3]综合各方报告，重庆国民政府认为中国学院并未与敌伪发生关系，故决定在经费上给予资助。

1939 年 8 月 12 日，中统天津专员发给陈立夫的电文中，报告访查何其巩及中国学院一年之结果，称何其巩"与诸逆私交虽未绝如缕"，"然不足深责，且常以此而易得敌方消息，而来相告，其胆略则与学者不同，常敢公开表示正气，此等人，际此时实有困难而恐其态度以后或变也"。[4]可见重庆方面也默认何其巩与日伪高层的接触和联系，但仍然担心其态度会发生变化。由于对何其巩的态度把握不定，中统基于对何不同时期表现的判断会要求暂缓发放对中国学院的经费补助。尤其是 1940 年 11 月伪华北政务委员会常委兼教育总署督办汤尔和去世前，一度传言何其巩受汤的拉拢将落水事伪，汤去世后更有传言称何将就任伪督办。[5]

据 1940 年 11 月天津中统专员徐寿发给教育部总务司、高教司的电文，"何近益倾向汤尔和，意图津贴，现正婉劝，在其态度未转光明前，拟恳缓发其津贴月

1《教育部电》(1939 年 3 月 30 日)，中国第二历史档案馆藏，国民政府教育部档案，五/4758。
2《教育部陈立夫电》(1939 年 6 月 15 日)，中国第二历史档案馆藏，国民政府教育部档案，五/4758。
3《行政院令教育部汇发补助中国学院经费由》(1939 年 7 月 1 日)，中国第二历史档案馆藏，国民政府教育部档案，五/4758。
4《天津夏电文》(1939 年 8 月 12 日)，中国第二历史档案馆藏，国民政府教育部档案，五/4758。
5 "遵查徐专员上年曾呈报中国学院负责人何其巩将就文化督办伪职，请停发该院补助费，经签奉批示劝其就。遵即拟稿电饬徐专员照办在案。"《电复中国学院补助费仍照上年成章续拨》(1941 年 2 月 5 日)，中国第二历史档案馆藏，国民政府教育部档案，五/4758。

（7000）"。[1] 11 月 8 日，汤尔和去世，12 月 19 日，周作人接任伪教育总署督办，国民政府关于何其巩会落水的担心至此消除。据中统的报告称，"（何其巩）敌方熟人多，伪方与王逆（王克敏）交善，与汪逆（汪精卫）亦有交"，担心何其巩被拉下水，但周作人接任伪督办后，又认为"伪督办或已成矣，故（何其巩）尚可望归正"。[2] 因疑虑逐渐消除，1941 年 2 月，中统天津专员来电云，"何其巩可望归正，何请续发补助费等情"，教育部查核后，确认中国学院补助费上年并未停发，本年度请财政部照章续发。[3] 在太平洋战争爆发前，通过燕京大学在上海等地设立的账户，中国学院自 1939 年起每年获得中央补助费84000 元，对于改善中国学院的经济困境大有裨益。

1941 年 4 月 24 日，国民党驻平津专员高度评价何其巩，称"中国学院向来教员学生均良莠不齐，何院长年来颇有整顿之意。去秋招生较严格，且自去秋起每日上午到院办公并视察上课情形。虽与敌伪往来，而深同情于抗日矣。蓝公武居狱仍给薪，且营救之。其一例也。奉行部令当较辅大当局更大意更诚"。[4] 上述报告一来是对何办学态度和成绩的肯定，此外更重要的是对何其巩忠诚度的肯定。

战时重庆方面对何其巩和中国学院在沦陷区的表现总体是持肯定态度的。太平洋战争爆发后，相关报告称，"该校自事变后，备尝艰苦，近因人事日渐整齐，清华、燕京二校沦落北平各教授多与协力（如俞平伯、张隽等），校务日有进步，学生程度较事变前虽

1《徐寿电教育部》（1940 年 11 月 2 日），中国第二历史档案馆藏，国民政府教育部档案，五 /4758。
2《胡光镛函》，中国第二历史档案馆藏，国民政府教育部档案，五 /4758。
3《电复中国学院补助费仍照上年成章续拨》（1941 年 2 月 5 日），中国第二历史档案馆藏，国民政府教育部档案，五 /4758。
4《何其巩校长整顿中国学院情形》（1941 年 4 月 24 日），中国第二历史档案馆藏，国民政府教育部档案，五 /4758。

见低落，而较其他学校亦未多让，且该校当局颇能避免对时局之诸多利敌宣传，学生思想亦无不良之转变"。[1] 1945 年 5 月，教育部奉命督导北平市教育的刘书琴报告称，"曾与何其巩院长交换意见，结果圆满，更常向该院秘书夏以农贡献意见，蒙其采纳者甚多，如中院中无一日籍教师即其例也"。[2]

战时中国学院与重庆国民政府一直保持联系，一方面向重庆国民政府教育部请示办学方针，另一方面尽可能争取国民政府的经费补助。国民政府对沦陷区大学与日伪关系的底线可以归结为两点，一是主要人物不事伪，二是不接受日伪的资助。到抗战结束，国民政府以中国学院坚拒日伪奴化教育，独立办学，将其与大后方学校一视同仁。但这只是沦陷时期中国学院生存样态的一个面相，实际情况要比上述中国学院与重庆政府单一关系维度中所展现的复杂得多。

何其巩与日伪的周旋及其生存空间

北平沦陷后，其他的私立大学都办不成了，而唯独中国学院继续办学，不但没有自动消亡，反而规模和品质均有提升。1942 年夏，学校充实理化馆，增加理科各学系，按照重庆国民政府教育部的大学规程，设立文、理、法三学院，由此由"学院"改称"大学"。学校生源也逐年增加，抗战后期在校生多达数千人，成为北平市规模最大的高等教育机关。[3] 时人对此亦颇感意外，"事变以前无论如何它也振作不起来的学校，现在却是第一等的私立

1《北平教育文化现状简报》（手稿），中国第二历史档案馆藏，国民政府教育部档案，五（2）/646。
2 刘书琴：《北平市教育现状》（1945 年 5 月），中国第二历史档案馆藏，国民政府教育部档案，五/1728。
3 据统计，中国大学历年的在校生人数分别是：1937 年 530 余人，1938 年 870 余人，1939 年 1190 余人，1940 年 1830 余人，1941 年 2320 余人，1942 年 2400 余人，1943 年 2920 余人，1944 年 4080 余人。参见《中国大学革命历史资料》，第 380 页。

大学了。一部分比较好的燕京教授居然也被何校长请到这儿来，而学生的数目也就跟着增多"。1 如以后见之明来看，日伪政府何以会容忍一个拒绝合作的中国人自办的私立大学存在，这本身就是一种颇为吊诡的存在。

在日伪统治下生存，自然避免不了与日伪周旋，当然不能公开地表示抗拒，更不能公开地反抗。中国学院 1937 年 10 月借日伪"恢复"学校教育之机开学，但在日伪的高压下，重新开办的中国学院，"将从来之排日色彩自动揭去"，并且为适应环境，对招生传单、新闻广告等宣传材料都做了一些改变，并计划开设"日本文科"。2 据中统 1939 年的报告，"校内情形复杂，日籍学生多"，日籍学生的报考和入学在当时情形下实际是不能拒绝的，所以对于中国学院在沦陷时期的独立性不可高估。从中国学院提交伪教育总署的表册来看，包括《职教员一览表》《教员履历书》《职教员人数清单》《职教员名册》《学生名册》《毕业状况调查表》《收容燕大协和学生人数调查表》《中国学院组织大纲修正本》《中国大学董事会章程修正本》及校刊《中大周刊》等，至少在形式上从 1940 年开始中国学院是要接受伪华北政务委员会教育总署的监督。3 另据报载，太平洋战争爆发后，何其巩参加伪政府组织的华北教育家座谈，就所谓"菲律宾缅甸勘定后，大东亚战争之动向如何？"的主题发言，何其巩虽然是参加笔谈的教育界人士中发言最短者，但仍不可避免地表示拥护所谓"大东亚共荣"。4

在北平沦陷时期中国学

1 学子：《北京的大学校》，《申报》，1943 年 5 月 17 日，第 2 版。
2 森生：《华北教育界排日空气一扫新式教育确定》，《盛京时报》，1937 年 11 月 1 日，第 2 版。
3《伪教育总署档存私立北平辅仁大学中国学院天津工商学院表册一览》，中国第二历史档案馆藏，国民政府教育部档案，五 /15565。
4《华北教育家座谈会》，《妇女杂志》1942 年第 7 期，第 30 页。

院在表面上接受日伪政府的监督，但实际上在校内坚决抵制伪化。据战后何其巩的报告，沦陷时期"董事会及学校一切机构无变动；不受奴化支配，拒绝日伪分子，优待忠贞人士；学生自由讲习，并运送抗日后方；学校证件，从未加盖过伪印；对参加抗日地下工作者，分别掩护"。[1]之所以能够保持这种"表里不一"，一方面是因为日伪政府对于私立学校的控制非常有限，另一方面是因为这些抵制伪化的活动都是地下非公开的。伪华北政务委员会教育总署对于私立大学仅规定教育方针，既不派员治理，又不提供经费，故不实际介入私立大学的校内治理，私立大学经费自筹，就校内而言保持一定的自治权。[2]伪华北政务委员会教育总署的相关档案中有各种训令、报告及教育统计资料，从中可见伪政府对于私立院校虽然发布训令指示教育方针，颁布课程指导书，但并不进行实际督导，各种调查资料也是接受各校呈报，并不派员核查。[3]伪华北临时政府对私立大学管制的宽松是中国学院得以继续办学的重要背景。

沦陷时期，何其巩与日伪的关系是一种非常微妙的平衡。据战时从北平来的记者须旅的记述，"中国大学原本是左倾教授学生的大本营，因为校长何其巩善于周旋，得以苟延"。[4]燕京大学国文系的于力（董鲁安）教授谈及沦陷时期北平文化界的状况时也曾提到中国学院，"近年经过校长何其巩氏努力整顿后，学校地位蒸蒸日上。对于当地的敌伪也很能灵活的敷衍应付，维持

226

1《中大返校节何校长报告校务》，《益世报》，1946年4月15日，第7版。

2 关于伪华北政务委员会教育总署的施政，可参见杨云选辑《伪华北政务委员会教育总署教育行政报告书》，《民国档案》2005年第3期；蒋梅选辑《伪华北政务委员会教育总署施政纪要》，《民国档案》2008年第4期。

3 参见《华北政务委员会教育总署训令·令直辖及私立各院校》（1940年6月17日）、《华北教育总署三十一年度施政概况》（1942年）、《北京教育工作报告》（1938年）、《一年来教育实施之回顾》（1939年），余子侠、宋恩荣主编：《日本侵华殖民教育史料》第2卷，北京：人民教育出版社，2016年版，第199、389、421、430页。

4 须旅：《从北平来》，孙很工：《沦陷区惨状记——日军侵华暴行实录》，北京：中国文史出版社，2016年版，第38页。

相当的距离和相当的温度"。1凌有光也曾提到，何其巩与日伪的关系"好像始终是不即不离，维持得非常微妙"。2可见中国学院的保存离不开何其巩的周旋，这种周旋实际上建立在一种微妙的平衡之上，与日伪的"距离"和"温度"的平衡如果稍稍偏离，性质就会发生改变。如保持距离过度，立于敌对地位，则会因日伪的压制而停办3，反之如果维持温度过甚，则有事伪的嫌疑。

227

北平沦陷后，华北成立伪政权，汤尔和出任华北政务委员会常委兼教育总署督办，原中国学院教务长方宗鳌出任教育总署署长。按日伪编制，"总署"最高长官名督办，相当于部长，副职为署长，相当于次长，教育总署有两个次长，一为方宗鳌，另一为张心沛。4据何其巩的秘书崔瞻回忆，"由于日伪教育部总长汤尔和是何其巩的多年好友，伪教育部次长方宗鳌又是中国大学多年的教务长，北平沦陷后，方宗鳌因日本老婆的关系，当了汉奸。有这两个人的关系，日伪教育部对中大没有横加迫害，但也不予援助。当时我看他们的态度是希望中大自生自灭"。5另据浦洁修的报告，中国学院"共有六系，除文法科因处沦陷区域有若干科目不得不暂时忍痛停止讲授外，其余皆能照常进行，敌方及伪组织尚无横加干涉之举动"。6

中国学院因其私立的性

1 于力：《人鬼杂居的北平市》，北京：群众出版社，2008年版，第9页。
2 凌有光：《牛鬼蛇神统治下的北平》，《新华日报》，1944年2月17日，第1版。
3 1938年夏间，私立中法大学因坚持自己的立场抵制日伪举行的所谓"剿共灭党运动周"运动，于当年6月13日接到日伪"下学期停学"的"强令"，秋季学期来临后，中法大学不理睬日伪停办令，仍照常开学，最后日伪施以高压和破坏，迫使该校于当年10月1日不得不"宣告停办"。该校董事会鉴于无法在北平继续办学，遂决定于1939年暑期之前内迁到云南昆明。参见余子侠：《日伪统治下华北沦陷区的高等教育》，《近代史研究》2006年第4期，第74页。
4 方宗鳌的太太方政英是日本人，战前也在中国学院任教。参见邓云乡：《中国大学》，《文化古城旧事》，石家庄：河北教育出版社，2004年版，第74页。
5 崔瞻：《浅谈何其巩与蒋介石的关系》，《文史资料选编》第18辑，第147页。
6 《私立北平中国学院化学系主任浦洁修等关于该院现状并请予以救济的报告书》（1938年6月13日），中国第二历史档案馆藏，国民政府教育部档案，五/5594。

质而具有"民"的角色,从而在沦陷区获得了相当的生存空间。沦陷区的期刊在所谓学校剪影中提到该校时称,"假如我们在北京提起了纯国人经费所办的私立大学,那么除去了已停办的朝阳大学,就属于中国学院了"。[1] 被汪伪接办的《申报》记者在对何其巩的专访中也强调,中国学院是"一所纯粹为国人自办的著名大学",何其巩是"一位赫赫有名的在野政治家",当记者问及何对于国家及政治的看法时,何避而不谈,只慨叹"人民的生活太苦了!"[2] "私立""国人自办""在野"在一定意义上是与"官"对应的,这颇能反映沦陷时期私立学校的特殊性。对于日伪统治下的学人与学子而言,疏离于日伪官办的高校,无疑成为一种本能的选择。正如凌有光所言,沦陷时期北平学生有宁愿入"私"不愿"投官"的心理,故而成就了中国学院的超常规发展。[3] 因为中国学院是沦陷区少有的奉重庆国民政府为正朔的大学,故而"沦陷区之学人,不愿依附寇逆,争以教授该校为荣,北平爱国学子,争以入读该校为幸"。[4] 该校学生张朴民也回忆道,"留在北方不甘事敌之教授学生,均以能进入中大教书读书为荣,且均抱有孤臣孽子之心"。[5]

大学办学的条件和要素无非就是经费、师资和生源,在日伪统治下坚持不事伪的中国学院,吸引了大批有民族气节的教师和学生,在此背景下,经费上的困难就退而成为次要的因素。正如浦洁修1938年给重庆国民政府教育部的报告中提到的,"在教者虽物质上感异常艰难,精神上感受极度

1 王志中:《私立中国学院》,《新民报半月刊》1940年第9期,第17页。
2 武公:《访何其巩于听雨当风之馆》,《申报》,1944年12月13日,第2版。
3 凌有光:《牛鬼蛇神统治下的北平》,《新华日报》,1944年2月17日,第1版。
4 关志昌:《何其巩》,刘绍唐主编:《民国人物小传》第7册,第54页。
5 张朴民:《郑王府邸弦歌辍》,中国台北《传记文学》1980年第4期,第117页。

痛苦，仍能含辛茹苦，努力不懈以求无负于国家，在学者亦感于沦亡之惨痛而自觉责任之重大埋头苦干，师生之协和为中国学院从来未见，截止洁修离平之日止，伪组织建立所谓国立大学虽威胁利诱以求师资而中国学院教授中卒无一人应聘，虽以种种优待条件饵诱学生，而学生亦不为动"。[1] 太平洋战争爆发后，燕京大学被迫停办，香港及上海租界沦陷，中国学院从重庆获得补助款的渠道基本断绝，所幸学校招生规模日益扩大，靠学生缴费仍可维持。正如邓云乡所言，"中国大学在何其巩氏主持之下，靠学生学费维持，因为人多，虽然困难，但也维持下去了"。[2]

与中共关系维度下的何其巩与中国学院

战后国民政府教育部在接收华北伪政府档案时，发现沦陷时期辅仁大学、中国学院及天津工商学院与伪政府往来的档案文件。其中中国学院相关表册包括《呈为遵令缮具教职员名册课程表请鉴核由》《伪教署签呈伪政委会，为私立中国大学成绩卓著请月助三万元以示优遇由》《又签呈一件据辅仁大学中国大学呈请拨给协款，请准予在奖助余额项下赐拨由》《该院函伪督办王谟请发文化学术研究补助费充理科实验资料由》等。[3] 时间涵盖 1940—1945 年，其中若干文件涉嫌接受日伪资助，已触及国民政府设定的接受日伪资助的底线，为此国民政府教育部要求北平地方对此展开调查。

对于教育部的调查，辅

1 《私立北平中国学院化学系主任浦洁修等关于该院现状并请予以救济的报告书》（1938 年 6 月 13 日），中国第二历史档案馆藏，国民政府教育部档案，五 /5594。

2 邓云乡：《中国大学》，《文化古城旧事》，第 74 页。

3 《伪教育总署档存私立北平辅仁大学中国学院天津工商学院表册一览》，中国第二历史档案馆藏，国民政府教育部档案，五 /15565。

仁大学校长陈垣亲自致函北平市教育局说明情况，"自欧战爆发后，本校经费奇绌，曾向各方捐募。伪组织极愿每月有所补助，嘱为呈请，经本校婉词拒绝，不得已仅接受地方公益奖券余款两次，以资接济"。教育局签呈说明"其内容与事实相符，无庸追究"。[1]但战后因国民党CC系的排挤，何其巩被迫离任，新任校长王正廷在南京，中国学院校务无人负责，北平市教育局前往调查，该校临时负责人援引辅仁大学前例自述抗战经过。

230

北平市政府教育局对该校教授及学生进行调查，得出的结论是：

（甲）消极方面：1.该校未正式接受敌伪补助费；2.毕业证书未曾加盖伪官署印鉴；3.未聘请日系教授及顾问；4.教员讲授完全自由不受干涉。

（乙）积极方面：1.学生在抗战期间每年秘密赴后方工作者甚多，教授因抗日被捕者如左宗纶、袁贤能、韩道之、俞大酉等备受敌人凌虐；2.太平洋战争期间尽量收容爱国青年尤以东北籍者居多；3.尽量收容不与伪国立大学合作之教授；4.在抗战期间该校同人完全为掩护自身及指导爱国青年甘受极薄之待遇，较一般中等学校教职员为苦，但服务精神始终不懈。[2]

中国学院自述抗战经过的呈文中坚称"未受敌伪支配"。教育局1947年2月4日的签注中对此表示不满，提到，"查本案系奉令饬办之件，关于该学院抗战期间经过情形固须查明，而补助费一项，尤为令饬要点。在伪部院即有档案可稽，与该学院旧卷自不无缘迹可

1《市教育局为遵令会查辅仁大学在抗战期间经过情形致教育部呈》（1946年7月31日），北京市档案馆编：《绝对真相日本侵华期间档案史料选》，北京：新华出版社2005年版，第378页。
2《为遵令调查中国学院在抗战期间经过情形呈请鉴核由》（1947年2月21日），中国第二历史档案馆藏，国民政府教育部档案，五/2305。

寻，即或该院当时纯为应付环境，亦应将委曲求全之经过缕晰陈明，方较妥当；若仅本局查报，及该院呈复，似有未便"。[1] 此事并未如辅仁大学一样，教育部最后做出"免于置议"的结论，由此中国学院是否接受了日伪资助成为悬案。

1948 年，中国学院改为大学获准，关于中国学院在抗战期间有事伪嫌疑的议论又起。时任教育部部长朱家骅为此致信何其巩，"查本部于 1946 年春间清理伪教育部档案时发现中国学院，自 1944 年度即受有伪组织之补助，每年联券十万元，国立中央图书馆接收汪逆文件中亦发现中国学院院长上汪逆书札等等档案具在，并非无据"。[2] 何其巩为此复信称："该校自民国二十五年至三十五年之关系，弟在校主持，抗战时一切情形不须再说。在胜利后之三十四年十一月执事到校致推奖，又去年（三十六年）六月执事来平莅舍亦为中大叹息不已，今若有此说法，请问执事作何解释？"[3] 何其巩意在说明此事早已澄清，无须再作解释。教育部最后查无实据，派员查告的结论，"中国学院在抗战期间伪政府未予接收，曾收容平津一带失学青年，至详细办理情形，因战时交通不便，未将该院呈报本部，无案可稽"。[4] 最终教育部以"无案可稽"做结，仍未有明确结论。

辅仁大学和中国学院在沦陷时期的经历相似，都曾被迫向伪政府上呈表册并申请补助。实际上，战后当局对于两校沦陷时期的遭遇不无谅解之意，故而强调，即或"当时纯为应付环境，亦应将委曲求全之经过缕晰陈明"。[5] 辅仁大

1《国民政府教育部对辅仁、中国两大学抗战期间的调查》，《绝对真相日本侵华期间档案史料选》，第 381 页。
2《朱家骅致何其巩函》(1948 年 6 月 16 日)，中国台北："中研院近代史研究所"档案馆藏，朱家骅档案，301/01/09/201。
3《何其巩致朱家骅函》(1948 年 6 月 26 日)，中国台北："中研院近代史研究所"档案馆藏，朱家骅档案，301/01/09/201。
4《中国学院》(1948 年 6 月 21 日)，中国台北："中研院近代史研究所"档案馆藏，朱家骅档案，301/01/23/114。
5《国民政府教育部对辅仁、中国两大学抗战期间的调查》，《绝对真相 日本侵华期间档案史料选》，第 381 页。

学因战后由亲历其事的校长陈垣直接说明其中曲折而获得谅解，而中国学院因校内动荡，亲历其事者不在其位，故未能说明清楚，后人无由得其详情。

实际上，对中国学院在沦陷时期生存样态的考察，除了何其巩及中国学院与日伪、重庆方面的关系维度外，还有一个非常重要的方面是何其巩及中国学院与中共的关系。我们习惯于在重庆国民政府与日伪二元对立的框架下判断沦陷区大学是否政治忠诚，何其巩及中国学院与中共的关系有助于我们跳脱出既有认识框架，看到历史更为真实、丰富的一面。从何其巩主持的中国学院与中共的关系中更可见其与日伪周旋的策略性，也更能凸显其坚持民族气节与对敌斗争的一面。

中国学院在战前就是左派和中共背景的教授和学生的大本营，北平沦陷后仍是中共在北平地下组织的重要活动据点。全面抗战爆发后，中共北平市委于 7 月 29 日召开紧急会议，决定"除留下做地下工作的少数干部外，凡能参加游击战的，都派到农村去，发展党的组织，组织游击战争"。[1] 中国学院的中共党员、民先队员和爱国师生在中共北平市委的领导下，除党员赵元珠、张德懋、万选、姬羽翘及一些民先队员留在北平坚持长期抗日地下工作外，先后离开北平奔赴全国各地抗日战场。中共平津唐点线委员会、八路军总部先后在中国学院建立党支部，分别由彭鸿泉和白羽担任支部书记。[2] 中国学院的地下党主要从事抗日宣传活动和搜集敌人情报。该校毕业生张德懋以中国学院图书馆主任的身份为掩护，在中共晋察冀中央分局社会部北平联络局工作，

---

1 《中国大学革命史大事纪要》，《中国大学革命历史资料》，第 376 页。
2 《中国共产党中国大学组织史资料》(1921 年—1949 年 4 月)，《中国大学革命历史资料》，第 417、420 页。

主要负责联络北方上层爱国进步人士，宣传中国共产党的抗日主张，团结中间势力，打击汉奸和顽固分子。毕业生万选在张德懋的领导下，打入日伪新民会总部，搜集敌伪情报，提供给中共军事机关。在校学生姬羽翘在中共北方局社会部的领导下，在日伪机关做秘密情报工作和策反工作，发展抗日组织，向抗日游击区输送干部。白羽在八路军总部保卫部的领导下，打入日伪广播电台，巧妙地利用日伪电台进行民族气节教育，抵制日军奴化宣传。[1]

233

    1936 年何其巩接任校长本身也是中共推动的结果，沦陷时期何其巩与中共仍然保持合作关系。据战时负责与何其巩联络的北平地下党人刘光人回忆，"抗战一开始，中共北方局通过原来在中国学院经济系任教授的中共党员杨秀峰向何提出希望何先生留在敌占区，为人民做些工作，何表示义不容辞"。1938 年，中共晋察冀中央局社会部领导的地下组织北平联络局与何其巩取得联系，组织了秘密的抗日统一战线机构——北方救国会。北方救国会组织的核心成员是何其巩、张东荪和王定南，成立大会到者十余人，除中共和民盟的代表外，也有国民党的代表，秘书长是张德懋。北方救国会联系了中国学院、燕京、辅仁三个大学，拒绝日伪的控制，掩护保存抗日力量。[2] 1942 年 6 月，王定南被捕，何其巩与中共一度失去组织联系。1943 年 6 月，叶笃义从北平到解放区，何其巩委托他与八路军总部建立联系。据叶笃义回忆，"当时北平中国大学校长何其巩托我代向八路军致敬，我回北平时，彭总给

1《中国大学革命史大事纪要》，《中国大学革命历史资料》，第 384—386 页。
2 刘光人：《政治风云中的何其巩》，全国政协文史资料委员会编：《文史资料选辑》第 152 辑，北京：中国文史出版社，2007 年版，第 193 页。

何写了一封感谢信，由我带回面交"。[1] 1945 年 3 月，中共华北城工部负责人刘仁派原在中国学院理学院任教的孟昭威以中共晋察冀中央分局代表的身份回北平，继续做何其巩的工作。[2]

234

何其巩与华北伪政府高层的关系为中国学院在北平赢得了相当的生存和活动空间，从而也为中共以中国学院为基地从事抗日活动提供了掩护。中共利用中国学院的学生骨干打入敌伪内部，搜集情报。抗战期间，中共多次派遣人员由解放区进入北平，大多以中国学院为掩护，中国学院的共产党员师生也通过何其巩的关系转赴根据地。[3] 1939 年冬，中国学院的中共地下党员陶守文因领导民先队进行地下抗日活动被日本宪兵队逮捕，同时被捕的一共 6 人，后经何其巩担保，均获得保释。[4] 另据刘光人回忆，何其巩曾经为北平的中共地下党负责人王定南安排工作，让其担任伪治安军高德林（西北军旧部）驻北平办事处秘书，只拿钱不上班；王定南被伪警察局逮捕，何其巩趁日本人尚未插手之际，通过伪北平市市长余晋龢，硬是把王要出来。甚至到 1945 年，何其巩还通过各种关系，把被捕的张德懋保出来。[5] 对于何其巩与日伪高层的接触和联系，中共方面也持默许的态度。据中国学院在校生赵乃基回忆，临近抗战胜利，"何其巩、张东荪、张懋德、黄伯高等人组织的北方救国会已观察到胜利的曙光，经常齐集在北池子何其巩家中，讨论以后的局势。大家一致同意，今后仍必须佯同日伪联系拉拢，以便及时得到一些真实消息，防止受其威胁。

1 叶笃义：《虽九死其犹未悔》，北京：群言出版社，2014 年版，第 14 页。
2 《中国大学革命史大事纪要》，《中国大学革命历史资料》，第 386 页。
3 何嗣焜：《中国大学及"北方救国会"的抗战历程》，《纵横》2007 年第 12 期，第 34 页。
4 《中国大学革命史大事纪要》，《中国大学革命历史资料》，第 382 页。
5 刘光人：《政治风云中的何其巩》，《文史资料选辑》第 152 辑，第 193 页。

这样多方布置，是煞费心力的"。1

何其巩与中共地下组织的紧密关系，也使其一度陷入险境。据中国学院学生张朴民回忆，何其巩"凭其昔日政治地位及各方人缘，与日人、汉奸虚与委蛇，其处境恶劣，应付诚属不易"。2 1944 年，北方救国会组织遭到破坏，4 月 5 日，日本宪兵队将何其巩拘捕入煤渣胡同监狱，因与抗日案件关联，何自忖必死，便拒绝一切讯问，断然绝食。日方无法从何身上突破，又慑于何其巩的社会地位和影响，最终将其释放。日本特务机关在何家住宅对面设立"森冈洋行"，密切监视何的行动。何其巩仍不为所惧，照样在敌后从事抗战工作，直至抗战胜利。

日本宣布投降后，何其巩被任命为国民政府军事委员会驻平代表，负责接收受降事宜。原西北军系的熊斌到北平后，"得情报人员之报告，何其巩与共方有往来"。3 1945 年 10 月，何其巩因为释放被日伪关押的中共党员及爱国青年而被解职，从此再未获国民政府任命的任何职务。何其巩的战时经历对其战后的处境与命运同样具有延续性的影响。

从何其巩与中国学院在抗战后期的处境来看，除了民族大义与战后长远考虑外，中国学院眼前的生存问题也是其思虑的重心。出于生存的考虑，不排除中国学院向伪政府申请经费补助的可能，但与沦陷时期上海各高校不同，中国学院未向伪政府申请立案，事实上也没有上海各校所面临的来自汪伪政府要求立案的压力。由此可见，中国学院是否事伪极难以单一标准衡量。何其巩及中国学院在沦

---

1 赵乃基：《何其巩与日寇铁蹄下的中国大学》，《北京市东城区文史资料选编》第 6 辑，北京市东城区政协文史资料委员会 1995 年编印，第 34 页。

2 张朴民：《何其巩轶事》，中国台北《传记文学》1968 年第 1 期，第 52 页。

3 沈云龙、谢文孙：《征战西北——陕西省主席熊斌将军访问纪录》，沈云龙等编：《熊哲明先生百年纪念文集》，北京：北京外语教学与研究出版社，1994 年版，第 25 页。

陷时期的表现，考虑到日伪统治的环境，实际应该考察问题的表与里，表面所做的可能是策略性的，而背后实际的行为逻辑才是真正的"里"。如此来看，前述 1947 年初北平国民党当局对于沦陷时期中国学院的调查，所列的消极方面和积极方面实际即对应上述的所谓"表"和"里"两面。如果从沦陷时期的环境来看，无疑积极方面更能说明问题，尤其是何其巩与中共在战时的合作。

236

关于何其巩及中国学院是否接受日伪资助的考察，基本来自国民政府一方的文本，因为国民政府在战时是以经费换忠诚的，所以是否接受伪方资助是其底线，而中共的相关文本中基本不涉及这一问题，在中共的视角下也就不存在何其巩事伪的问题。

结论

通过研究沦陷时期的何其巩及中国学院这一具体个案，有助于克服对于沦陷经验"倒放电影"叙事模式的局限。因中国学院在战后获得国民政府教育部的肯定并免于甄别，故而事后叙述多强调其抵抗的一面，而后出的汪伪政府相关档案又使其抵抗的官方定性出现问题，同样也给后来的研究者带来困惑，甚至刻意回避后出的档案，以保持抵抗叙事的内在一致性（coherence）。回到历史语境中会发现史事的本来逻辑，首先生存是第一要义，尤其对于在野的政治人物和私立大学，其能否生存下去是带有主体性的问题，而非代人负责，或代人考虑的问题[1]；其

---

[1] 私立学校留在沦陷区坚持办学，保护校产是一个重要的考虑。沦陷初期，中国学院在给重庆国民政府教育部的报告中就提到，"校产为吾人所有，果尔放弃，适以资客"，故决定坚守。《呈报事变以后本校教务事务各项情形并以经费困难请予补发补助费由》（1938 年 9 月 30 日），中国第二历史档案馆藏，国民政府教育部档案，五/4758）此外，从长远考虑，战后的处境也是一个重要因素，正如有论者指出的那样，区别于国立大学，"不受教育部重视的私立大学，除极个别学校以外，即使处境万分艰难，宁愿解散亦不敢真正向汪伪政府立案注册，以免抗战胜利后陷入万劫不复的深渊"。（参见韩戍《抗战时期的国民政府教育部与留守上海高校》，《抗日战争研究》2018 年第 2 期，第 42—43 页）可见私立大学在心态与政治抉择方面的特殊性。

次在日伪统治下所有的反抗都是"不公开的异议",而非事后表述的那样,似乎是透明的公开的;再则相对于抵抗叙事单向的关系维度,历史语境中实际上存在着多重维度的复杂关系,不同关系维度当场与事后的评价都存在差异。

通过对沦陷时期的何其巩及中国学院的考察,也有助于我们检讨西方学界提出的沦陷区研究去道德化取向的得失。为打破以往民族国家叙事形成的对沦陷时期道德评价的二元模式,有学者尝试以"二战"时期欧洲德国占领下的合作史为参照系,呈现战时中国"灰色地带"(gray zone)在道德与国家忠诚问题上的复杂性。1 此类研究往往因跳脱民族国家的叙事框架而强调价值中立,将政治与道德剥离,从而造成脱离中国语境的弊病。2 从沦陷时期的何其巩和中国学院来看,道德良心与政治忠诚实则存乎于大多数受教育者的观念之中,而非后来的叙述者强加的价值判断。民族国家的认同与道德良心的坚守是历史语境中的真实,而非虚构。何其巩与中国学院之所以能够获得相当的生存空间也源于这种道德感与民族国家认同强大的内在驱动力量。

237

原刊《抗日战争研究》2019 年第 2 期

1 代表性的研究是卜正民的《秩序的沦陷:抗战初期的江南五城》(潘敏译,商务印书馆,2015 年版)。
2 相关评论可参见袁一丹《"通敌"还是"合作":抗战史研究可以去道德化吗?》,《澎湃新闻》2016 年 1 月 3 日,"上海书评",澎湃网:https://m.thepaper.cn/newsDetail_forward_1415452?from=singlemessage & isappinstalled=0,2018 年 5 月 7 日。

史家的权柄与道义之诤

以"陈门四翰林"为中心

袁一丹

沦陷之下，大学何为？

关于抗战时期的学术史，目前谈论得最多的是西南联大。西南联大被视为教育史上的奇迹，亦是战争状态下民族精神的象征。但如何看待沦陷区的大学教育，怎么评判抗战八年留居沦陷区的文人学者，以及他们这一时期的学术研究，仍是一个充满争议的问题。

1945 年，傅芸子回顾北平沦陷时期国学研究的成绩，谓"自事变以还，北大清华，师大燕大，或陷于停顿，或至于解散，惟馀辅大中大，仍维持原状，弦歌未辍。一般专门学者多散而之四方，亦有隐居都门者，当时北京之学术界颇呈落寞之势，而国学之研究亦稍现静止之状态"[1]。然而，辅仁作为德国天主教背景的教会大学，却在沦陷时期取得不俗的学术成绩。1945 年《辅仁学志》刊出《沦陷期间本校文史出版目录》，分为研究专著与定期刊物两大类。专著以辅仁校长陈垣为主，包括《旧五代史辑本发覆》(1937 年)、《吴渔山先生年谱》(1937 年)、《释氏疑年录》(1939 年)、《明季滇黔佛教考》(1940 年)、《南宋初河北新道教考》(1941 年)以及未列入目录、完成于抗战

---

[1] 傅芸子：《近年来国学研究在北京》，《文化年刊》1945 年第 2 卷。

胜利后的集大成之作《通鉴胡注表微》。除陈垣所著数种外，沦陷时期辅仁出版的文史专著还有：唐兰《天壤阁甲骨文并存考释》（1939年）、叶德禄编《民元以来天主教史论丛》（1943年）、沈兼士编《广韵声系》（1945年）等。

另一类则是定期刊物，包括《华裔学志》第三卷至第十卷（1938—1945）、《辅仁文苑》第一辑至第十一辑（1939—1942）、《辅仁大学语文学会演讲集》第一辑至第三辑（1940—1942）、《民俗学志》第一卷至第四卷（1942—1945）[1]。这几种刊物性质不一：《华裔学志》是西文刊物，每半年出版一期；《辅仁文苑》为学生编辑的文艺刊物，每季出版一辑。《语文学会演讲集》则依托辅仁国文系成立的语文学会，1939年10月由沈兼士、余嘉锡等教授发起，定期举办专题演讲，研究生及高年级本科生亦参与其间轮流报告读书心得[2]。《民俗学志》（Folklore Studies）是由辅大人类学博物馆编辑的西文年刊，由史学系教授叶德礼（Matthias Eder）主持，刊载有关民俗学及文化人类学的论文[3]。学术研究之外，要感受沦陷时期辅仁的校园氛围，可翻阅学生编辑的新闻月刊《辅仁生活》。

对于抗战时期辅仁大学的文史之学而言，最重要的学术阵地当属每半年出版一期的《辅仁学志》。陈垣、余嘉锡、沈兼士及辅仁出身的青年学者如周祖谟、牟润孙、柴德赓、启功、余逊等人沦陷时期最用力的专题论文，多发表在《辅仁学志》上[4]。因此若要考察辅仁文史之学的常与变，沦陷期间持续出版且一直维持较高学术水准

1 《沦陷期间本校文史出版目录》，《辅仁学志》1945年第1-2期。
2 参见记者《国文学系语言文字学会概况》，附《辅大国文学系语文学会简则》（1939年10月），《辅仁生活》第1期，1939年11月25日。
3 参见《本校民俗学志第一卷提要》，《辅仁学志》1942年第1-2期。
4 《辅仁学志》虽属辅仁大学的学术刊物，但其作者群并不局限于辅大校内教师。

的《辅仁学志》无疑是最合适的研究对象。

《辅仁学志》创刊于 1928 年，1947 年停刊，持续近二十年，沦陷下亦未中断 *1*。一年一卷，每年两期，在实际出刊过程中，常将两期合刊为一卷出版。刊物编委虽达十人 *2*，但从约稿、组稿到审稿、编辑等具体工作几乎悉由主编陈垣一人负责，因此《辅仁学志》大体反映了史家陈垣的治学风格 *3*。从创刊号之弁言可见这一学术社群的治学倾向："欲适应时代之要求，非用科学方法不可。欲阐发邃古之文明，非共图欧洲合作不可。"所谓"共图欧洲合作"，流露出与海外汉学争胜的心态。而欲与欧洲汉学争胜，则不得不注重塞外之学及大量新出土的材料："敦煌写卷，多宋元学者所未见。殷墟龟甲，更汉注唐疏所未言。访法画于山崖屋壁之间，微古文于流沙坠简之上。向之摩挲百宋千元者，今则须蹀躞于新疆大漠。"一时代之学术必有其新材料与新问题，能用新材料研究新问题，即陈寅恪为陈垣《敦煌劫余录》作序时标举的"预流"之学。陈垣诸人在道德观念上虽趋于保守，但在治学方法及研究视野上却与时俱进，有意与国际汉学一争高下。

七七事变后，辅仁、燕京等教会大学成为北平乃至整个华北文教界的"孤岛"，既是沦陷区青年最向往的高等学府，对留平学者亦起到政治庇护的功能 *4*。沦陷之下，大学何为？借用燕大校

---

1 《辅仁学志》沦陷时期出版的期号如下：第 7 卷第 1、2 合期（1938 年 12 月），第 8 卷第 1 期（1939 年 6 月），第 8 卷第 2 期（1939 年 12 月），第 9 卷第 1 期（1940 年 6 月），第 9 卷第 2 期（1940 年 12 月），第 10 卷第 1、2 合期（1941 年 12 月），第 11 卷第 1、2 合期（1942 年 12 月），第 12 卷第 1、2 合期（1943 年 12 月），第 13 卷第 1、2 合期（1944 年 12 月）。

2 《辅仁学志》编辑委员会的构成如下：委员长陈垣（校长），委员：雷冕（校务长）、英千里（秘书长）、胡鲁士（教务长）、沈兼士（文学院院长）、张怀（教育学院院长）、余嘉锡（国文系主任）、张星烺（史学系主任）、张重一（社经系经济学组组长）、丰浮露（校务长）、储皖峰（国文系副教授）。据《学志》编辑略例，该志旨在"研究中国学术，凡关于历史、语言、文字、宗教、哲学、学术、金石等著作或译文，均所欢迎"，文体不拘文言白话。

3 参见张越：《记〈辅仁学志〉》,《史学史研究》1992 年第 3 期。

4 参见袁一丹：《沦为"孤岛"的教会大学》,《此时怀抱向谁开》，上海：上海文艺出版社，2020 年。

长司徒雷登的说法，无论何时何地，大学教育应具备两种特性：其一，作为从事学术研究的净土，应不受时局的侵扰，不受偏见与宣传的影响，可以自由进行教学工作，于知识的探求与应用外，别无目的；其二，大学应与国家、社会发生密切的关系，自视为外在环境中不容割弃的一部分，并从环境中汲取新的材料、动力，以应付国家的需要，包括危机时刻的特别需要。这两种特性并不冲突，因为大学在国族延续中的特殊功用，及对社会所能履行之义务，是以保持自身的自由与清白为前提，但绝非以与世隔绝的方式，保持其自由与清白。[1]

辅仁校长陈垣对"沦陷之下，大学何为"的回答，则寓于其沦陷期间所著《南宋初河北新道教考》中[2]。《新道教考》的写作，缘于"卢沟桥变起，河北各地相继沦陷，作者亦备受迫害，有感于宋金及宋元时事，觉此所谓道家者类皆抗节不仕之遗民，岂可以其为道教而忽之也"[3]。所谓"新道教"即宋南渡后河北相继崛起的全真教、大道教、太一教。陈垣将"新道教"视为"遗民之渊薮"[4]，并将其社会功能高度理想化，消极方面"有不甘事敌之操"，积极方面"复有济人利物之行"：

> 靖康之乱，河北庐舍为墟，士流星散，残留者或竟为新朝利用，三教祖乃别树新义，聚徒训众，非力不食，其始与明季孙夏峰、李二曲、颜习斋之伦讲学相类，不属以前道教也。[5]

金元治下三教的意义，不止隐隐然承接道家之统绪，还在蛮夷猾夏之际收拾人心，为后世"留读书种

[1]《昨举行本季首次师生大会，司徒校长讲本校教育政策》，演讲题为："The Yenching University in Relation to The National Crisis"，《燕京新闻》第5卷第19期，1939年2月10日。
[2]陈垣：《南宋初河北新道教考》，辅仁大学丛书第8种，北平：辅仁大学，1941年。
[3]陈垣：《重印后记》（1957年作），《南宋初河北新道教考》，北京：科学出版社，1958年，第154页。
[4]陈垣：《南宋初河北新道教考》卷一"全真篇"上，辅仁大学版，第20页。
[5]陈垣：《南宋初河北新道教考》目录后识语。

子"。陈垣以为"新道教"之可贵，"非徒贵其不仕也，贵其能读书而不仕也，若不读书而不仕，则滔滔天下皆是"[1]。故陈垣将"新道教"视同学派，"与明季孙夏峰、李二曲、颜习斋之伦讲学相类"，而"别树新义"的三教祖亦被看作与明清之际顾、黄、王比肩的"北方学者"[2]，所谓"儒门收拾不住，遂为道家扳去"。

242

"新道教"的意义被陈垣上升到文教保存、国族存续的高度，不啻沦陷时期教会大学承担的社会功能。沦陷后留居北平的文人学者入教会大学"躲雨"，固然能在一定程度上消减外界的舆论压力，却需要更严格的道德自律。身为辅仁校长的陈垣为教会大学在沦陷区的特殊位置寻求历史依据：

> 中国人仕外国者，古已有之，苟不戕贼祖国，而能用夏变夷，君子所不弃也。且仕异国与仕敌国不同，仕异国者客卿耳，仕敌国则降虏也。[3]

据沦陷期间任教于辅仁的李霁野回忆，"上海知识界有一种高论，宁可作美国人的汉奸，也不作日本人的汉奸。似乎汉奸也分等级了"[4]。此种言论或许是陈垣区分"客卿"与"降虏"、"仕异国"与"仕敌国"的外在刺激。以"客卿"自居的陈垣，将其所仕之"异国"——本邦中的异国，即教会大学赋予"用夏变夷"之功效。沦陷之下，大学何为？用陈垣的话说，作"遗民之渊薮"，"留读书种子"而已。

1 陈垣：《南宋初河北新道教考》卷一"全真篇"上，辅仁大学版，第 29 页。
2 在《新道教考》的写作提纲中，陈垣直接称三教为"学派"，甚至拟作明末之顾、黄、王等大儒及颜李学派，后因世人推崇而形成宗教。参见《陈垣全集》第 22 册"文稿"，合肥：安徽大学出版社，2009 年，第 99 页。
3 陈垣：《通鉴胡注表微》边事篇"唐太宗贞观元年"条，《辅仁学志》第 14 卷第 1、2 合期，第 70 页。
4 李霁野：《关于周作人的几件事》，《文艺报》，1992 年 7 月 4 日。

"陈门四翰林"及其道义之诤

北平沦陷时期反而是辅仁大学文史两系的兴盛时期,当时陈垣身边有"四翰林"的说法。据启功晚年口述,抗日战争爆发后,辅仁文学院的年轻教师中有四位与校长陈垣关系比较密切,常到兴化寺街励耘书屋去请教学问。有人偶然在陈垣的书里发现一张纸条,上面写着:余逊、柴德赓、启功、周祖谟四人的名字,于是有"陈门四翰林"的说法,又戏称为"南书房四行走"[1]。

启功的说法并不准确,陈垣后人在整理陈垣遗稿时发现一张他用铅笔写的纸条,内容如下:

> 辅仁大学史学系盛时有陈门四翰林之目。所谓陈门四翰林者,柴、启、周、余四君也。今此卷跋尾,三人皆备,独阙余,余逊让之也。[2]

陈智超认为这是陈垣为一书卷或画卷作题记拟的草稿。从笔迹看,当时陈垣身体已相当虚弱,说辅仁史学系有四翰林也不准确,因为启功、周祖谟两位在国文学系而非史学系。但可以确定的是,陈垣自己肯定"陈门四翰林"的说法,也就是承认这四位是他的得意门生。

陈垣认定"四翰林"之说的这则题记,见于励耘书屋藏汪容甫临《怀仁集圣教序》。该手卷现藏首都博物馆,上有启功、柴德赓、周祖谟三人分别作于1964年、1965年、1966年的题跋,末尾有陈垣所拟、刘乃和代笔的识语:

> 昔柴、启、周、余,人
> 称陈门四翰林。今柴、启、

1《启功口述历史》,第三章"我与辅仁大学",三、辅仁逸事,赵仁珪、章景怀整理,北京:北京师范大学出版社,2004年,第110—111页。
2 陈智超:《千古师生情》,为纪念柴德赓百年诞辰而作,《学林漫录》十七集,北京:中华书局,2009年,第76页。

周三人皆有题词，独阙余，盖余逊让之也。[1]

对照手卷上的题识与遗稿中发现的草稿，有几处有意思的改动。一是时间的模糊化，草稿中所谓"辅仁大学史学系盛时"是何时，并未明确交代，实则"陈门四翰林"聚合于北平沦陷时期；定稿中"盛时"模糊化为"昔"。二是用"人称陈门四翰林"，暗示"四翰林"并非自我命名，而是别人发明的称谓。三是"四翰林"的排序，按年龄序齿，应是余逊、柴德赓、启功、周祖谟，因余逊未参与题词，故排最后。

244

20世纪60年代陈垣命启功、柴德赓、周祖谟为自家珍藏的汪容甫临《怀仁集圣教序》作题记，不单是考验诸生的学艺，其明显有意坐实"陈门四翰林"之说。柴德赓"文革"中的一份交代材料，为"陈门四翰林"的由来提供了确证：1936年秋柴德赓进辅仁教书，当时余嘉锡是国文系主任，但全校的普通国文课由校长陈垣亲自管理。1937年以后，余嘉锡之子余逊在历史系教课，兼授普通国文，柴德赓与余氏父子交往渐密。沦陷时期，辅仁大学新生数量增加，启功、周祖谟也来教授普通国文，柴、余、启、周四人遂常与陈垣见面，沈兼士戏称这四人为"四翰林"[2]。由柴德赓这份交代材料可知，"陈门四翰林"出自沈兼士之口，陈垣在题跋中不提沈兼士，或是避忌沈与国民党的关系；所谓"辅仁大学史学系盛时"即北平沦陷时期；"四翰林"与陈垣关系亲近，缘于教授普通国文，而普通国文科在辅仁由陈垣亲自督责。

从启功晚年口述史可知，"陈门四翰林"内部的关

---

1 柴念东：《汪容甫临〈怀仁集圣教序〉题跋》，《中华书画家》，2016年第12期。
2 柴德赓文革交代材料（1968年），转引自柴念东《辅仁大学"陈门四翰林"的由来》，见柴德赓纪念网站"青峰草堂"（www.chaidegeng.cn）。

系颇为微妙，尤其是与陈垣情同父子的柴德赓与启功之间。且
不论私人恩怨与学识高下，这种微妙的同门关系折射出沦陷时
期师门内部的道义制衡。由柴德赓作于沦陷下的旧体诗可窥见
"陈门四翰林"内部的道义之诤。1943 年柴德赓作七律一首，
题为：

> 上巳闻画舫斋有修禊之集，钱牧斋为祭酒，元白被邀。座
中诗伯数日前均向虏使重光献诗颂圣，情实可怜。昔日吴中高
会，澹归赋诗以讽。余今所云，亦犹此耳。元白声明不作修禊
诗，自处固当如此也。*1*

此诗涉及"元白"即启功在北平沦陷时期的交游与出处。
上巳修禊乃旧京文人雅集的传统，画舫斋位于北海东岸，南邻
濠濮间。此次画舫斋修禊由傅增湘召集，启功亦在被邀之列。
沦陷时期，傅增湘以各种名义发起诗词雅集，被奉为旧京词坛
"祭酒"。而启功与傅增湘的渊源，实早于他与陈垣的师生之
谊。启功最初能破格进辅仁，得到陈垣的赏识，即靠傅增湘介
绍*2*。此次上巳修禊诗，刊于傅增湘主编之《雅言》杂志，详情
如下：

《雅言》1943年第3期

> 龙友（萧方骏）《癸未三月三日北海修禊赋诗分韵得赴字》
> 枝巢（夏仁虎）《癸未上巳大风寒，偕沅叔（傅增湘）、治
芗（傅岳棻）、啸麓（郭则沄）、仲言，约
同人禊集北海画舫斋茗叙，竟日而散》
> 节之（尚秉和）《癸未三月三日修禊画舫斋得凌字》
> 勺圃（张伯英）《 癸 未

---

1 此诗收入柴德赓《偶存草》(1934—1964)，《百年青峰》上编，
何荣昌、张承宗、柴邦衡主编，苏州：苏州大学出版社，2007 年。
2《启功口述历史》，第三章"我与辅仁大学"，一、三进辅仁，
第 83—84 页。

画舫斋修禊得游字》

巨浸（俞寿沧）《癸未上巳画舫斋禊约，余未克赴，藏园

社长（傅增湘）代拈曛字，赋此应教》

《雅言》1943年第4期

莼衷（陈宗蕃）《癸未春禊，藏园（傅增湘）、蛰云（郭则

沄）、娟净（傅岳棻）诸公柬招北海茗饮，

风霾未赴，补拈韵得云字》

娟净（傅岳棻）《癸未上巳大风，偕藏园（傅增湘）、枝巢（夏

仁虎）、蛰园（郭则沄）、了厂（杨秀先）

约同人修禊画舫斋，分得阁字》

潜子（高毓浵）《癸未北海画舫斋禊集分韵得来字》

萧方骏诗云"觞咏于兹已六度"，自注："连年修禊，非画
舫即镜清，计先后至北海已六次矣。"可见北海上巳修禊，始于
1937年。尚秉和诗云："越日循故事，北海濠梁登。主人尽词
伯，盍簪聚良朋。良朋集廿四，数恰山阴麞。"可知参与此次修
禊者共二十四人[1]。傅岳棻诗云："吾侪诚好事，峭寒践斯约。稀
龄得九老，曳杖健腰脚。祭酒老郑虔，杖朝犹矍铄。""祭酒老郑
虔"即柴德赓诗题中"钱牧斋为祭酒"，均指藏园老人傅增湘[2]。

柴德赓诗题谓"座中诗伯数日前均向房使重光献诗颂圣"，
是指1943年正月二十四日，驻汪伪政府大使重光葵自南京来
北京，以傅增湘为首的"东交雅集"。据刊于《雅言》1943年第
1期的白坚《东交雅集序》，"癸未孟春弟廿有四日，日本大使
重光向阳（葵）延北京耆旧于东交民巷官舍"，"傅藏园

---

[1] 上述修禊诗中也有对修禊之事不认同者，如陈宗蕃诗云："昏
尘不扫何益，闭门甘谢大雅群。"

[2] 俞宁《柴德赓先生出北平记》（2019年7月25日《南方周
末》）对此诗的考证有偏差，将"钱牧斋为祭酒"误认为"当
时身为伪北京大学校长兼文学院院长的钱稻孙"。据《雅言》
所录修禊诗可知，钱稻孙并未参加此次北海画舫斋修禊。

（增湘）歌诗为首唱"，"一时和作得若干篇 1。启元伯（功）写春山一幅，黄宾虹作古文十字" 2。可见启功虽未参与癸未上巳画舫斋修禊，却出席了此次"向虏使重光献诗颂圣"的东交雅集。

柴德赓此诗隐含对启功及以傅增湘为首的旧京文士的"道义之诤"。诗题所云"昔日吴中高会，澹归赋诗以讽"，暗引陈垣《清初僧诤记》中"遗民僧诤遗民"的典故 3。《僧诤记》"记馀"部分引全祖望辑《续甬上耆旧诗》卷六十二，深柳堂长朱鈗《三月十九日与友人谈及澹归赋梅村诗有感，和其原韵》诗云：

五十年来屈指思，眼前白发昔婴儿。乾坤颠倒忘初位，日月沉埋异昔时。

十郡丧心甘置酒，一僧冷眼独吟诗。与君重洒新亭泪，话到伤怀欲碎卮。

注曰："吴梅村于三月十九日，集十郡名士，置酒于鸳湖，席半有僧缄诗投入，启视，一坐失色，访之知为澹归所作。" 4 澹归投与吴梅村诗云：

十郡名贤请自思，座中若个是男儿。鼎湖难挽龙髯日，鸳水争持牛耳时。

哭尽冬青徒有泪，歌残凝碧竟无诗。故陵麦饭谁浇奠，赢得空堂酒满卮。

三月十九乃崇祯皇帝煤山殉国之日，对明遗民来说，是相当特殊的日子。澹归原名金堡，崇祯十三年庚辰进士，永历后削发为僧。

---

1 据《雅言》同期所刊"东交雅集诗"，在《重光大使新自金陵移节燕京，得瞻风采，喜而有作，录呈吟正》一题下，参与唱和者有：傅增湘、尚秉和、夏仁虎、溥叔明、俞寿沧、陆增炜、贾恩绂、刑端、高毓浵、黄颋士、黄君坦、景耀月、柯昌泗、杨秀先、白坚、王嘉亨等人。
2 白坚：《东交雅集序》，《雅言》1943 年第 1 期。
3 陈垣：《清初僧诤记·记馀》，《辅仁学志》1940 年第 2 期，第 66—67 页。
4 故事的另一个版本，据刘献廷《广阳杂记》："顺治间，吴梅村被召，三吴士大夫皆集虎丘会饯。忽有少年投一函，启之，得绝句云：'千人石上坐千人，一半清朝一半明。寄语娄东吴学士，两朝天子一朝臣。'举座为之默然。"（钱仲联：《梦苕盦专著二种·吴梅村诗补笺》，北京：中国社会科学出版社，1984 年）。

澹归此诗用宋遗民谢翱《西台恸哭记》《冬青引》及安史之乱中伶人雷海清于凝碧池头殉节后王维赋诗的典故，嘲讽吴梅村及十郡名士之善忘。陈垣《清初僧诤记》认为此诗代表了遗民僧对遗民的"道义之诤"[1]。所谓"道义之诤"，即士林内部的道义制衡机制。柴德赓作诗劝启功勿作修禊诗，沿用"凝碧"之典，与澹归讥讽吴梅村及"十郡名贤"之诗构成互文关系：

> 禹穴兰亭古迹荒，忍闻修禊值蜩螗。啼残蜀鸟家何在，老去诗人梦正长。

> 细草漫矜新雨露，青山无改旧风光。相逢凝碧池头客，可有攒心泪一眶？

"细草"与"青山"、"新雨露"与"旧风光"的对举，指代沦陷下文人学士不同的政治姿态。"青山无改旧风光"表明柴德赓（字青峰）自己的道义坚持。"相逢凝碧池头客"则是对以傅增湘为首的上巳修禊者的诘责。

柴德赓于诗题中点出"元白声明不作修禊诗，自处固当如此也"，绵里藏针，借陈垣《清初僧诤记》中的典故，规劝启功与奉傅增湘为"祭酒"的遗老遗少保持距离。启功晚年口述史中交代自己的人生污点，承认卢沟桥事变后，迫于生计，通过家族关系，1938 年春夏之际曾在临时政府秘书厅某科室做了三个多月的助理员，随后在陈垣关照下回辅仁教书。然而由柴德赓此诗可知，启功重回辅仁后，仍以诗画为媒，出入于以傅增湘为首的遗民圈中。

柴德赓对启功的"道义之诤"，表明他在沦陷下的

---

1 陈垣《清初僧诤记》中亦有对澹归晚节的批评，谓"结交贵游，出入公庭，如澹归晚节之所为，则不如即反初服之为愈矣"。全祖望辑《续甬上耆旧诗》卷三九载黄晦木阅澹归《语录》诗序云，澹归"从亡西南，其大节多可观。行朝嫉之，以杖戍遣，遂祝发为僧，竟忘所自，但成一领众募缘俗汉而已"，使其"逃禅而不受源流，不开堂营建，岂非千秋义士"。邵廷采《西南纪事》谓金堡"为僧后，尝作《圣政诗》及《平南王年谱》，以山人称颂功德，士林訾之"。

"自处"之道，更近于其师陈垣的"道德严格主义"[1]。陈垣将事伪者，尤其是借口有种种"不得已"的理由而出仕者，比作"尼站"。"尼站"典出南宋遗民周密撰《癸辛杂识》：

> 临平明因寺，尼刹也，往来僧官每至必呼尼之少艾者供寝。寺中苦之，于是专作一寮，贮尼之有违滥者，以供不时之需，名曰尼站。

柴德赓于灯下侍坐时听陈垣借古讽今，遂作诗云："依人去住总辛酸，梦里青灯骨肉寒。不是落花情未了，肯将尼站供僧官。"[2]将"不得已出仕"者视为污秽之"尼站"，这一辛辣的讽刺代表了陈垣与柴德赓师徒在沦陷下共同遵循的"道德严格主义"。

史家的权柄

以"陈门四翰林"为中心，考察沦陷时期辅仁大学文史之学的特殊样貌，不只是钩稽学术史的一个片段，而是想要呈现在特殊的历史语境下，业已专门化的文史之学与学者个人的生命践履之间的内在张力。

辅仁是德国天主教背景的教会大学，因而能在沦陷北平持续八年，保持相对的学术独立性。辅仁文史两系在陈垣、余嘉锡主导下，聚集了余逊、柴德赓、启功、周祖谟等青年学者，逐渐形成有自家面目的治学传统：主张专门之学，从目录学入手，以考据见长，但又不止于考据而已[3]。七七事变后，辅仁的文史传统应时而变，转向

---

1 参见王汎森：《明末清初的一种道德严格主义》，《晚明清初思想十论》，上海：复旦大学出版社，2004 年。

2 柴德赓《〈癸辛杂识〉载临平明因寺有尼站之设，专以尼之尝有违滥者，备僧官不时之需。援庵师每闻人言"不得已出仕"，辄以尼站目之。灯下侍坐谈此，真堪发噱》（1942），收入《偶存草》，《百年青峰》上编。

3 参见袁一丹：《陈垣与辅仁学派》，《中国文化》2017 年春季号。

援古证今的"表微"之学。"表微"一词出自陈垣《通鉴胡注表微》。陈垣沦陷时期的著作，以"表微"命名的虽然只有一部，但事实上其他几部著作，如《旧五代史辑本发覆》及"宗教三书"都带有"表微性"。从《通鉴胡注表微》演示的史学方法，可抽绎出一套完整的表微机制。所谓"表微"，简而言之，就是史家有感于当下的处境，援古证今。用大白话说，就是找事

实，找能与当下处境构成映射关系的历史事实。史家的技艺即体现在古事与今情、古语与今语的"勘合"[1]。本节选取沦陷时期发表于《辅仁学志》上的专题论文，通过"隐微阅读"（reading between the lines），发见困于沦陷区的学者如何以文史考据为烟幕弹，论古以喻今，在史事与史法中寄寓个人的心事怀抱。

启功回忆说陈垣对后学晚辈倾注全力加以培养，对学生的习作从题目到末尾写上年月日，一字不落地死抠[2]。如柴德赓写过一篇有关谢三宾的文章，专论清初那些反复无常、时而降清、时而反清的降臣叛将，内容暂且不说，仅为文章题目，陈垣就不知和柴德赓商量过多少次，时而改成这样，时而改成那样，也够得上"反复无常"了[3]。题目之"反复无常"，与对象之反复无常相映成趣，符合陈垣看似平常、实则奇诡的史学风格。陈垣十分讲究述学文体，大至选题命意、著述体例，细至引文的截取缩略、引文与正文的风格调试、虚字的斟酌锤炼，无不措意，可谓是史家中的文体家（stylist）。陈垣拟定的题目看似平实，若仔细揣摩，平实中又暗藏玄机，甚至有几分奇崛之气。从选题命意已可见出陈垣治史之家法。

---

[1] 参见袁一丹：《史学的伦理承担：沦陷时期陈垣著述中的"表微"机制》，《中华文史论丛》2013 年第 2 期。

[2] 启功：《尊师重友 真诚待人》，《青峰学记——柴德赓教授纪念文集》，南京：江苏文史资料编辑部出版，1992 年，第 21 页。

[3] 《启功口述历史》，第三章"我与辅仁大学"，二、循循善诱与登堂入室，第 99 页。

柴德赓《鲒埼亭集谢三宾考》作于 1943 年，刊于《辅仁学志》十二卷一二合期。此文既以谢三宾为研究对象，何不径直题为"谢三宾考"，而要冠以《鲒埼亭集》之名？在陈垣看来：

> 论文之难，在最好因人所已知，告其所未知。若人人皆知，则无须再说，若人人不知，则又太偏僻太专门，人看之无味也。前者之失在显，后者之失在隐，必须隐而显或显而隐，乃成佳作。[1]

谢三宾显然是人多不知的小人物，而全祖望《鲒埼亭集》却是读书人耳熟能详之书。由《鲒埼亭集》引出谢三宾，符合陈垣"因人所已知，告其所未知"的著作通则。

陈垣选题多从大处着眼，小处落笔，不仅考虑少数专业读者的眼光，还会从普通读者的兴趣及知识背景出发设计论题。如陈垣沦陷时期所著《明季滇黔佛教考》，着眼点不在佛教本身，而在佛教与士大夫遗民之关系，及佛教与地方开辟、文化发展之关系。因"若专就佛教言佛教，则不好佛教者无读此文之必要。惟不专言佛教，故凡读史者皆不可不一读此文也"[2]。套用陈垣的说法，柴德赓此文若专就谢三宾言谢三宾，除非专攻明清史者，无读此文之必要；惟不专言谢三宾，从《鲒埼亭集》入手，拉全祖望作陪，再佐以野史笔记，由谢三宾带出明清之际东南士绅群像，则"凡读史者皆不可不一读此文"。

将《鲒埼亭集谢三宾考》稿本与《辅仁学志》初刊本对读，从开头一段的修订即可见出柴德赓用《鲒埼亭集》接引谢三宾的良苦用心。卷一原题"小传"，后改为"谢三宾略传及异称"。所谓"异称"即《鲒埼亭集》

1 1940 年 1 月 7 日陈垣致陈乐素函，《陈垣来往书信集》（增订本）第 1109 页。
2 1940 年 5 月 3 日陈垣致陈乐素函，《陈垣来往书信集》（增订本）第 1113 页。

中全祖望对谢三宾的不同称谓，共十三种，"或直著其名，或隐约其词"，如"降臣""降绅""降人""降臣夫己氏""夫己氏""老奸""谢昌元"等。柴德赓取"夫己氏"这一代称为切入点，提示读者谢三宾在《鲒埼亭集》中的特殊位置。稿本开头为：

> 《鲒埼亭集》，夫己氏之名屡见。夫己氏何人，即《外编》二十九撰《视师纪略》之谢三宾，固晚明史上一重要人物也。因其人徘徊明清之间，故明清史皆无传，兹特钩稽其事迹，著于篇，以为读《鲒埼亭集》者之一助焉。[1]

252

谢三宾这一在正史上藉藉无名的反面人物，之所以引起柴德赓注意，是因为全祖望《鲒埼亭集》屡屡用"夫己氏"指代此人。对照《辅仁学志》初刊本，柴德赓在原稿上作了若干补充修订，试图更好地贯彻"隐而显"的原则，勾起普通读者对谢三宾的兴趣。加点字句是柴氏补写的：

> 《左》文十四年传，齐公子元不顺懿公之为政也，终不曰公，曰夫己氏，恶其人不欲显其称，故隐之为夫己氏也。尝读《鲒埼亭集》，夫己氏之名屡见。夫己氏何人，十之九皆指谢三宾，固晚明史上一重要人物也。因其人徘徊明清之间，故明清史皆无传，又因诸家记载多隐其名，或异其称，故三宾之名反不著。兹特钩稽其事迹著于篇，以为读《鲒埼亭集》及研究晚明史者之一助焉。[2]

《鲒埼亭集》中关于谢三宾的异称多达十三种，为何柴德赓单从"夫己氏"这个称谓切入？《辅仁学志》初刊本于篇首补充交代了"夫己氏"的出处，用"夫己氏"代称某人，暗

1 柴德赓：《〈鲒埼亭集谢三宾考〉稿本》，共75页，封面题写"癸未八月"，见柴德赓纪念网站"青峰草堂"（www.chaidegeng.cn）。
2 柴德赓：《鲒埼亭集谢三宾考》，《辅仁学志》1943年第12卷第1、2合期。着重号为笔者所加。

含某种"欲盖弥彰"的悖论："恶其人不欲显其称，故隐之为夫己氏也。""隐而显"的悖论在全祖望笔下体现得尤为明显。就其本心而言，全祖望肯定不愿谢三宾其人其文流传后世；而就效果而言，谢三宾之名恰是借全祖望之文得以存世，并引起后世史家的关注。对于谢三宾在晚明史上所占的分量，柴德赓不无犹豫，初稿称其为"晚明史上一重要人物"。从稿本上看，柴氏曾圈去"重要"二字，后又保留这一说法，认为钩稽谢三宾的生平事迹，不只对读《鲒埼亭集》者有帮助，亦可深入晚明史中被忠奸对峙遮蔽的灰色地带。

"夫己氏"这一代称包含的悖论——欲隐其名而显其身——正是史家掌握道德审判权时面临的两难。全祖望所辑《续甬上耆旧诗》卷八十录谢三宾诗九十四首，传云：

> 予初援竹垞黜圆海之例，拟不录其诗，既而思之，使后世见《一笑堂集》者，即其娓娓故国故君之感，又托之磈砢大节之高隐学以为之序，倘不知其人，断不敢以为蒲寿宬一辈人也，故仍存之，以为听言观行之证云。1

全氏道出《续甬上诗》收录谢三宾诗时曲折的心理活动，最初打算仿效朱彝尊编《明诗综》不收阮大铖《咏怀堂诗》之先例，因"金壬之反复，真同鬼域"。继而担心后世读者被谢三宾《一笑堂集》中流露的"故国故君之感"所迷惑，且诗集又冠以《雪交亭正气录》作者高宇泰之序。倘若不知谢三宾"徘徊明清之际"的恶迹，单看诗作不敢相信其为两次降清、反复无常之小人。在明清之际诸多降清者中，全祖望"独责"谢三宾一人，可见谢三宾"非寻常降人而已"。《一笑堂集》传本甚罕，谢三宾

---

1 柴德赓：《鲒埼亭集谢三宾考》，卷一"谢三宾略传及异称"，一、谢三宾略传。

诗所以流传于后世，正赖全祖望为之选录，这是全氏始料未及的。隐显之间的逆转，彰显出史家的权力：

> 昔欧阳公作《五代史》，多贬而少褒，其贬冯道也，不过传首一论耳，而冯道遂成无耻之人。《鲒埼亭集》《续甬上诗》多褒而少贬，其所贬者，亦仅一谢三宾耳，而三宾之恶迹，遂永垂于简册。[1]

254

"不过"传首一论耳，而冯道"遂成"无耻之人；"亦仅"一谢三宾耳，而三宾之恶迹"遂永垂于简册"，柴德赓的措辞进一步放大了史家的权柄。

"实事求是"是史家遵奉的基本原则，包括事实确凿、议论平允两方面。柴德赓此文不只钩稽谢三宾生平事迹，在陈述事实的同时还夹杂着史家的议论褒贬。清儒王鸣盛《十七史商榷》序云："盖学问之道，求于虚不如求于实，议论褒贬，皆虚文耳。作史者之所记录，读史者之所考核，总期于能得其实而已矣。"柴德赓不完全同意王鸣盛在虚实之间的判断，认为史家的议论褒贬并非"虚文"，要看是否公正平允。[2]

柴德赓此文的主要材料虽来自《鲒埼亭集》及《续甬上诗》，但文中的议论与全祖望之褒贬不尽相同。柴德赓将谢三宾一生划分为两个时期："甲申以前，固亦论文谈兵、慕义好善之士也；乙酉以后，进退失据，遂不理于众口。"[3]甲申以前，谢三宾治理嘉定，被誉为"文学吏"。从其为《嘉定四先生集》所作之序可见，此人"薄富贵，慕节义，重处士，好风雅"，与晚年之贪图富贵大相径庭[4]。柴德赓还高度肯定谢三宾巡按山

---

1 柴德赓：《鲒埼亭集谢三宾考》卷一，着重号为笔者所加。
2 柴德赓：《王西庄与钱竹汀》（1964 年），《史学丛考》（增订本），北京：商务印书馆，2017 年，第 290 页。
3 柴德赓：《鲒埼亭集谢三宾考》，卷二"甲申以前之谢三宾"。
4 柴德赓：《鲒埼亭集谢三宾考》卷二、二、出宰嘉定。

东时期，平定登莱叛乱之功绩，认为全祖望对谢氏平登莱"贬斥过甚，殊可不必"[1]。对于甲申以前之谢三宾，柴德赓基本持肯定态度，他以历史假设的方式，叹谢氏之"不早死"，从而对晚节不保者提出"寿多则辱"的告诫：

> 闲尝思之，三宾要不失为精明强干之才，使三宾而死于甲申以前，则亦足以长保令名，永无遗憾矣。不幸而多金，又不幸而多寿，至国祚绝续之交，一蹶再蹶，入地无门，虽生之日，犹死之年。然则处乱世而享高年，亦君子之所畏哉。[2]

对于乙酉以后谢三宾两次降清之举，柴德赓用对比的手法，借祁彪佳之自沉、朱大典之殉节反衬出谢三宾之无耻。朱大典与谢三宾一样贪财，《东南纪事》曰张岱曾"亲见朱大典之贪横，真如乳虎苍鹰；后复见其婴城守婺，破家从忠，继之以死，又未尝不叹息其为人也"。据《雪交亭正气录》，朱大典于鲁王入海后，"据金华自守，力竭不支，眷属十七口焚之，然后自尽"。柴德赓遂感叹谢三宾若死于甲申以前，则可保存其"文学吏"之美誉及平定登莱之伟业；朱大典若死于甲申以前，其在史书上则只能留下贪吏之形象，后人谈其遗事，"安从发悲壮之叹，起忠义之思"？[3]通过谢三宾与朱大典之对比，柴德赓再次以历史假设的方式强调士大夫之晚节何其重要。

史家之权柄、史笔之可畏，亦见于全祖望对谢三宾之子谢于宣的记述中。谢于宣惨死于闯王之乱，谢三宾请术士毛来宾为其子追摄亡魂，据《鄞志》记载，毛氏置坛设牲，"及期而素笺十幅，细书皆满，凡生平履历、家事琐屑、童仆勤惰，以至父母妻子间语，有人所不能知

---

1 柴德赓：《鲒埼亭集谢三宾考》卷二、三、巡按登莱。
2 柴德赓：《鲒埼亭集谢三宾考》，卷二"甲申以前之谢三宾"。
3 柴德赓：《鲒埼亭集谢三宾考》，卷三"谢三宾两次降清"，四、丙戌再降。

者，缕缕曲尽，其神异如此"。请毛来宾施追魂法，本是谢三宾对其子念念不忘之表现，与其晚节无关。然而此事在全祖望笔下，又是一番光景。《续甬上耆旧诗》卷七五《毛异人来宾传》云：

> 谢行人于宣死于闽贼，其父太仆追请设坛追摄，如期魂果至。所置素笺十幅，细书皆满，凡生平琐屑幽隐，有家人从未泄、外人从未闻者，靡勿缕缕曲尽。前幅末发其父亥子间事，其父为之流汗。

全祖望的记述看似与《鄞志》所载大同小异，只在末尾添上一笔，拉入"其父亥子间事"，即丁亥、戊子谢三宾谋害抗清诸义士一事。柴德赓于此慨叹："谢山于三宾无一字放松，甚矣史笔之可畏也。"[1]

柴德赓此文的切入点不在谢三宾，而在全祖望对谢三宾的厌恶。这种主观好恶与全祖望作为史家应持的立场，存在某种紧张关系。打破后壁说，此文要讨论的是朝代更迭或蛮夷猾夏之际，史家之权柄、史笔之可畏，或者说史学的意义与效用。因而冠以《鲒埼亭集》之名，处处从全祖望着眼，非仅钩稽史料为谢三宾一人作传而已。谢三宾在文中似为主角，实为陪客，全祖望则时常反客为主。此文论述之出彩处多在柴德赓与全祖望围绕应如何评判谢三宾一生之功过得失的"隔空"商榷与对话。

据刘乃和回忆，柴德赓作《鲒埼亭集谢三宾考》时，陈垣正在辅仁讲"史源学实习"。这门课以近代史学名著为底本，逐一追讨史源，以练习读一切史书之识力与方法。陈垣曾用顾炎

256

---

[1] 柴德赓：《鲒埼亭集谢三宾考》，卷六"谢三宾之子孙"，一、谢于宣。

武《日知录》、赵翼《廿二史札记》为底本，1943 年改用全祖望《鲒埼亭集》。刘乃和指出柴德赓多次听过此课，在陈垣的指导和启发下，撰写谢三宾一文表达自己"热爱祖国的民族意识"，文章写完后曾得到陈垣的细心删改润色[1]。可见柴德赓撰写谢三宾一文，确是在陈垣的直接影响下完成。此文从《鲒埼亭集》入手，也缘于陈垣沦陷时期对此书的高度关注。柴德赓称 1943 年陈垣曾想作《鲒埼亭诗集注》，后改作《通鉴胡注表微》，引用全祖望语甚多，有启发其思想之力。[2]

陈垣遗稿中存有《鲒埼亭集批注》，由卷首眉批可知沦陷时期陈垣为何看重《鲒埼亭集》：

> 沈彤谓读《鲒埼亭集》能令人傲，然亦令人壮。

> 《越缦堂日记》廿一册谓《鲒埼亭集》多言忠义，读之激发。[3]

李慈铭《越缦堂日记》谓全祖望最精史学，"于南宋残明，尤为贯串。阀阅之世次，学问之源流，往往于湮没幽翳中，搜寻宗绪，极力表章"[4]。李慈铭以为《鲒埼亭诗集》题目小注多关掌故，于南宋残明事，搜寻幽佚，尤足以广见闻[5]。而陈垣则特别看重《鲒埼亭集》"多言忠义，读之激发"这一点。李慈铭自称"平生坎坷，一无树立，惟风节二字，差不颓靡，诚得力于《后汉书》及刘蕺山集、谢山此集耳"，然亦指出此类书之流弊在于"疾恶过严，避俗过甚"[6]。受陈垣影响，柴德赓对全祖望评价甚高：

> 谢山史学第一，明史第一，宋史第二。影响后世最

---

1 刘乃和：《学识渊博　追求进步》，《青峰学记——柴德赓教授纪念文集》，第 26—27 页。

2 柴德赓：《清代学术史讲义》，李瑚笔记，北京：商务印书馆，2013 年，第 123 页。

3 陈垣：《鲒埼亭集批注（上）》，《陈垣全集》第 19 册，合肥：安徽大学出版社，2009 年，第 1 页。卷首眉批手迹参见《陈垣先生遗墨》。

4 清同治乙丑（1865）十月十九日李慈铭日记，《越缦堂读书记》，由云龙辑，北京：商务印书馆，1959 年，第 751 页。

5 清光绪己卯（1879）三月十五日李慈铭日记，《越缦堂读书记》，第 752 页。

6 清同治甲戌（1874）八月二十七日李慈铭日记，《越缦堂读书记》，第 753 页。

甚者，为清末之革命，章太炎《章氏丛书》中时用其语。文集而得史学之价值者，惟谢山一人，为清代最特殊之一人。所言无"夷夏"二字，而所言皆是。[1]

柴德赓认为，全祖望虽绝口不谈"夷夏"二字，然其文中"故国故君之思"极浓，在乾隆时能表现此种思想，颇为不易。谢山史学以明史为当行，《鲒埼亭集》以铭、状、志、传各体，为晚明重要人物一一作传，"等于晚明抗战史"，清末种族革命大受此书影响[2]。除了对其史学造诣的肯定，陈垣及柴德赓都很欣赏全祖望的文章，柴称其"文有感性，笔下有生气。清人文能为人所读者，亭林、谢山数人而已"[3]。全祖望文章的感染力，多源自其笔下人物之风骨神采，亦浸透着其家族相传的故国故君之思。

除了《鲒埼亭集》，柴德赓作谢三宾一文，还多倚赖全祖望辑《续甬上耆旧诗》中保存的史料。选诗本是文学范围的事，在柴看来，全祖望辑《续甬上诗》的目的不是选诗，而是修史。与其径用"明季忠义传"等刺目的名词，不如用选诗的方式来做抗清者的传略，故此书重要在传而不在诗。柴德赓认为全氏之小传做得"有精神"，对忠义之士便正面表扬，降臣亡子则侧面、反面讽刺，都是难得的史料[4]。抗战时期表彰全祖望的民族意识，不只陈垣、柴德赓师徒，滞留于上海孤岛的掌故学家周黎庵亦对明清之际感兴趣，他径直将全祖望命名为"民族史家"。[5]

1 柴德赓：《清代学术史讲义》第七章，第 126 页。
2 柴德赓：《清代学术史讲义》第七章，第 121—122 页。
3 柴德赓：《清代学术史讲义》第七章，第 122 页。
4 参见柴德赓：《清代学术史讲义》第七章，第 123—124 页。
5 周黎庵：《清代民族史家全谢山》，《大风》旬刊 1939 年第 54 期。

1943 年 11 月陈垣给弟子方豪写信，谈及北平沦陷时期史学风气的转变：从前专重考证，服膺钱大昕；事变后，趋重实用，推尊顾炎武；近来又进一步，提倡"有意义之史学"，讲《鲒埼亭集》，"欲以正人心，端士习，不徒为精密之考证而已"[1]。从钱大昕到顾炎武，再到全祖望，取法对象的变化，暗示着史学风气随时势推移而转变，史学承担的社会功能也随之而变。本以考据见长的陈垣，在时势催逼下，转而提倡"有意义之史学"，明显是要救时弊，下猛药。

　　20 世纪 50 年代陈垣重申自己的"史学三变"：九一八事变以前，为同学讲嘉定钱氏之学，不闻政治；九一八事变以后，世变日亟，改讲顾炎武《日知录》，注重事功，以为经世之学在此；北平沦陷后，北方士气萎靡，转而讲《鲒埼亭集》提振士气，看重全祖望"排斥降人，激发故国思想"[2]。至于新中国成立后，援庵由"法谢山"改"法韶山"，则不在本文讨论范围内。沦陷时期陈垣借全祖望《鲒埼亭集》提倡"有意义之史学"，强调历史的效用：作史须先立意义，考虑"人看后得什么效果，生什么力量，须有对象"[3]。换言之，对沦陷下困守北平的学者而言，作历史须看若干年生效，用历史可造就一未来之国家。

　　基于陈垣、余嘉锡诸人在治学路径上的高度契合，以及余、柴、启、周"四翰林"在选题、构思、行文上与陈垣的承继性，或可将沦陷下聚合于辅仁的这批文史学者视为一个潜在的学派。辅仁学派的特殊性，不止于扎实的文献基础与精微的考据方法，还旨在倡导"有意义之史学"，而史学之"意义"即其在战争的非常态下

----

1 1943 年 11 月 24 日陈垣致方豪函，《陈垣来往书信集》（增订本），第 326 页。

2 1950 年初陈垣致席启駧函，《陈垣来往书信集》（增订本）第 247 页，转引自刘乃和《纪念陈垣校长诞辰一百周年》，《陈垣校长诞生百年纪念文集》，北京：北京师范大学出版社，1980 年。

3 陈垣：《史源学实习及清代史学考证法》，北京：商务印书馆，2014 年，第 66 页。

所起的道德评判作用。

　　陈垣及其弟子在沦陷下践行"有意义"之史学,用晚清以降"新史学"标准衡量,似乎在某种程度上意味着史观的倒退。以北大、中央研究院史语所为中心的新史学,主张史学即史料学,以被除传统史学作为伦理学教科书的意义[1]。现代史家的责任是让写出来的历史与事实本身相符,犹如照相机摄取景物一样。新史学认为历史是对过去事实的客观陈述,其中不能夹杂任何目的,史家书写历史应和化学家作实验报告具有同样的科学精神。历史固然可以激发人的感情,但这须是过去事实的自然流露,不能为激发人的感情起见去编造历史。在新史学看来,如果借史事发表个人的伦理主张,历史不过是伦理学的材料和实例而已。在以历史为伦理教科书的传统观念支配下,史家个个认为自己负讽世之责,操褒贬之权,甚至为行使褒贬之权,不惜牺牲事实。总之,新史学不承认历史具有伦理的功用[2]。然而,在沦陷的特殊语境下,经由新史学洗礼的文史之学又披上伦理学的外衣,甚至利用史家之权柄设立道德审判庭,强调史学之于世道人心的规范作用。

原刊《中国文化》2021年春季号

[1] 傅斯年提出史学便是史料学,有三方面的意涵:一、史的观念之进步,在于由主观的哲学及伦理价值变做客观的史料学;二、著史的事业之进步,在于由人文的手段,变做如生物学、地质学等一般的事业;三、史学的对象是史料,不是文词,不是伦理,不是神学,并且不是社会学。(参见《史学方法导论·史料论略》,《傅斯年文集》第2卷,中华书局,2017年)。
[2] 参见齐思和:《论史学之价值》,《燕大月刊》第7卷第1、2期,1930年12月。

"两京"沦陷区
清遗民的"位置"

以《雅言》《同声月刊》杂志为考察中心

潘静如

　　沦陷时期的北京和南京依旧是文人聚居之地。随着 1940
年汪伪国民政府的成立,沦陷区进入了"(伪)秩序重建"时期。
《雅言》《同声月刊》两种旧文学杂志应运而生,供稿者以旧文
人群体为主。其中,清遗民作为一种政治主体,势必在沦陷区
重构自己的位置。"局外观棋"成为了他们一个想象的观世维
度,而"螺蛳壳里做道场"则表征了他们在现实世界里的无力
感和隐微的精神世界。通过建构和确认自己的遗民/逸民形象,
他们避开了个体的伦理承担,却在这种软性的自我逃离中,正
好成为了沦陷区"(伪)秩序重建"和"东亚共荣"版图的一
部分。

　　当抗日战争来到民国二十九年庚辰,亦即 1940 年,沦陷
区的"(伪)秩序重建"似乎进入了一个新的阶段。经过近半
年时间的策划,1940 年 3 月 30 日,汪精卫在南京成立了伪"中
华民国国民政府",并就任代理政府主席。同在这一天,还发
布了《临时政府解消宣言》[1],宣告王克敏等于 1937 年 12 月 14
日在北京组建的伪临时政府解散,其政务改由华北政务委员会
继承。伪华北政务委员会在

---

1 《伪临时政府解消宣言》,中国第二历史档案馆编《中华民
国史档案资料汇编》第 5 辑第 2 编,南京:江苏古籍出版社,
1997 年,第 42 页。

名义上隶属于南京的新中央政府，但拥有高度自治权。这显示了"两京"微妙的格局和关系。汪伪国民政府的筹划和组建，给了沦陷区一种"秩序重建"的假象或幻觉。两种"旧文学"期刊即《雅言》《同声月刊》于 1940 年先后在北京和南京创刊，并不是偶然。兴许它们是"秩序重建"的结果，兴许它们是刻意营造"秩序重建"的假象或幻觉的一部分。不论如何，沦陷区清遗民的故事在这里开始上演了。清遗民是沦陷区文人的一种群体类型。本文将集中从这一角度展开沦陷区的伦理探讨：遗民是一种想象的然而并非虚构的政治主体，他们（包括特定的非清遗民、北洋旧人）借助于自己的遗民身份，避开了现世的伦理困境，却也成为了"（伪）秩序重建"的一部分。

"局外观棋事可哀"：清遗民的逸民想象

　　《雅言》创刊于 1940 年 1 月、2 月间，停刊于 1944 年夏季，是一份有着相当的政治背景的杂志[1]。因经济原因[2]，《雅言》由初期的月刊，到中后期间或改为双月合刊，再到最后一年即 1944 年改为季刊，共刊出 39 期。据《雅言》创刊号亦即庚辰卷一的叙例来看，《雅言》编辑由北京"余园诗社"负责。余园，旧名"漪园"，本是清代大学士瑞麟府邸里的庭园，毁于英法联军攻入北京之役，其残余部分经修葺以后，改称"余（餘）园"。1927 年，日本政府以义和团赔款作为

[1] 目前日本学者稻畑耕一郎对《雅言》作了初步研究，比如他指出担当（以编纂《续修四库全书提要》为主要事业的）北平人文科学研究所事业部总委员会"总务委员署理"及"研究部主任"的桥川时雄与《雅言》及傅增湘关系密切。不过，应当说稻畑的研究还是比较粗略的，主要集中在介绍傅增湘与《雅言》的关系上，参见稻畑耕一郎《傅增湘与〈雅言〉——传统诗歌的继承事业》，陈致编《中国诗歌传统及文本研究》，中华书局，2013 年，第 494—529 页。

[2] 《雅言》甲申季刊卷一卷尾的启事有云："敬启者：迩来纸价猛涨，工费骤增，而敝社收入甚微，挹注颇难。同人等筹维至再，为节约计，改为季刊，自甲申年起，每三月刊行一册。页数较前略多，内容亦求充实。值此物力艰窘之秋，敝社不得已之苦衷，凡爱护敝刊诸君子，诸希谅察焉。"南江涛编：《民国旧体诗词期刊三种》第九册，国家图书馆出版社，2013 年，第 572 页。

基金推动"东方文化事业",并买下余园,作为北平人文科学研究所的事业部总务委员会。作为总务委员署理、研究室主任,桥川时雄当然就是"余园"的关键人物。但《雅言》的刊行则由"雅言社"负责,"雅言社"之所在,即是社长傅增湘的藏园[1]。这显示了刊物的复杂性。

《雅言》封面的"雅言"二字集汉《张迁碑》。版权页有云:

社址　北京市石老娘胡同七号(北京市南长街41号)

发行所　中华法令编印馆(北京隆福寺街)

发卖所　中华法令编印馆

文奎堂、修文堂(上海虹口朝阳里六号)

帝国地方行政学会(东京市京桥区银座七之一号)

帝国地方行政学会(新京市兴安大路一一六号)

满洲行政学会(北京西河沿二一七号)

印刷者　金华印刷局

石老娘胡同七号即藏园所在地。北京、上海、东京等地都设有《雅言》的发售所。然而更值得关注的是,《雅言》的版权页之前还附有《雅言》的主办信息。除了社长傅增湘、编辑主任王嘉亨而外,还附有"大赞助"和"评议"的名录。创刊号上大赞助有王揖唐、安藤纪三郎、梁鸿志三人,而评议则有赵椿年、林出慕圣、冈田元三郎、桥川时雄、夏仁虎、瞿宣颖、溥儒、李元晖、李家璟、白坚十人。从创刊号庚辰(1940)卷一到停刊甲申(1944)卷二,大赞助、评议两栏的人员陆续有所增加。据历年的《雅言》期刊,大赞助后来陆续增添了铃木美通、汪时璟、殷同、喻熙杰、齐燮元、周作人、朱深、余晋

1 参见稻畑耕一郎:《傅增湘与〈雅言〉——传统诗歌的继承事业》。

龢、苏体仁、刘玉书、汪兆铭、陈公博、周佛海、王克敏、王谟等人，而其评议则陆续增添了曹熙宇、黄燧、杨懿涑、李家璟、今关天彭、杨秀先、郭则沄、傅岳棻、黄孝纾、溥僡、张江裁等人。

从1940年庚辰卷二开始,每卷都附有“本期作者题名录”，通常都是附在卷尾，偶尔也会出现在卷端，但从1943年癸未卷七起，剩下的六期《雅言》不再附“作者题名录”。尽管没有确切的证据,但是很可能,这与世界范围内的局势急转相关。随着欧洲战局的逆转和1943年6月日本在太平洋中部岛屿的节节败退，中国的战局变得难以预料。《雅言》虽然有一定的政治背景,比如“大赞助”除了日本政客之外,差不多都是“华北政务委员会”或汗伪政权的政要,像王揖唐、梁鸿志、汪时璟、殷同、喻熙杰、齐燮元、周作人、朱深、余晋龢、苏体仁、刘玉书、汪兆铭、陈公博、周佛海、王克敏、王谟等人都是这一流人物，但应该说也只是背景而已，它充其量只具有点缀、烘托的作用，从而它仍在相当程度上具有同人杂志的色彩。所谓“同人”是就其“文化旨趣”而言,这从各期开设的诗录、词录、遗文、遗诗、论学杂著等栏目及其内容可以看出[1]。再一个，充当《雅言》评议的桥川时雄（1894—1982）、今关天彭（1884—1970）等人并不是在1937年或1940年空降到北京来，而是几十年来与包括东三省在内的北方地区的新、旧文人形成了一个庞大的社交

[1] 这一点，还可以参看《雅言》杂志的叙例：“一、是编为北京余园诗社所辑，洙泗之教，诗与书礼，并属雅言，而诗为称首，故以雅言标目。一、是编虽以诗为主，但有专门以尽其长，亦宜博涉以昭其趣，凡题跋游记之属，有资考古，不厌多闻，如有佳文，亦当采录。一、自来别集编次，皆诗先于文，兹从其例，以篇什据先，文辞列后。一、是编所录，多属时贤。诗与史通，不嫌断代；文以友会，当有同情。一、是编诗文，虽限时贤，然或掌故记述，事物源流，亦须兼采前修之作，以资商榷。一、是编自庚辰年一月起，月刊一册，年为十有二册。如有鸿篇巨制，可单行者，随时别出，用为特刊。”《雅言叙例》,《雅言》庚辰卷一(创刊号)，1940年1月，南江涛编《民国旧体诗词期刊三种》第五册，国家图书馆出版社，2013年，第231页。

网，他们除诗酒风雅以外，还一道参与中国的文化事业，桥川
时雄曾创办过有名的《文字同盟》，又曾以庚子赔款资助的"北
平人文科学研究所"为中心与清遗民等共同致力于《续修四库
全书总目提要》的撰述，今关天彭曾以三井公司资助的"今关
研究室"为中心从事中国古今艺文资料的搜集，并撰述了《宋元
明清儒学年表》《近代支那之学艺》等著作 *1*。一句话，看上去，
他们与列名《雅言》大赞助的安藤纪三郎（1879—1954）这样

265

的日本政客有别。因此，"同人"对该杂志的编纂、刊行有一
定的自主权，当"作者题名录"似乎变得有些刺眼甚至可能带
来难以逆料的后果时，它也就不复存在了。

考察这些作者名录，除了日本人，大部分都是所谓遗老遗
少、北洋旧人或年轻的旧体文学爱好者，不少人在 20 世纪后
半叶甚至 20 世纪末还很活跃，像顾随、童书业、张伯驹、冒
景璠、罗继祖、钱萼孙、启功等等。作为《雅言》最主要的供
稿群体，清遗民同样置身在这一独特的场域之中。就现存的
39 期《雅言》来看，很多时候，他们出入于各种庭院、山水，
登高望远，展禊绥尘，沉浸在秋海棠或"国花"之美中 *2*；有
时，他们出示自己珍藏或新绘的图卷，请同人题咏 *3*；有时，他
们——比如夏仁虎（1874—1963）——把《和陶诗》一组登诸
《雅言》，那意味显而易见 *4*；有时，他们整理已故的清遗民的轶
文或遗稿，一卷卷地登在各
期的《雅言》"遗诗""遗文"
专栏内；有时，他们把新近
在郭则沄（1882—1946）府

1 张明杰：《今关天彭与鲁迅关系考略》，《鲁迅研究月刊》
2013 年 8 期。
2 娟净：《三月十三日藏园召集镜清斋展禊分韵得树字》，同
作的还有枝巢、勺圃、公坦、会庵、龙友、宾虹、剌庵、
愚山、甘簃、略庵等人，《雅言》庚辰卷三，《民国旧体诗
词期刊三种》第五册，第 460—470 页。此后，每年的上巳
日，他们都有修禊吟咏。
3 《雅言》癸未卷七《思适斋游山图题咏》，南江涛编《民国
旧体诗词期刊三种》第九册，第 215—241 页。图为邢端所有。
4 枝巢：《和陶诗》，《雅言》壬午卷五，南江涛编《民国旧体
诗词期刊三种》第八册，第 301—312 页。

邸上完成的"蛰园诗课"集结，同样登在《雅言》上。通过这些行为，这些清遗民——还包括非清遗民——在沦陷区有意地建构着自己的逸民形象。

1940 年旧历戊寅，中日战事稍定，傅增湘等人第五次举行了以"蓬山话旧"为主题的前清进士的雅集。追溯起来，第一次雅集在辛未（1931）年七月，与会者共四十二人，由傅增湘提议，陈宝琛出面召集。陈宝琛是戊辰科（1868）进士，"以十五科上之前辈，岿然为词林领袖"，戊辰科以下五科，则旷无一人，自癸未（1883）至甲辰（1904）十科，则科科有人，按照科第年辈甲榜次序，题名于册。有约而未至，后来补题名录入册的，又有十几人。当时，陈宝琛首唱一律，属和的有二十余人。吴煦（1861—1944）、袁励准（1876—1935）两人各画了一幅《蓬山话旧图》。徐世昌（1855—1939）、宋伯鲁（1854—1932）闻讯之后，也各以诗画相寄。根据《雅言》庚辰卷十《蓬山话旧集》卷首的同人名录，知与会的四十二人为陈宝琛、马吉樟、柯劭忞、瑞洵、陈嘉言、杨钟羲、文海、朱益藩、李经畬、吴煦、高润生、宝熙、李哲明、蒋式瑆、吴敬修、林开謩、龚心剑、俞陛云、傅增湘、孟锡珏、秦曾潞、吴震春、李端棨、阿联、文斌、袁励准、金兆丰、张濂、商衍瀛、张家骏、郭则沄、邵章、史宝安、陈云诰、蓝文锦、张书云、林步随、林世焘、李湛田、张海若、章梫、邢端，补题名录入册的十五人为达寿、吴慎贤、龚元凯、夏孙桐、寿耆、宋伯鲁、李盛铎、周维藩、胡嗣瑗、李家驹、胡骏、商衍鎏、刘春霖、方履中、王震昌[1]。1931 年去逊清之亡恰 20 年，近六十名前清进士题名于《蓬山

1 南江涛编：《民国旧体诗词期刊三种》第六册，第 301—306 页。

话旧集》，无论如何，是值得惊异的一件事。第二次雅集在癸酉年（1933）八月，地点仍在傅增湘的藏园，有三十四人赴会，较上次少了八人，新增入了爱新觉罗·寿耆（1859—？）、向迪琮、夏孙桐、商衍瀛（1869—1960）、方履中（1864—1932）、刘春霖（1872—1944）等进士。第三次雅集在甲戌年（1934）六月，地点在林开謩（1863—1937）家，由林开謩主持，与会者有三十人，较之以前两次，又新增入两人。第四次雅集在丙子年（1936）闰三月，地点仍改为傅增湘的藏园，与会者只有十八人，为从己丑（1889）到甲辰之间八科进士。当时，陈宝琛刚刚过世，群推文海（1865—？）为首，朱益藩（1861—1937）亚之。

傅增湘在藏园举行前清进士群体第五次雅集时写道：

丁丑岁中日启衅，万甲环城，鏖战连月，都人奔迸不遑，此会遂辍。今岁戊寅，战事稍息，近畿粗安，佥以盛会不常，世变方亟，拟修文宴，稍袚兵尘。爰以三月之望，仍循旧例，置酒藏园。是会也，科目以雪桥（按杨钟羲）为冠，年齿以闰庵（按夏孙桐）为尊，而高君松岑，适自南归，欣然戾止，仍符十八人之数。夫际此干戈俶扰之秋，加以耆宿凋零之后，而盛流翕集，犹能数叶瀛洲，斯亦可谓难矣。溯辛未迄今，绵历八年，会凡五举。此八年之间，同社诸贤，相继预丧，屈指已二十有三人。其中如弢庵（按陈宝琛）、定园（按朱益藩）、子年（按寿耆）师、凤孙（按柯劭忞）诸公，所谓黄耇元臣，甘盘旧学，宗枝隽老，稷下鸿儒，皆人士之楷模，先朝之硕果。其余若景苏、梅生、新吾、诒书、珏生辈，亦钟鼎世族，台阁英贤，振采飞声，群伦共仰。而乃天不憖遗，先后奄化，追维风谊，眷念畴昔，宁不凄怆。嗟夫！金瓯既破，棋局频更。凡衣冠文物之伦，经历劫穷尘之痛，莫不韬光铲迹，人海沉冥。数贞元之朝士，存者无多；慕汐社之遗民，流风可挹。辙鱼煦[呴]沫，穷鸟栖林，亦用以聊相慰藉而已。何意牢落频年，半为异物。叹逝者之不作，知来日之大难。迥念前游，顿成陈迹；感旧衔哀，情难自已。爰辑众图，都为一卷，粗述梗概，附为题名，俾异时撰玉堂旧事，或采遗闻，附诸春明梦余之后云尔。岁在戊寅七月，傅增湘书于藏园。*1*

268

从 1912 年到 1940 年间，"金瓯既破，棋局频更"是清遗民自身所处的历史情境。从 1931 年开始发起的"蓬山话旧"雅集，则寄寓了这些"黄耇元臣"或"钟鼎世族"的怀旧之情，其间，当然也渗入了对清王朝的故国认同。同作《蓬山话旧图序》的还有郭则沄，他也写道："江潭老矣，忍说灵和；霓羽凄然，谁论天宝？衣冠草莽，陵阙丘墟……旧闻待次，愿营野史之亭；雅跽幸傅，倘补春明之录。听钧天而惝恍，已矣初心；酹流香以徘徊，怀哉去日。"*2*其情其旨，无乎不同。"凡衣冠文物之伦，经历劫穷尘之痛，莫不韬光铲迹，人海沉冥"，则是他们"国变"之后的境况。他们期待的是《蓬山话旧》的题名能够"附诸春明梦余之后"。1937 年中日战事的兴起并不能阻断他们的这种怀旧情绪；正相反，因战事的兴起，他们愈发感到"盛会不常，世变方亟"，从而当 1940 年战事稍定之后，他们很快重拾坠欢，在傅增湘的藏园中共举蓬山话旧之集。"数贞元之朝士，存者无多；慕汐社之遗民，流风可挹"最终指向了彼此的身份认同。最有意味的莫过于辛巳

1 藏园：《蓬山话旧图序》，《雅言》庚辰卷二，载南江涛编《民国旧体诗词期刊三种》第五册，第 419—420 页。
2 啸麓：《蓬山话旧图序》，《雅言》庚辰卷二，载南江涛编《民国旧体诗词期刊三种》第五册，第 423 页。

年（1941），夏孙桐得到溥仪小朝廷颁赐的匾额，纪恩感赋。
夏孙桐是光绪八年壬午（1882）科乡试的举人，1942 年又是
一个壬午年，按照旧俗，甲子一轮回意味着很多东西。夏孙桐
感激之余，写了两首诗，题名为《来岁壬午为六十年重逢乡举
之期蒙行朝颁赐匾额纪恩感遇敬赋二律》，其一云："宸章褒宠
主恩宣，拜赐遗臣一泫然。新政久闻停蕊榜，殊荣无异预萍筵。
过江鲫愧庸才厕，告朔羊犹旧制沿。在野自甘名士翳，殷殷说
项赖群贤。"[1] 据此诗自注，溥仪小朝廷赐夏孙桐匾额一事，是
由许宝蘅（1875—1961）、爱新觉罗·宝熙（1871—1942）、袁
金铠（1870—1947）、胡嗣瑗（1869—1949）上书奏请的。其实，
早在庚辰（1940）除夕，夏孙桐就写过一首《岁除谒祠书感》："还
戴吾头见我先，危冠万感甚吞氈。鬓颜销自收身后，披沥殚于
变局前。劫外此心非住世，老来何事不违天。酸吟陡触孤儿感，
春榜明年六十年。"[2] 这反映了他的真实心境。因此，当 1941 年
溥仪小朝廷颁给他匾额时，他个人的家国身世之感愈发沉重，
特别是作为遗民的感恩与愧报，是他无法排遣的。当时，参与
和诗的，还有傅增湘、邢端、袁毓麐、傅岳棻、胡嗣瑗、夏仁虎、
诸以仁、朱师辙、张一麐、陈汉第、陈敬第、金兆蕃、关赓麟、
王季烈、仵埔、朱彭寿、尚秉和、杨鼎元、梁启勋、章锡奎等
人[3]。他们一道建构了夏孙桐甚至他们自己的清遗民形象。

　　身在北京沦陷区的他们，始终有一个执念，即他们是清
遗民，至少也是逸民。时局
的战乱刺激了他们的遗民创
伤、凸显了他们的遗民意识，

269

1 闰枝：《来岁壬午为六十年重逢乡举之期蒙行朝颁赐匾额纪
恩感遇敬赋二律》，《雅言》辛巳卷七，载南江涛编《民国
旧体诗词期刊三种》第七册，297—298 页。
2 才庵：《岁除谒祠书感》，《雅言》庚辰卷二，载南江涛编《民
国旧体诗词期刊三种》第五册，第 327 页。
3《雅言》辛巳卷七，载南江涛编《民国旧体诗词期刊三种》
第七册，第 298—299 页。《闰枝先生乡举重逢纪恩唱和集》，
《雅言》癸未卷二，载《民国旧体诗词期刊三种》第八册，
第 499—508 页。

反过来说，他们又刻意地利用遗民／逸民身份把自己带离现世，以一种穿越的方式直接与过去相联接、相混融、相黏合，从而得以逃避他们作为行为主体在现世的言说与抉择。想象代替了现实，历史不是停留在过去，也不是被追忆的对象。他们的整个身躯和血脉是与历史浑然一体的，是历史的一部分。于是他们一再强化彼此的遗民认同和逸民想象。可是，他们真的可以置身事外吗？邵章（1872—1953）赠傅增湘的诗写道："鞠秋佳酿号延龄，且漉陶巾醉莫醒。河朔千城怜地赤，江南一发隐山青。开颜异本搜群玉，耀眼奇文迈九灵。烽火残年同饱历，鸿飞空自羡冥冥。"[1] 鸿飞冥冥，又岂是尽人而能？他只能这样劝勉彼此："邻巷同生刘（自注：润琴）闵（自注：葆之）在，共君晚节励昭冥。"[2] "晚节"一词究竟何指？邵章没有明说，但是它显然指向了此时此地的出处与行藏。

（伪）"秩序重建"后的第一个元旦（1941年春），杨寿楠（1868—1947）与潘梓桐一样依然记得逊清元旦的朝贺故事："我亦凤池曾傔值，千官珂佩记朝正（自注：原诗追忆内阁入值时，元旦朝贺故事）。"[3] 也同样记得过去元旦当天钦天监的上奏旧例，然而，按照过去诗词相沿已久的老例，除夕或元旦，通常也是诗人对一年生活的总结或反省。杨寿楠无法绕过现实：

依旧风从巽地来（自注：前朝元旦钦天监例奏风从巽地起），冰霜历尽盼春回。八方不断惟兵气，万古难消是劫灰。忧乐常怀经国计，安危终仗救时才。狂澜此日凭谁挽，局外观棋事可哀。[4]

---

1 伯綗：《再和藏园前辈》，《雅言》庚辰卷二，载《民国旧体诗词期刊三种》第五册，第322页。
2 伯綗：《四和藏园前辈》，《雅言》庚辰卷二，载《民国旧体诗词期刊三种》第五册，第322页。
3 昧云：《辛巳新春书感和潘衍生》其一，《雅言》辛巳卷一，载《民国旧体诗词期刊三种》第六册，第458页。
4 昧云：《辛巳新春书感和潘衍生》其二，《雅言》辛巳卷一，载《民国旧体诗词期刊三种》第六册，第459页。

一句"局外观棋事可哀"定准了清遗民的位置:作为遗民,他们多了一个观世的维度。但不管他们有没有意识到,这个维度充其量也只是"想象的维度"。不管他们愿不愿意,他们已经卷入这一劫运之中。

从而,每一年的除夕或元旦,他们都不能无视这一事实。己卯除夕(1940年初)之夜,陈宗藩(1879—1954)吟咏道:"当年岁景已成尘,孤对寒檠室不春。哀乐各殊谁与语,悲欢莫可自含辛。且拼薄醉忘佳夕,犹盼微熹启令晨。三十六旬弹指过,空余白发镜中新。"[1]

俞寿沧庚辰元旦(1940年初)写道:"年年汉腊写春词,又报阳回斗柄时。虎啸龙吟开景运,笔歌墨舞触遐思。梅花不许羹调鼎,柏叶常令酒满卮。赖有一壶天赋与,个中滋味少人知。"[2]黄孝纾(1900—1964)在这一年年底写道:"朔风连海作寒号,并入松声起怒涛。一片云流孤月去,九霄霜逼众星高。违天歌哭余心悄,随世枯荣不目逃。腐鼠相猜更何意,残灯相影独嚣嚣。"[3]李宣倜(1888—1961)辛巳元旦(1941年初)更是写道:

当关久不报侵晨,剥啄今朝尔许频。世患犹存行夏历,津迷谁问避秦身。褐裘侧帽羞延客,冷蕊疏枝恐笑人。为告仆夫脂毂去,湖天欲雪静垂纶。[4]

虽然《雅言》的特殊背景决定了它不是一个可以抒发亡国之痛的刊物,但诗人仍然可以经由书写一己的悲哀、颓唐与伤感来表征这种情绪。

1 莼衷:《己卯除夕》,《雅言》庚辰卷二,载《民国旧体诗词期刊三种》第五册,第327页。
2 巨泾:《庚辰元日口占二首》,《雅言》庚辰卷五,载《民国旧体诗词期刊三种》第五册,第545页。
3 翰庵:《岁云暮矣百端交集书此以俟知者》,《雅言》辛巳卷一,载《民国旧体诗词期刊三种》第六册,第462页。
4 太疏:《辛巳元日》,《雅言》辛巳卷一,载《民国旧体诗词期刊三种》第六册,第461页。

因此，像"孤对寒檠室不春""个中滋味少人知""违天歌哭余心悄""褐裘侧帽羞延客"等句子，很难把它理解为仅仅是诗人个人的心绪黯淡，全然与时局无关。也正因此，他们自以为的"避秦身"仍旧只是一个想象；门外并非桃源。不过，当以北洋旧人为主的伪华北政务委员会重启了北京的"秩序重建"时，《卿云歌》、五色旗、国都、新民主义，连同王城故往的文酒风流似乎触手可及，因此李宣倜还是在萧疏、凄冷的大年初一稍感欣慰地吟道："世患犹存行夏历。"这部分地说明了他对北京现存政权的认同或期待。

272

相比于南京国民政府，他们当然更亲近北洋政府（1912—1928）。沦陷时期，由北洋旧人组成的伪临时政府和伪华北政务委员会，算是北洋政府的遗蜕，清遗民确有期待或认同，但日人的入侵增添了新的内容，他们很难摆好自己的位置。不论是清遗民，还是北洋旧人，一旦意识到自身的所在，他们就不可能不形诸笔墨，哪怕以曲折、隐晦的方式达成。程淯（1870—1940）《蒿园雨中感事》："不堪三径已蓬蒿，狐兔纵横鬼气豪。大好园亭谁是主，无多红紫雨如膏。远山排闼青依旧，华发飘萧首自搔。独上危楼一徙倚，欲为天问九穹高。"[1]"大好园亭谁是主"一句，仍然刺激着读者的想象。第一联的"狐兔"二字，在中国古代特别是宋代的诗文里，常常用来比喻入侵的蛮族，在这里浑然天成地变成了"双关语"；同一时期俞寿沧的"会见龙蛇沦大海，讵容狐兔踞公田"[2]正好可以互相发明。这意味着尽管他们也许认同北京沦陷区的现存政权，以给自己歌于斯、游于斯的行为找到依据或解

1 伯葭：《蒿园雨中感事》，《雅言》庚辰卷五，载《民国旧体诗词期刊三种》第五册，第 546 页。
2 巨浸：《癸未元旦试笔》，《雅言》癸未卷一，载《民国旧体诗词期刊三种》第八册，第 427 页。

释，但现存政权背后的入侵者使得这种依据或解释变得脆弱而不可信赖。李宣倜《次韵子媿》云："患生坠地识之无，老去犹思蔓可图。插架万签空结习，当轩一枕得真娱。早耽禅悦心常住，肯为功名骨尽枯。大浸稽天尘劫耳，与君藕孔忍须臾。"[1] 这首诗里充满了绝望、消沉与幻灭。幻灭常常导致虚无，是非只成为一种可笑的说辞，再不能充当行为或伦理的准绳。"大浸稽天尘劫耳，与君藕孔忍须臾"一句，说尽了沦陷区的逸民心态。"尘劫""藕孔刀兵"这两个佛教口实,把一切解构为"虚空"。但是，"虚空"只是瞬间的冥悟，生命却是实在而连续的本体，它无法同世界暌隔。人，从某种意义上说，是一种伦理存在，他无所逃于天地之间。叶誉虎《秋夜感怀》云："漫向虚空求解脱，起看天地入沉冥。"[2] 天地沉冥，已然在望，他们知道，"向虚空求解脱"只是徒劳。

273

因此，虽然是"局外观棋"，但与局内人并没有什么不同，清遗民／逸民同样要背上现实与伦理的重担。不管俞寿沧站在哪一边，抑或对谁胜谁败有何不屑一顾，而自居于洪流之外，就像他在癸未元旦（1943年春）吟道的"一段闲情怜鹬蚌，十分冷眼笑鸡虫"[3]，他依然要作出抉择："鼙鼓声催杼柚空，中原无处不沙虫。六朝金粉悲零落，万国车书欲会通。地坼尽成鸿雁泽，天骄犹逐马牛风。长年观弈心如捣，妙算因何著著穷。"[4] 在"局外""长年观弈"，并不能改变这局棋注定了也有他的份，否则他也不会"心如捣"。我们可以想象，"妙算因何著著穷"绝不是对入侵

1 释堪：《次韵子媿》，《雅言》辛巳卷一，载《民国旧体诗词期刊三种》第六册，第458页。
2 遐公：《秋夜感怀》，《雅言》庚辰卷八，载《民国旧体诗词期刊三种》第六册，第156页。
3 巨汉：《癸未元旦试笔》其二，《雅言》癸未卷一，载《民国旧体诗词期刊三种》第八册，第427页。
4 巨汉：《书感五首》其三，《雅言》庚辰卷十一，载《民国旧体诗词期刊三种》第六册，第351页。

者的休戚相关和焦虑。程浔《蒿园对月》云："炎黄六尺孤谁托？愁绝中宵对月明。"[1]一言以蔽之，不管他们把自己想象为怎样的政治主体，以应对当下的伦理困境，"炎黄六尺孤谁托"依然是精神深处最为惊心的问题。

274

对于清遗民/逸民而言，"局外观棋"是一个事实的维度，但同时也是一个想象的维度，他们经由遗民/逸民想象，消解了沦陷区的伦理困境，却正好成为了"（伪）秩序重建"和"东亚共荣"版图的一部分。遗民/逸民本来就是伦理的产物，一旦它成为当事者的自我界定，那么遗民/逸民就是一个无可置疑的政治主体。当北平沦陷区进入一个平稳时期，不管我们愿不愿意承认，"秩序重建"已然启动。由北洋旧人组成的伪华北政务委员会，隶属于南京的汪伪国民政府，在形式上承担了北京沦陷区的"秩序重建"者。正是在这一背景之下，清遗民/逸民以一个生活的姿态融入其中，他们把自己的政治主体界定为遗民/逸民，从而避开了对现实政治的去从，所谓"局外观棋"。然而他们并没有完全隐却现实的自我，这一抉择的背后还残留着对北洋传统的认同。最重要的是，所谓遗民/逸民并不是一个人仅有的维度，它虽然不是虚构的，但多少可以说是想象的。这种软性的自我逃离，促使他们最终成为"秩序重建"的一部分。

不过，"大好园亭谁是主""讵容狐兔踞公田""炎黄六尺孤谁托"的一系列疑问，毕竟指向了他们的另一种意识，尽管这不能代表全部。如果说他们借由清遗民这一"时间线上的遗民"想象躲避了当世的主体责任的话，那么他们"讵容狐兔踞公田""炎黄六尺孤谁托"表述的背后让我们看到了一种"空间域上的遗民"。陆游《秋夜将晓出篱门迎凉有感》诗：

> 遗民泪尽胡尘里，南望王师又一年。

这里的"遗民"是大宋的"残遗之民"的意思，换言之，它指向的正是"沦陷区"的政治主体。也许，清遗民并不期待所谓"王师"，因为王师与他们并非同路人。但是，他们毕竟是"中国人"，还是在这里隐隐流露出了植根于记忆深处的民族认同与国家认同。他们所期待的，最多只是王师把入侵者驱而逐之。至于由谁来、以怎样的方式入主北京，他们无法计及、不愿计及。"不可知性"构成了沦陷区一般民众的"生活"，也促成了形形色色人物的表演。当"不可知性"与"秩序重建"相遇，它怀着本能，委身相许，成为"秩序重建"最天然的姻亲。

"螺壳道场"：清遗民的历史情境及其无力感

同样创刊于1940年的《同声月刊》，与《雅言》把作为大赞助的中、日政客名单摆在面上不同，它的政治势力或政治背景处于隐伏之中。《同声月刊》是一份月刊，年各一卷，每卷12期，创刊于1940年12月12日，是为第1卷第1期，至1945年第4卷第3期而终刊，前后共39期。创刊号的《同声月刊缘起（附编辑凡例）》出自龙榆生之手，他所鼓吹的"今欲尽泯猜嫌，永为兄弟，以奠东亚和平之伟业，似非借助于声情之交感，不足以消夙愿而弘令图。此本刊为东亚和平，不得不承时奋起者二也"[1]，无疑暴露了《同声月刊》是"秩序重建"和"东亚共荣"的一部分。从汪精卫1940年8月致龙榆生的

1《同声月刊》，1940年第1卷第1期。

两函可以看出，龙榆生最初拟以"中兴鼓吹"作为刊物名，汪精卫建议改称"同声月刊"[1]；事实上，当时很多人把伪南京国民政府的建立当作"中兴"的标志，黄孝平《水调歌头·赠刘定一将军》甚至有"勉佐中兴主，欢乐未渠央"[2]之句。

沦陷区清遗民当然没有忘记自己作为"遗民"的政治主体。伪南京国民政府成立伊始，林葆恒（1872—1950？）这位"入民国不仕"[3]的前清侍郎就与友人一道为东坡作生日，并追忆起在天津时与逊清故老为东坡作生日的时光，《中兴乐·东坡生日》所谓："十年津社集观裳，华灯记奠琼浆。鹤飞一曲，曾谱伊凉。"[4]不止是林葆恒，像溥儒"当年阿监已无人，只有青山朝复暮"[5]、夏孙桐"香火消沉，冷锁碎苔尘满。谁遣？吊荒祠顿觉风流断，只剩得花前病客，曾春明梦见"[6]都展现了他们的遗民情怀。最有代表性的还属俞陛云(1868—1950)。"重宴鹿鸣"之际，溥仪曾赐匾额给他——君臣之礼犹在。他在沦陷时期，历游南京、北京。《凄凉犯·莫愁湖泛舟，登曾公阁》小序云："咸丰间，曾文正公偕僚佐登皖南晓霞楼，顾谓李文忠公及许仙屏河督曰：诵姚惜抱江天小阁坐任豪句，觉英雄能使江山增重。迨许公开藩江宁，建曾公阁于莫愁湖畔，以姚句题榜。辛亥以后，勋臣祠宇，都付摧残。惟此阁与旧题尚在。"[7]俞陛云的南京之游，使他怅惘的正是莫愁湖畔的"曾公阁"。眼前的兵燹犹在，加剧了故老们对曾国藩的记忆和想象。难怪他要在词中说：

1 汪精卫：《双照楼遗札》，《同声月刊》1945 年 4 卷 3 期，第 46 页。张晖的《龙榆生先生年谱》也注意到了这一点，不过没有展开，见张晖《龙榆生先生年谱》，上海：学林出版社，2001 年，第 103 页。
2 《同声月刊》1940 年 1 卷 1 期，第 121 页。
3 张璋：《词综补遗前言》，载林葆恒《词综补遗》，上海：上海古籍出版社，2005 年，前言第 1 页。
4 《同声月刊》1941 年 1 卷 5 期，第 149 页。
5 溥儒：《玉楼春·昆明湖作》，《同声月刊》1941 年 1 卷 5 期，第 150 页。
6 夏孙桐：《卜算子漫·畿辅先哲祠看残花，用张子野韵》，《同声月刊》1941 年 1 卷 6 期，第 142 页。
7 俞陛云：《凄凉犯》，《同声月刊》1941 年 1 卷 6 期，第 143 页。

"依然城郭，争棋局换，更谁谈征吴雄略。"[1]当俞陛云重回北京后，他的"清遗民身份"反而以一种前所未有的姿态呈现了出来。《摸鱼儿·故宫》云：

> 数前朝、江山几姓，兴亡千载何速。只余万瓦琉璃殿，结束帝王残局。人寂寞，任门掩金环、风雨花开落。沉沉哀乐。想玉玺晨传，漆车夜出，都付梦华录。

> 重举目，换了嬉春绣毂，黍离谁问社屋。上阳宫女低鬟诉，亲见棋枰翻覆。珠泪掬，叹老大无归、冷渐湘娥竹。芒鞋踯躅，傍烟柳龙池，一枝折取，犹作旧时绿。[2]

如果说，俞陛云的"政治主体"在过去一向处于灰色地带的话，那么在又一次的"争棋局换"面前，反而变得清晰无比。笔者查阅了俞陛云的词集，几乎没有发现像这样深沉的"遗民体验"。"上阳宫女低鬟诉，亲见棋枰翻覆""叹老大无归"，说的正是他自己。当一个人意识到自己处在"老大无归"的境地的时候，也正是他需要重新界定自己的身份（identity）的时候。他最终情深款款地吟道："芒鞋踯躅，傍烟柳龙池，一枝折取，犹作旧时绿。""芒鞋"是杜甫"芒鞋赴阙"的那只"芒鞋"，还是作为逸民的"芒鞋"，在这里都不重要。这一特殊的历史情境创生并刺激了他的遗民体验和遗民想象。

与俞陛云处在特殊的历史情境下找回或建构了自己的"遗民身份"不同，张尔田在辛亥之役后就一直以清遗民自居。相同的是，在沧桑巨变之下，他们都有一种无力感。张尔田《木兰花令》云："繁华催送，人世恍然真一梦。"[3]作为藏身之所的"南京"，它的一山一水、一

1 这里俞陛云用了胜棋楼朱元璋、徐达赌棋的现成典故。
2 俞陛云：《摸鱼儿·故宫》，《同声月刊》1942 年 2 卷 3 期，第 120 页。
3 张尔田：《木兰花令》，《同声月刊》1940 年 1 卷 1 期，第 113 页。

巷一桥，本身就是有关兴亡的"历史证词"。张尔田是清遗民，但他又是中国人，因此"万事惊心悲故国"[1]就变成了一种真切但又暧昧的表达。不管一个人的身份如何，南京一面是繁华，一面是伤感。正像蒯光典早在光绪间《友人召集莫愁湖之曾公阁即席赋》一诗说的："珊珊花月愁中见，寸寸山河画里量。雄武风流两惆怅，更兼感旧泪千行。"[2]"雄武"（曾国藩）与"风流"（莫愁）的融合，最终却总是引向"惆怅"。何况在这样一个特殊时期、特殊政权之下，南京不但承载了从古至今的怀古美学，也借着历史之名嘲笑侮弄着微藐的个体生命。黄孝平《八声甘州·登鸡鸣寺远眺》[3]、王蕴章《满江红·覆舟山石壁奇丽，知者颇尠……山石开采殆尽，犹斧斤丁丁，旦旦作牛山之伐也，伤今吊古，不能无词》[4]努力地把声调引向豪壮，但南京这一题材和情境注定了它与伤感为伍。朱庸斋《秋波媚》："前朝人事惊重省，梦里旧笙歌。小楼昨夜，依然无恙，金粉山河。"[5]夏孙桐《扬州慢》："忍看看金粉东南，都作芜城。……半壁渐成孤注，听天堑黯咽涛声。"[6]依然是语带悲凉。

清遗民置身其间，每每有一个"局外观棋"的想象，但即便如此，他们也不能完全外于现实世界。张尔田《木兰花慢》云：

> 遍昆池灰劫，曲江上，几声吞。问着甚来由，龙拏虎掷，如此乾坤。黄昏但闻鬼哭，掩衡门、胡骑满城尘。未要秋风华发，等闲沧海吾身。

沾巾。今古一酸辛，往事恨难论。算更谁怜取，封中蜗土，地上蚁臣。蚩尤五

1 张尔田：《临江仙》，《同声月刊》1940 年 1 卷 1 期，第 113—114 页。
2 蒯光典：《友人召集莫愁湖之曾公阁即席赋》，《金粟斋遗集》卷七，民国十八年刊本。
3 黄孝平：《八声甘州·登鸡鸣寺远眺》，《同声月刊》1940 年 1 卷 1 期，第 119 页。
4 王蕴章：《满江红》，《同声月刊》1940 年 1 卷 4 期，第 114 页。
5 朱庸斋：《秋波媚》，《同声月刊》1941 年 1 卷 2 期，第 129 页。
6 夏孙桐：《扬州慢》，《同声月刊》1941 年 1 卷 3 期，第 97 页。

兵枉铸，浪滔滔、直欲尽生民。俯仰空悲去客，兴亡休怨陈人。[1]

上阕"掩衡门、胡骑满城尘"这样的表达不会在《雅言》杂志里出现：汪伪国民政府所能提供的"安全感"和"合法性"是伪华北政务委员会所不能比拟的。"封中蜗土，地上蚍臣"所反映的仍然是个体生命的无力感，这适用于沦陷区内的一切人。但这首词最突出的地方在于它道出了作为政治主体的清遗民的无力感："俯仰空悲去客，兴亡休怨陈人。""陈人"这一意象，出自《庄子》，在清遗民的自我书写中反复出现，意即落伍、陈朽的人。张尔田这首词依然延续了这一意象的原始含义，只不过"兴亡休怨陈人"一语透露出的是更为决绝的负气，以及隐藏在负气外表之下的无力感。假如翻译为通俗的语言，可以表达为：面对如此的个人生死和国家兴亡，你们可别怨我们这些"落伍的废物"！

无力感很可能促成一个人的行动或思想。1941年，林葆恒与同人在南京给陆游过生日。这是一个很有意味的案例。给古人过生日，从清代开始变得极为寻常。不过，跟苏轼、黄庭坚、王士祯这些相对纯粹的文豪不同，陆游还是一个爱国者的形象，一个置身在南宋半壁江山、矢志收复中原的士大夫形象。因此，给放翁过生日既是"秩序重建"下的风雅生活，又含有独特的语境。林葆恒《汉宫春·放翁生日》："谁料月泉社侣，趁好天良夜，还礼吟身。……兰亭禹庙，叹今日犹溷兵尘。休更说，中原北定，感时一样沾巾。"[2]"月泉社侣"是清遗民自报身份，"休更说，中原北定"是对陆游而言，但"感时一样沾巾"又表征了林葆恒自己的"异代

279

---

1 张尔田：《木兰花慢》，《同声月刊》1941年1卷3期，第100页。
2 林葆恒：《汉宫春·放翁生日》，《同声月刊》1941年1卷5期，第149页。

同情"。看来，在林葆恒的世界里，汪伪政府固然算不得华北那样的沦陷区，但它又不足以承担起"王师北定"的责任。这种无形中对汪伪政权的定位也许有一定的代表性。吴庠(1879—1961)《木兰花慢·放翁生日》云："万千南渡恨，供酒鲊，谱神弦。……试看山河半壁，料应流涕尊前。"[1]同样不能排遣的是"万千南渡恨"和"山河半壁"的苍凉感。在这里，古、今之间的界限泯灭了。清遗民显然并不是完全独立于现实之外的政治主体。

280

与清遗民仅仅作为沦陷区的"平民"不同，参与建立汪伪政权的廖恩焘则是另一种面目。他在《定风波·放翁生日》里云：

应谅南园翁作记，毋谓，千秋集矢一人来。

句下自注道：

史载陆游为韩侂胄作《南园记》，见讥清议。案侂胄定策伐金，与秦桧主和议，皆出于当时事势，不得不然。近世学者辨之详矣。[2]

在廖恩焘看来，"主战""主和"两种态度或策略"皆出于当时事势，不得不然"。廖恩焘用实际行动证明了他自己的看法，反过来说，他的这个看法支撑了他的实际行动。在传统士大夫的世界里，"行藏"的抉择是每个人都要直面的，它决定了一个人的胸次与境界。但是，草草烽火中，充溢很多人心中的虚无感与绝望感，使行藏的抉择变得似乎无关紧要。龙榆生《水调歌头·辛巳十二月十九日，释堪先生招集桥西草堂，为坡翁作生日，是日立春微雪》所谓："衣冠又见南渡，无处话行藏。"[3]由无力感

1 吴眉孙：《木兰花慢·放翁生日》，《同声月刊》1941年1卷5期，第156页。
2 廖恩焘：《定风波·放翁生日》，《同声月刊》1941年1卷4期，第106页。
3 龙榆生：《水调歌头·辛巳十二月十九日，释堪先生招集桥西草堂，为坡翁作生日，是日立春微雪》，《同声月刊》1942年2卷2期，第149页。

而导致的这一抉择困境促成了很多人投身汪伪政权，至少也是偃仰徙倚于这一政权之下，尽管这背后还隐含着一个文化史的背景。

从某种意义上说，无力感是一个哲学的、宿命的存在，唯有历史情境和个体精神决定了它的痛苦程度和解脱路径。应当是 1942 年，林葆恒在《玲珑玉》词里用"螺蛳壳里做道场"来比喻他们自己的处境，另一清遗民夏敬观立刻和作了一阕。"午社"同人还把"螺壳道场"拈作课题，限调《八宝妆》。午社以民国二十八年（1939）举于上海，由林葆恒、夏敬观、金兆蕃、冒广生、仇埰、吴庠、廖恩焘、林鹍翔、吴湖帆、郑昶、夏承焘、龙沐勋、吕贞白、何嘉、黄孟超 15 人组成，次年即 1940 年刻有《午社词》一卷。这卷《午社词》收录了七次雅集的作品，都没有《八宝妆》或"螺壳道场"的踪迹 *1*。这表明，午社以"螺壳道场"作为课题是 1940 年即汪伪政权成立以后的事。很可惜，林葆恒、夏敬观两人这一时期的词作没有结集刊刻过，一时还无从考见。

现在可以考见的是廖恩焘的和作。廖恩焘《八宝妆》小序云：

切庵（按即林葆恒）以吴谚螺壳道场喻吾人今日处境，丐朱君绘图便面，赋玲珑玉一阕，映庵（按即夏敬观）和焉。词均极工。午社因拈作课题，并限八宝妆调。余从李景元体，媵得此解。

词云：

寻蠡逃嚣，斗嫌蜗角，碍我啸歌环堵。蛇影杯弓成底事，扰扰恒河沙数。诸尊色相便空，吹法螺来，回旋犹引天魔舞。

1 午社辑刻《午社词》，民国二十九年刻本。

那管驾轮如齿，行虫迷路。　凭扇画稿工描，缩人变蚁，一方干净谁土。诉烦恼梵王座下，众生似蝇头瓜聚。叹斋粥僧贫未煮，粒中无现金身处。甚信手兜罗，蚕余半叶还爬取。1

料想林葆恒、夏敬观的原唱去此不远。考清人王有光《吴下谚联》卷二"螺蛳壳里做道场"条云："螺蛳大如雀卵，其壳固渺然者耳。里边三转旋窝，如僧家所谓大乘、小乘、最上乘具此壳内，故和尚可于此做道场也。"2 身为吴人的王韬在他的《淞滨琐话》卷四《辛四娘》篇里也记载辛四娘曾绘有《螺蛳壳里道场图》，为某大僚公子所赏，以二百金购去3。看来，这的确是流传甚广的吴谚。廖恩焘词"蛇影杯弓成底事，扰扰恒河沙数"正是一种苦涩的自我安慰：你我不过是沧海一粟，在螺丝壳里做道场罢了，即使兵燹连天，又有什么好担惊受怕的！此词最后一结"甚信手兜罗，蚕余半叶还爬取"，充满了苍凉的意味：这个手正是不可知的命运之手，把个体随便掸在叶子上，来回簸弄，饶是如此，蚕依然要在也只能在这半片叶子上奋然前行，果腹充饥。"蚕"是无力主宰自己命运的个体，它只剩下最原始、最本能的生存欲望。廖氏《玲珑玉·讱庵赋螺壳道场，谱此赓和》还云：

墙褵生涯，总都被画策消磨。行沙弄文，一双取自恒河。纳纳须弥芥子，问维摩方丈，多少么么。蹉跎。嗟吾曹身世坎坷。漫道檀施溢路，叹螺难成饭，翻化为螺。饿死台城，纵梁王也未如何。终是鹦游虫入，算无地能留净土，著我行蜗。狂饮药，醉中人聊当叵罗。4

因此，不可避免的，它

1 廖恩焘：《八宝妆》，《同声月刊》1942 年 2 卷 2 期，第 145—146 页。
2 王有光：《吴下谚联》卷二，清嘉庆刻同治十二年民国补刻本。
3 王韬：《淞滨琐话》卷四，《香艳丛书》本。
4 廖恩焘：《玲珑玉》，《同声月刊》1942 年 2 卷 2 期，第 146 页。

将引向一个消解了一切严肃与神圣的解脱；解脱，在世俗意义上来说，也正是虚无。

"螺蛳壳里做道场"或无力感促成他们对自我的消解和对历史的虚无化。对廖恩焘而言，他将不必听从任何的裁断或羁绊；无力感是对指控的消解。在他自己的逻辑里，"附逆"就变成了莫须有的指控。它之所以成为"指控"，不过是命运女神的又一次捉弄，成王败寇再一次展现了自己残忍的本性。而对那些清遗民而言，同样消解了附丽在人类创造的政治文明之下的伦理与史观，正如俞陛云《清平乐》所言：

> 沉沉万劫，忍向胡僧说。虢覆虞亡同一辙，枉洒玄黄战血。伏波铜柱摩空，天山卫霍功名。博取数行残拓，误他多少英雄。[1]

就史观而论，清遗民与廖恩焘们没有什么不同。这能够部分地解释何以清遗民能够很好地融入沦陷区政权之下的生活，找到自己合适的位置。由此，不管是积极的，还是消极的，在这一史观之下，他们都成为沦陷区"秩序重建"的一部分。不过，就出处而论，遗民本身是一个政治主体，尽管它常是想象的，但绝不是虚构的，这使大部分清遗民最终没有跨出参与"政权重建"的那一步：他们只是构成了"秩序重建"的一部分。

1945年春夏之交，龙榆生在《同声月刊》1945年4卷3期最末的版权页刊登了一则《休刊启事》：

> 五载金陵，只余酸气；感时伤逝，亦复何言。徒殷声气之求，转切乱离之痛。行将率妻子，入庐山，课童蒙，事垦牧，长与樵夫为伍，期为乐世之民。[2]

庐山是慧远、雷次宗、

---

1 俞陛云：《清平乐》，《同声月刊》1941年1卷5期，第147页。
2 龙榆生：《休刊启事》，《同声月刊》1945年4卷3期，末尾版权页。

刘遗民、陶渊明之所在，表征的是一个逸民世界。当"不可知性"落下帷幕，好比一颗关键的棋子落定，"（伪）秩序重建"将接受失败的命运。龙榆生想到了前往庐山去做"逸民"。与遗民一样，逸民也是一个政治主体，一个反政治的政治主体。

看起来，做"逸民"的确是龙榆生或廖恩焘们最好的选择 1。只不过，这一次，他们要等待历史的仲裁 2。

284

作为政治主体的清遗民

"清遗民"是一个笼统的称呼，我们在使用它时，总是保持了它固有的弹性。在任何时候，遗民都是无可置疑的"政治主体"3，它需要承担内在于政治主体本身的伦理。对清遗民而言，忠于逊清、不仕新朝是一个最低限度的伦理承担。但是，这遇到了挑战。像傅岳棻、许宝蘅等故老都曾入仕北洋政府，然后又到"伪满洲国"辅佐溥仪，他们同样获得了清遗民身份。问题在于，这深刻影响到了他们在沦陷区的"位置"。

在北京沦陷区，历史、伦理、现实等维度交织在一起。追溯起来，伪临时政府由汤尔和、董康、王克敏、王揖唐、朱深、齐燮元等人出面组建，采用的是北洋政府时期的体制，由伪行政委员长（王克敏）代表临时政府行使职能。伪华北政务委员会一仍其旧。这里有与汪伪政权博弈的现实考虑，但它确实表征着"北洋旧人"的某种情结。伪临时政府或伪华北政务委员会的政要，验之履历，大多是北洋政客 4。这使北京的伪华北政务委员会与南京的伪

1 当然，龙榆生最终改变计划，没有前往庐山，而是留在了南京。
2 抗日战争胜利以后，廖恩焘入狱。获释以后，移居香港，参见夏晓虹《近代外交官廖恩焘诗歌考论》，《中国文化》第 23 期，第 96—109 页。
3 参见于德威：《后遗民写作》，中国台北：麦田出版社，2007 年。
4 张同乐：《华北沦陷区日伪政权研究》，北京：生活·读书·新知三联书店，2012 年，第 185—204 页。

国民政府之间具有天然的不可调和性,仿佛是北洋政权时期南、北格局的翻版。相比于南京国民政府,清遗民显然更亲近北洋政府[1]。现在,日人的入侵又增添了新的内容,从而深刻影响到"清遗民"自身的"位置感"。他们最终只能强化自己的"遗民想象",逃离这一伦理困境。有时,他们还通过诗文来建构他们的逸民形象。逸民,也是政治主体,一个反政治的政治主体,因而是一个消极的政治主体。这种软性逃离,恰恰成为了"(伪)秩序重建"和"东亚共荣"版图的一部分。

285

就沦陷区的"(伪)政治合法性"来说,伪南京中央政府提供了一个不同于北京的场域。从《雅言》《同声月刊》所载的文艺作品来看,二者之间的区别尤为明显。《雅言》杂志上所载的大都是登高望远、展襟纾尘之作,直指现实的作品相对较少。而《同声月刊》则不同,其所载作品对战乱的感慨或痛诉比比皆是。它甚至出现"黄昏但闻鬼哭,掩衡门、胡骑满城尘"这样直斥日本侵略者的表达,这在北京的《雅言》杂志上是不可想象的。按照马克斯·韦伯的论述,广义的合法性(Legitimacy)超出法律和政治的范畴,有三种纯粹的类型:一是"合法型统治",即建立在相信统治者的章程所规定的制度和指令权利的合法性之上;二是"传统型统治",即建立在一般的相信历来适用的传统的神圣性和由传统授命实施权威的统治者的合法性之上;三是"魅力型统治",即建立在非凡的献身于一个人及其神圣性,或英雄气概,或楷模样板之上[2]。显然,中国的抗战尚未结束,汪伪南京国民政府不具备任何"合法

---

1 有关清遗民与北洋政权的关系,参见潘静如《清遗民与北洋政府的依违离合(1912—1928)——以漫社诗人群体为中心》,《诗书画》2016年4期。

2 [德] 马克斯·韦伯:《经济与社会》,林荣远译,北京:商务印书馆,1997年,第241页。

性"，不管其外在形态与某一类型的统治有多少相似点。但是，汪精卫的英雄履历和个人魅力，以及伪南京国民政府对原先国民政府政体和法统的表面继承，也能营造一种幻象，一种抗战进入相持阶段后沦陷区生存者所渴望的秩序重建的幻象。清遗民群体在《同声月刊》上的书写，正表征着这样一种机制。

然而，就像上文强调的，遗民本身是一个政治主体，这使大部分清遗民没有参与沦陷区的"（伪）政权重建"（"伪满洲国"是另一个问题，不在本文的讨论范围之内），只是消极地构成了"（伪）秩序重建"的一部分。

原刊《中国现代文学研究丛刊》2017 年 1 期

图书在版编目（ＣＩＰ）数据

民国北京研究精粹.第二辑/黄兴涛,王建伟编.
—北京：北京燕山出版社,2022.8
ISBN 978-7-5402-6593-9

Ⅰ.①民… Ⅱ.①黄…②王… Ⅲ.①北京－地方史
－民国－文集 Ⅳ.① K291-53

中国版本图书馆 CIP 数据核字（2022）第 112394 号

民国北京研究精粹.第二辑

黄兴涛,王建伟 编

责任编辑 吴蕴豪 梁 萌
书籍设计 黄晓飞
出版发行 北京燕山出版社有限公司
社　　址 北京市丰台区东铁匠营苇子坑 138 号
邮　　编 100079
电话传真 86-010-65240430（总编室）
印　　刷 北京富诚彩色印刷有限公司
开　　本 710mmx1000mm 1/16
字　　数 162 千字
印　　张 19.5
版　　次 2022 年 8 月第 1 版
印　　次 2022 年 8 月第 1 次印刷
ISBN 978-7-5402-6593-9
定　　价 98.00 元